本书受2016年度国家社会科学基金项目"科学数据开放政策分析与评估研究"（16BTQ060）、2021年度黑龙江省哲学社会科学研究规划项目"基于政策文本分析的科学数据开放政策协同研究"（21TQB114）资助

开放科学数据政策
分析与评估

■ 姜 鑫/著 ■

Open Research Data Policy
Analysis and Evaluation

科学出版社

北 京

内 容 简 介

本书将近年来新兴的质性文本分析方法与软件工具 NVivo 12 引入开放科学数据政策研究，针对参与开放科学数据的五类重要利益相关者（资助机构、科研机构、学术期刊、数据期刊和数据知识库）展开政策调研与评估分析，并针对开放科学数据政策群内外部的政策协同程度展开量化评估研究，以期从政策文本分析的研究视角丰富与拓展开放科学数据政策分析和评估研究，并为提高我国开放科学数据政策的制定水平与完善科学性提供必要的参考借鉴。

本书可作为信息资源管理学科及社会科学相关学科从事科学数据政策相关研究的教师、学生及研究人员的参考用书。

图书在版编目（CIP）数据

开放科学数据政策分析与评估 / 姜鑫著. —北京：科学出版社，2023.11
ISBN 978-7-03-076496-6

Ⅰ.①开⋯ Ⅱ.①姜⋯ Ⅲ.①科学研究-数据共享-政策-研究
Ⅳ.①G202

中国国家版本馆 CIP 数据核字（2023）第 188545 号

责任编辑：杨婵娟　高雅琪 / 责任校对：张亚丹
责任印制：师艳茹 / 封面设计：有道文化

科 学 出 版 社 出版
北京东黄城根北街 16 号
邮政编码：100717
http://www.sciencep.com
涿州市般润文化传播有限公司 印刷
科学出版社发行　各地新华书店经销
*
2023 年 11 月第 一 版　开本：720×1000　1/16
2023 年 11 月第一次印刷　印张：14 3/4
字数：273 000
定价：118.00 元
（如有印装质量问题，我社负责调换）

前　言

PREFACE

开放科学数据对数据驱动科学研究起到了关键作用，越来越多的研究建立在对已有科学数据重用的基础之上。因此，完整保存并开放获取（open access，OA）先前研究的科学数据，对顺利开展后续研究、推动科学进步具有重要意义。开放科学数据在国家科技创新中的战略地位不断提升，目前在开放规模和开放程度上均达到了前所未有的水平。通过开放科学数据改善社会生活受到众多资助者、出版商、科学家和其他利益相关者的高度关注，欧盟、美国以及众多国际组织与研究机构都积极建立开放科学数据的政策保障与管理机制，如美国已经形成了以"完全、开放、无偿"为基本国策的科学数据开放共享法规体系；经济合作与发展组织（Organization for Economic Cooperation and Development，OECD）于 2007年发布了《公共资助科学数据获取原则与指南》，以指导成员国制定与完善开放科学数据政策（OECD，2007）；欧盟委员会（European Commission，EC）于 2016年发布了"地平线 2020"（Horizon 2020）计划，将科学数据新增为开放获取的对象并要求逐步达到开放性可获取，还启动了旨在促进科学数据获取和重用的"开放科学数据先导性计划"（European Commission，2017）；美国白宫科技政策办公室（Office of Science and Technology Policy，OSTP）于 2013 年签署了"提升联邦资助科学研究成果的可获得性"备忘录，要求由联邦资金资助所产生的非保密的科学数据，应该被存储并为公众提供免费的最大化访问（OSTP，2013）。我国也已出台开放科学数据的相关管理规定，如科技部早在 2002 年就已正式启动了科学数据共享工程，并先后在六大领域共计 24 个部门开展了科学数据共享工作。我国已于 2018 年 3 月发布了国家层面的科学数据政策法规——《科学数据管理办法》，强调了"开放为常态、不开放为例外"的数据开放原则。目前，我国在开放科学数据政策的制定和完善方面，与英国、美国、加拿大、澳大利亚等发达国家相比仍显滞后。

本书针对各个利益相关者发布的开放科学数据政策展开系统性的政策分析与评估研究，并从利益相关者的关系视角针对开放科学数据政策群内外部的政策协同问题展开探索性研究。

理论上，目前国内针对开放科学数据政策的相关研究仍处于国外先进政策实践的案例研究与调查分析阶段，尚未综合运用多学科理论、方法与工具针对开放科学数据政策展开系统性的政策分析与评估研究。本书将近年来新兴的质性文本分析方法与工具引入开放科学数据政策研究，构建类定量化的政策文本分析框架并展开政策群内外部政策协同程度的量化评估研究，以期从政策文本分析的研究视角丰富开放科学数据政策研究的方法论体系。

实践上，首先，目前已有的研究成果主要是利用内容分析法和案例分析法针对国内外大学、科研机构、资助机构、学术期刊、数据期刊、数据知识库等利益相关者发布的开放科学数据政策展开的零星分散的调查分析。本书通过综合多学科理论、方法与工具针对开放科学数据政策进行全面系统的政策分析与评估研究，可为提高我国开放科学数据政策的制定水平与完善科学性提供参考借鉴，并为推进我国制定与完善国家层面的开放科学数据政策提供政策建议。其次，目前有关开放科学数据政策群内部的政策协同关系的相关研究成果十分有限，针对开放科学数据政策与个人数据（personal data）保护政策两类政策群之间的政策协同关系尚未展开有针对性的研究。本书从利益相关者之间的关系视角探索性地展开开放科学数据政策群内外部的政策协同研究，并从政策文本分析的研究视角针对开放科学数据政策群内外部的政策协同程度展开量化评估分析，参照政策协同评估结果能够为国内开放科学数据政策的制定及修订提供必要的参考依据。

本书的主要内容可以概括为如下六个方面。

（1）开放科学数据政策制定的利益协调机制研究。本书在第 2 章中将分别探讨数据生命周期各阶段涉及的利益相关者及其代表主体，构建研究参与者（research participant）[人类受试者（human subjects）、被访者（interviewee/respondents）]、数据生产者（资助机构、科研机构、科研人员）、数据提供者（学术期刊、数据期刊、数据中心、数据知识库、机构知识库）和数据使用者（其他科研人员、社会公众）四种不同类型的利益相关者之间的利益诉求关系模型，从利益相关者的关系视角探索促进科学数据开放共享的利益协调机制及激励机制设计，以期从政策制定的微观层面探索建立利益相关者之间激励相容、利益协调、政策协同的开放科学数据政策法规体系。

（2）利益相关者开放科学数据政策调查研究。本书在第 3 章中将分别针对参与制定开放科学数据政策的主要利益相关者（资助机构、科研机构、学术期刊、数据期刊和数据知识库）发布的有关开放科学数据的声明、指南以及政策法规等各类政策文本展开广泛的调查分析。其中，针对资助机构主要调研国内外研究理事会、研究基金会和研究机构发布的政策文本；针对科研机构主要调研国外大学发布的政策文本；针对学术期刊主要调研国内外学术期刊、学术出版商和学术组织发布的政策文本；针对数据期刊主要调研国外数据期刊、学术出版商和学术组织发布的政策文本；针对数据知识库主要调研国内外通用知识库、学科知识库和机构知识库发布的政策文本。

（3）利益相关者开放科学数据政策评估分析。本书在第 4 章中将利用质性分析软件 NVivo 12 分别针对第 3 章调研的资助机构、科研机构、学术期刊、数据期刊和数据知识库发布的开放科学数据政策进行政策文本分析，以各个利益相关者涉及的数据生命周期阶段作为统一的一级分析类目，遵循质性文本分析的一般过程（阅读和诠释文本→构建类目→编码文本片段→分析→呈现结果），针对各个利益相关者归纳式构建分析类目体系并进行编码分析，归纳与提炼各个利益相关者在所涉及的数据生命周期阶段的核心政策要素，为比较和评估各个利益相关者发布的开放科学数据政策提供分析框架。

（4）开放科学数据政策群内部的政策协同研究。本书在第 5 章中将分别探讨各个利益相关者发布的科学数据相关政策法规，参照在第 4 章中构建的各个利益相关者的开放科学数据政策文本分析类目体系，分别针对数据生命周期各阶段提炼利益相关者之间的政策协同观测要点，从各个利益相关者与其所涉及的数据生命周期阶段的二维视角，构建不同利益相关者之间政策协同观测的政策文本分析类目体系，然后分别选取各个利益相关者发布的代表性政策文本作为目标政策，依据分析类目体系针对利益相关者之间的政策协同程度进行政策协同评估，最后针对政策协同评估结果为利益相关者调整与完善现行开放科学数据政策提出政策建议。

（5）开放科学数据政策群外部的政策协同研究。本书在第 6 章中将分别探讨开放科学数据政策群与个人数据保护政策群涉及的相关政策法规，分别针对数据生命周期各阶段概括两类政策群之间的政策协同观测要点，然后分别从开放科学数据政策和个人数据保护政策两类政策群中选取若干标杆政策，通过内容分析法针对标杆政策构建两类政策群之间政策协同观测的政策文本内容分析单元，选取开放科学数据目标政策通过对比类推法针对两类政策群之间的政策协同程度进行政策协同评估，最后通过描述性推论针对政策协同评估结果对现行开放科学数据政策的制定与完善提出政策建议。

（6）利益相关者两类政策群之间的政策协同研究。本书在第 7 章中将针对参与开放科学数据的两类重要的利益相关者——资助机构和科研机构，分别展开开放科学数据政策与个人数据保护政策两类政策群之间的政策协同研究。具体研究内容包括如下两个部分：①资助机构两类政策群之间的政策协同研究。首先通过调研国外资助机构发布的有关研究参与者的个人数据保护相关政策文本，选取代表性政策文本作为资助机构两类政策群之间政策协同评估的目标政策，针对资助机构两类政策群之间的政策协同观测要点归纳式地构建分析类目体系。其次依据分析类目体系针对目标政策进行资助机构两类政策群之间的政策协同评估。最后针对政策协同评估结果为国内资助机构发布的开放科学数据政策进行调整与完善提出政策建议。②科研机构两类政策群之间的政策协同研究。通过调研国外科研机构为遵循个人数据保护法而发布的独立的个人数据保护政策文本，选取英国爱丁堡大学发布的《数据保护政策》系列政策文本进行典型案例分析，从政策文本解读视角探讨国外科研机构开放科学数据与个人数据保护的政策协同实践，归纳国外科研机构为遵守现行个人数据保护法而采取的政策内容调整，为我国科研机构发布的开放科学数据政策依据新出台的个人数据保护法进行调整与完善提出政策建议。

姜 鑫

2023 年 1 月 30 日

目　录

CONTENTS

第1章

开放科学数据政策研究的相关概念、理论与进展

1.1 相 关 概 念

1.1.1 科学数据

科学数据（scientific data），也称科研数据（research data），与科学论文一样也被视为重要的科研产出，既是科学研究不可或缺的重要组成部分，也是数字化科研时代的重要战略资源。英国皇家学会（The Royal Society）将"科学数据"界定为"事实的定性或定量陈述或数字；可以是直接来自测量的原始数据（raw data），也可以是原始数据的派生数据（derived data），但并不是除计算以外的分析或解释的结果"（The Royal Society，2012）。国务院办公厅发布的《科学数据管理办法》将"科学数据"界定为"主要包括在自然科学、工程技术科学等领域，通过基础研究、应用研究、试验开发等产生的数据，以及通过观测监测、考察调查、检验检测等方式取得并用于科学研究活动的原始数据及其衍生数据"。美国国立卫生研究院（National Institutes of Health，NIH）将"科学数据"界定为"科学界为验证用于支持学术出版物的研究结果（包括数据集）而被普遍接受的记录事实的材料，但不包括实验室笔记、初步分析、科学论文草稿、发明披露或专利申请、未来研究计划、同行评议报告、与同事的个人通信以及实物对象（如实验室标本、细菌菌株和小鼠等实验动物）"（NIH，2015）。司莉和邢文明（2013）将"科学数据"定义为"在科技活动（实验、观测、探测、调查等）或通过其他方式所获取的反映客观世界的本质、特征、变化规律等的原始基本数据，以及根

据不同科技活动需要，进行系统加工整理的各类数据集"。英国科学与技术设施理事会（Science and Technology Facilities Council，STFC）将"科学数据"划分为三种类型：①由实验、测量、观测直接产生的原始数据；②经过某种形式的标准或自动数据简化程序（如减少数据量或转换为有实际意义的坐标系）产生的派生数据；③在科学出版物中显示或以其他方式提及并据此得出科学结论的已发布数据（published data）（STFC，2016）。

应用科学数据的主要目的是提供必要的信息，以支持或验证研究项目的观察、发现或结果。英国研究理事会[Research Councils UK，RCUK，现已更名为英国国家科研与创新署（UK Research and Innovation，UKRI）]、英国大学联盟（Universities UK，UUK）和英国惠康基金会（Wellcome Trust，WT）等共同发布的《开放科学数据协议》将"科学数据"界定为"支持研究问题的答案的证据，并且可用于验证研究结果，无论其形式如何（如数字、符号、文本、图像、声音或实物）。其可以是科研人员在研究过程中通过实验、观察、建模、访谈或其他方法收集的定量信息或定性陈述，也可以是从现有证据中得出的信息；可以是原始或初始数据（如直接来自测量或收集），也可以是从原始数据派生出的以用于后续分析或解释，或者派生自他人可能拥有权利的现有数据。科学数据包括统计数据、数字图像、录音、访谈记录、调查数据，以及带有适当注释的实地观察、解释、艺术品、档案、文物、出版的文本或手稿"（HEFCE et al.，2016）。瑞典研究理事会（Swedish Research Council）认为与自然科学和考古学有关的收藏品、实物艺术作品或生物样本等实物对象本身不应被视为科学数据，但关于此类实物对象的数字信息应被视为科学数据（Swedish Research Council，2015）。阿德莱德大学认为根据学科的不同，原始资料（primary materials）也可被视为科学数据并可能需要保留，如果需要验证研究结果并保护其免受质疑。原始资料是指通过科学研究过程获得的实物对象，从原始资料中可以获取科学数据，既可以包括矿石、土壤样品或生物材料等原始实物材料，也可以包括人工制品、调查问卷、录音或录像等实物或数字对象。科学数据和原始资料还包括支持在文本研究等领域提出假设和发现的证据，也包括原创文学和音乐作品的草稿，以及音乐表演等创意作品（University of Adelaide，2021）。

1.1.2 开放科学数据

开放科学数据（open scientific data）能够支持科研人员发布、发现、访问和重用科学数据，对验证已有研究、开展后续研究、推动科学进步具有重要意义，并且科学数据作为未来研究和教学的潜在资源具有长期价值。瑞典研究理事会将"开放科学数据"界定为：可以通过互联网自由、轻松地访问科学数据以及相关元数据，因此，科学数据应以机器可读的数字标准格式提供，然后可以免费或在其他限制条件下重复利用。对科学数据的开放获取应遵守法律框架，这尤其会影响包含个人信息的科学数据（Swedish Research Council，2015）。英国研究理事会、英国大学联盟和英国惠康基金会等共同发布的《开放科学数据协议》将"开放科学数据"界定为：可以自由访问、利用、修改和共享的科学数据，但在必要时必须获得适当的确认。并非所有的科学数据都可以公开，有些科学数据可能需要控制访问，以便保持机密性、防范不合理成本、保护个人隐私、遵守同意条款以及管理安全或其他风险（HEFCE et al.，2016）。经济合作与发展组织在《公共资助科学数据获取原则与指南》中指出，国际研究界应以尽可能低的成本，最好不超过传播的边际成本，在平等条件下开放获取科学数据。对科学数据的开放获取应当是容易、及时和方便用户利用的，最好以互联网为基础。对科学数据的访问或重用在某些情况下可能会受到限制，以便保护个人隐私、保持机密性、专有结果或国家安全（OECD，2007）。

科学数据作为一种宝贵的资源，其价值可能超出其初始用途。英国医学研究理事会（Medical Research Council，MRC）将开放共享科学数据带来的好处概括为七个方面：①使新的研究问题在现有数据中得到解答；②促进不同研究团队和不同学科之间的合作；③分享关于数据收集、链接和分析的最佳方法的知识；④确保收集的数据是已清洗的、有详细记录的、可增值的；⑤独立验证已有的研究成果；⑥开发和测试新的研究方法；⑦利用研究参与者提供的数据以达到最佳效果。因此，数据开放共享意味着公共资金的有效利用，并支持加速科学发现（MRC，2017）。伍伦贡大学指出开放共享科学数据通过如下方式显著支持研究社群：①支持和验证研究结论；②避免重复研究工作；③促进学术发现；④鼓励开放和建设性的学术讨论；⑤合并数据集以创建新数据；⑥重新利用数据，以便探索初始研究人员未设想的新问题。开放共享科学数据可以通过如下方式使科研人员受益：①增加出版物的引用；②降低收集数据的相关成本；③更具竞争力的晋升和任期申请；④与业界同行进一步合作的机会；⑤成功的研究资助申请；⑥合并数据集产生的新发现和出版物；⑦履行对资助机构的义务（University of Wulungong，2019）。美国科学公共图书馆（Public Library of Science，PLoS）认为，共享数据可以促进科学进步，数据可用性（data availability）允许并促进：

①验证、复制、再分析、新分析、重新解释或纳入元分析；②研究的可重复性
（reproducibility）；③努力确保数据存档，提高科研投入的价值；④减轻作者在保
存和查找旧数据以及管理数据访问请求方面的负担；⑤在引用和链接科学数据及
其关联文献方面提高了可见度，确保作者、数据生产者和管理者得到认可①。

1.1.3　开放科学

开放科学（open science）通常被定义为一个总括性术语，涉及旨在消除在研究
过程中的任何阶段共享任何类型的产出、资源、方法或工具的障碍的各种运动②。
联合国教育、科学及文化组织（United Nations Educational Scientific and Cultural
Organization，UNESCO）将"开放科学"界定为"使科学研究和数据对所有人开
放的运动，包括出版开放的科学研究、倡导开放获取的运动以及使科学知识更容
易出版和传播的实践等，还包括在研究过程中使科学更加透明和容易获取的其他实
践，如开放笔记本（open notebooks）、公民科学（citizen science）、开源软件（open
source software，OSS）和众筹研究项目等"③。美国红帽公司（Red Hat）将"开
放科学"界定为"日益增长的使科学开放的运动，包括开放获取、开放数据（open
data）、开放资源（open source）、开放标准、开放同行评议（open peer review）、
开放笔记本等许多方面"（Red Hat，2019）。因此，开放获取出版物、开放科学
数据、开源软件、开放协作（open collaboration）、开放同行评议、开放笔记本、
开放教育资源（open education resources，OER）、开放专著（open monographs）、
公民科学和研究众筹（research crowdfunding）都属于开放科学的范畴④。经济合
作与发展组织指出，扩大对科学出版物和科学数据的获取是开放科学的核心，以
使尽可能多的人掌握研究成果并尽可能广泛地传播潜在利益⑤。

开放科学是将开放原则扩展到整个研究周期，尽早促进分享与协作，从而对
科学和研究的方式进行系统性的改变。开放科学将使科学更高效、更可靠、更能
应对社会挑战（Burgelman et al.，2019）。欧洲大学协会（European University
Association，EUA）指出：开放科学正在改变研究的产生、获取和利用方式，新

---

① PLOS ONE. Data Availability [EB/OL]. https://journals.plos.org/plosone/s/data-availability[2022-12-15].

② FOSTER. What is Open Science? [EB/OL]. https://www.fosteropenscience.eu/node/2326[2023-01-05].

③ UNESCO. Open Science: A Global Movement Catches on [EB/OL]. https://en.unesco.org/courier/2021-4/open-science-global-movement-catches[2023-01-05].

④ FOSTER. What is Open Science? [EB/OL]. https://www.fosteropenscience.eu/node/2326[2023-01-05].

⑤ OECD.Open Science [EB/OL]. https://www.oecd.org/sti/inno/open-science.htm[2023-01-05].

的、多样化的科学交流与合作方式正在出现。开放科学运动正在为加强跨学科研究活动的交叉融合铺平道路，这对于解决复杂的研究问题和社会挑战至关重要[①]。联合国教育、科学及文化组织认为开放科学运动的诸多优势包括：①提高公共资助的科学研究成果的可得性（accessibility）和可用性（availability）；②建立严格的同行评议程序的可能性；③提高科学作品的可重复性和透明度（transparency）；④扩大科学研究的影响。经济合作与发展组织将开放科学带来的好处概括为五个方面：①开放科学促进对科学结果更准确地验证；②开放科学减少了收集、创建、转让和重用科学材料的重复；③在预算紧张的时代，开放科学提高了生产力；④开放科学产生巨大的创新潜力，并增加公共研究的消费者选择；⑤开放科学促进公众对科学的信任。更多的公众参与将促进其积极参与科学实验和数据收集[②]。在新型冠状病毒大流行等全球紧急情况下，开放科学政策可以消除科学数据和思想自由流动的障碍，从而加快对防治此类疾病至关重要的研究步伐（OECD，2020）。

1.1.4　个人数据

个人数据是指与一个已识别或可识别的活着的自然人（数据主体）有关的任何信息，包括个人的姓名、性别、年龄、人种、身高、血型、身体状况、地址、职业、头衔、学位、生日、特征等可以直接或间接识别该自然人的一切数据（谢永志，2013）。欧盟《通用数据保护条例》（General Data Protection Regulation，GDPR）将"个人数据"界定为"与已识别或可识别的自然人（数据主体）有关的任何信息；可识别的自然人是指可以直接或间接识别的个人，特别是通过标识符（identifier）可以识别的，如姓名、标识号、位置数据和在线标识符，或特定于该自然人的身体、生理、遗传、心理、经济、文化或社会认同的一个或多个要素"（Council of the European Union，2016）。欧盟《通用数据保护条例》将个人数据划分为一般数据（general data）和敏感数据（sensitive data），并将个人敏感数据界定为涉及数据主体九个方面的信息：①种族或族裔出身；②政治观点；③宗教信仰；④工会会员资格；⑤身心健康；⑥性生活或性取向；⑦犯下或被指控犯下的罪行；⑧遗传数据；⑨生物识别数据。英国数字保存中心（Digital Curation Centre，DCC）将"个人敏感数据"界定为涉及数据主体八个方面的信息：①种族或族裔出身；②政治观点；③宗教信仰或其他类似性质的信仰；④是否为工会

---

① EUA.Open Science [EB/OL]. https://www.eua.eu/issues/21: open-science.html[2023-01-05].

② OECD.Open Science [EB/OL]. https://www.oecd.org/sti/inno/open-science.htm[2023-01-05].

会员（在工会和劳动关系的意义范围内）；⑤身体或精神健康或状况；⑥性生活；⑦犯下或被指控犯下的任何罪行；⑧就所犯罪行或被指控犯下的任何罪行而提起的任何诉讼，此类诉讼的处置或任何法院在此类诉讼中的判决[①]。阿德莱德大学将"敏感数据"定义为"可用于识别个人、物种、对象、过程或位置的数据，此类数据可能会引起歧视、伤害或不必要的注意风险"（University of Adelaide，2021）。

科学研究过程经常需要多种类型的研究参与者以多种方式参与研究，并且需要收集研究参与者参与研究所产生的个人数据以进行各类研究。研究人员可能寻求收集、利用、共享和访问有关研究参与者的不同类型的个人数据。此类个人数据可能包括个人特征或其他个人对隐私有合理期望的信息（如年龄、种族、教育背景、工作经历、健康史、生活经历、宗教、社会地位）。加拿大社会科学与人文研究理事会（Social Sciences and Humanities Research Council，SSHRC）将"个人数据"依据可识别程度划分为五种类型：①直接识别数据（directly identifying data），可以通过直接标识符（如姓名、社会保险号码、个人健康号码）识别特定个人；②间接识别数据（indirectly identifying data），可以合理地期望通过间接标识符（如出生日期、居住地或独特的个人特征）的组合来识别个人；③编码数据（coded data），从数据中删除直接标识符并用代码替换，访问代码可以重新识别特定的研究参与者（如研究人员将会保留一个列表，将参与者代码与其真实姓名相关联，以便在必要时可以重新关联数据）；④匿名化数据（anonymized data），数据被不可撤销地删除了直接标识符，不保留代码以允许将来重新关联，并且从剩余的间接标识符中重新识别个人的风险非常低；⑤匿名数据（anonymous data），数据从未具有与其关联的标识符（如匿名调查），可能识别个人的风险非常低（CIHR et al.，2018）。

1.2 理 论 基 础

1.2.1 利益相关者理论

1963 年，美国斯坦福研究院（Stanford Research Institute，SRI）首次提出了

---

① DCC. Five Things You Need to Know about Research Data Management and the Law: DCC Checklist on Legal Aspects of RDM [EB/OL]. https://www.dcc.ac.uk/guidance/how-guides/rdm-law [2023-01-01].

利益相关者理论（stakeholder theory）。1984 年，美国学者爱德华·弗里曼（Edward Freeman）在其经典著作《战略管理：利益相关者方法》一书中提出了基于个体视角的利益相关者理论，并将"利益相关者"（stakeholders）广义地定义为"任何影响组织目标实现或受组织目标实现影响的个人或群体"（爱德华·弗里曼等，2013）。Savage 等（1991）依据影响程度差异将利益相关者划分为三种类型：主要利益相关者（primary stakeholders）、次要利益相关者（secondary stakeholders）和关键利益相关者（key stakeholders）。20 世纪 90 年代以后，利益相关者理论与模型逐步被应用至政府管理、社会治理以及城市管理、旅游管理等领域（孟祥保和高凡，2016）。1997 年，瑞典学者埃弗特·韦唐（Evert Vedung）将利益相关者理论引入公共政策评估领域，在其著作《公共政策与项目评估》一书中提出了公共政策评估的利益相关者模式（李瑛等，2006）。黄如花和赖彤（2016）将利益相关者理论引入图书馆科学数据管理研究，构建了以图书馆为核心的科学数据管理利益相关者角色模型，分析了图书馆参与科学数据管理的利益相关者角色定位。闫鹏（2019）构建了档案部门参与科学数据管理的利益相关者互动关系模型。

由于开放科学数据政策涉及多个利益相关者（研究参与者、资助机构、科研机构、科研人员、数据中心、数据知识库、学术出版商、第三方用户等），开放科学数据政策中有关研究参与者（也是利益相关者之一）的个人数据保护的相关政策内容势必应与现行个人数据保护的相关法律法规协调一致，因此本书将在第 6 章中探索性地将利益相关者理论引入开放科学数据政策与个人数据保护政策之间的政策协同研究，并将利益相关者理论对两类政策群之间的政策协同研究的适用性概括为两个方面：①利益相关者模型结合行动者网络理论（actor-network theory，ANT）为分析参与开放科学数据的多个利益相关者之间的利益诉求关系以及利益协调机制提供了最佳分析视角；②为从数据生命周期各阶段涉及的利益相关者之间的关系视角探索两类政策群之间的政策协同观测要点，进而为从微观层面建立开放科学数据政策与个人数据保护政策之间的政策协同机制提供了理论分析框架。

1.2.2　数据生命周期理论

数据生命周期（data life cycle）是指科学数据自身在生命周期各阶段的状态、特征与规律（孟祥保和钱鹏，2017）。英国国家数据档案馆（UK Data Archive，UKDA）将数据生命周期划分为数据创建、数据处理、数据分析、数据存储（data storage）、数据共享和数据重用六个阶段（图 1-1）①。数据文档倡议（Data Documentation Initiative，DDI）将数据生命周期划分为数据概念化（concept）、数据收集（collection）、数据处理（processing）、数据发布（distribution）、数据发现（discovery）、数据分析（analysis）、数据重用（repurposing）和数据归档（archiving）八个阶段（图 1-2）②。美国校际政治与社会研究联盟（Inter-university Consortium for Political and Social Research，ICPSR）将社会科学数据生命周期划分为提案开发与数据管理规划、项目启动、数据收集与文件创建、数据分析、数据共享准备和数据存储六个阶段（图 1-3）③。DataONE 数据知识库将数据生命周期划分为数据规划（plan）、数据收集（collect）、数据确认（assure）、数据描述（describe）、数据存储（preserve）、数据发现（discover）、数据整合（integrate）和数据分析（analyse）八个阶段（图 1-4）④。

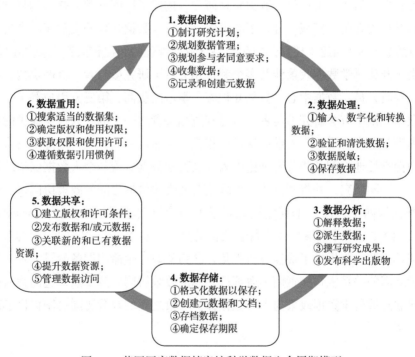

图 1-1 英国国家数据档案馆科学数据生命周期模型

① UKDA. Data lifecycle [EB/OL]. https://ukdataservice.ac.uk/learning-hub/research-data-management/[2023-01-05].

② DDI. Why Use DDI? [EB/OL]. https://ddialliance.org/learn/why-use-ddi[2023-01-05].

③ ICPSR. Guide to Social Science Data Preparation and Archiving: Best Practice Throughout the Data Life Cycle (6th Edition) [EB/OL]. https://www.icpsr.umich.edu/files/deposit/dataprep.pdf[2023-01-05].

④ DataONE. Data Life Cycle [EB/OL]. https://towson.libguides.com/c.php?g=648267&p=9253953[2023-07-02].

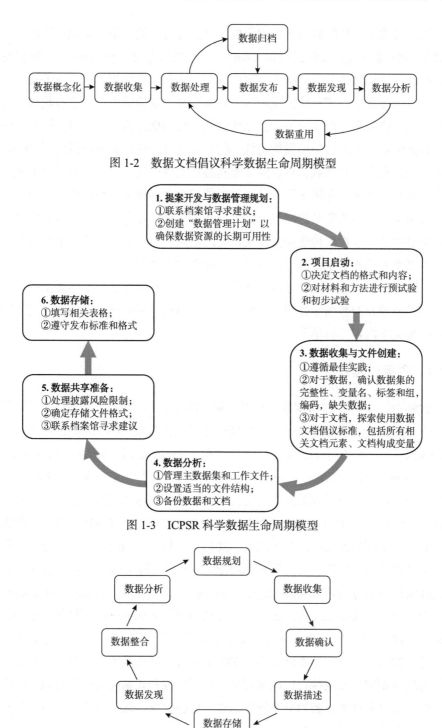

图 1-2　数据文档倡议科学数据生命周期模型

图 1-3　ICPSR 科学数据生命周期模型

图 1-4　DataONE 科学数据生命周期模型

综合考虑上述科学数据生命周期模型并结合科学数据全生命周期管理，本书将数据生命周期划分为数据创建（collect）、数据存储（preserve）、数据发布（publish）、数据访问（access）、数据重用（reuse）和数据归档（archive）六个阶段。由于在数据创建和数据重用两个数据生命周期阶段也可以进行数据分析，因此本书未将数据分析作为一个独立的数据生命周期阶段。本书将在第 4 章中以上述数据生命周期的六个阶段作为统一的一级类目分别针对资助机构、科研机构、学术期刊、数据期刊和数据知识库五类利益相关者构建开放科学数据政策文本分析类目体系。本书将在第 5 章中分别针对数据生命周期的六个阶段归纳与提炼不同利益相关者之间的政策协同观测要点，从各个利益相关者与其所涉及的数据生命周期阶段的二维视角构建利益相关者之间政策协同观测的政策文本分析类目体系。本书将在第 6 章中分别针对数据生命周期的六个阶段概括开放科学数据政策与个人数据保护政策两类政策群之间的政策协同观测要点，从不同类型的利益相关者与其所涉及的数据生命周期阶段的二维视角构建两类政策群之间政策协同观测的政策文本内容分析单元。

1.2.3　政策过程理论

1956 年，美国学者哈罗德·拉斯韦尔（Harold Lasswell）最早提出了政策过程理论（policy process theory），并将政策过程划分为情报（intelligence）、提议（promotion）、规定（prescription）、合法化（invocation）、应用（application）、终结（termination）和评估（appraisal）七个阶段（保罗·萨巴蒂尔，2004）。政策过程理论可视为介于政策科学的宏大理论体系与具体政策实践之间的中观理论（何华兵和万玲，2006）。"政策过程"可定义为"将公共政策按照过程上的先后顺序划分为不同的动态阶段"（耿云，2013）。目前，国内外学者对政策过程的阶段划分尚未达成共识，美国学者小约瑟夫·斯图尔特（Joseph Stewart Jr.）等将公共政策过程划分为议程设置（agenda setting）、政策制定（policy formulation）、政策执行（policy implementation）、政策评估（policy evaluation）、政策变化（policy change）和政策终结（policy termination）六个阶段（图 1-5）（小约瑟夫·斯图尔特等，2011）；国内学者陈振明（2003）结合我国的政策实践将公共政策过程划分为政策制定、政策执行、政策评估、政策监控和政策终结五个阶段；国内大部分学者将公共政策过程划分为问题构建、议程设置、政策制定、政策执行和政策评估五个阶段（耿云，2013）。

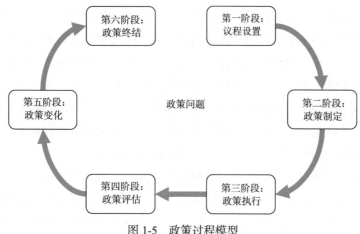

图 1-5　政策过程模型

本书综合考虑开放科学数据政策的国内外政策实践，将其政策过程划分为政策制定（policy formulation）、政策执行（policy implementation）、政策评估（policy evaluation）和政策反馈（policy feedback）四个阶段。目前针对其政策过程中的重要阶段之一的政策评估研究还处于起步阶段，学界尚未针对开放科学数据政策群内外部的政策协同程度展开政策评估研究。本书将从政策文本分析的研究视角展开开放科学数据政策群内外部的政策评估研究，在第 4 章中针对参与开放科学数据的五类重要的利益相关者（资助机构、科研机构、学术期刊、数据期刊和数据知识库）发布的开放科学数据政策展开政策评估分析，在第 5 章中展开参与开放科学数据的多个利益相关者之间的政策协同评估，在第 6、第 7 章中展开开放科学数据政策与个人数据保护政策之间的政策协同评估，以期在政策反馈阶段依据政策评估结果为现行科学数据政策调整提供决策依据。

1.2.4　政策协同理论

目前，国内外学者对政策协同（policy synergy）的概念和内涵尚未达成共识，主要从政策主体、政策客体、政策工具和政策目标等研究视角加以界定。周英男等（2017）指出"政策协同"是综合政策协调、政策一致、政策组合等多个政策术语的宏观概念。马海群和洪伟达（2018）将"政策协同"界定为，不同政策主体通过一定手段和方式，减少政策以及政策相关主体之间的重复、交叉和冲突，增强政策之间的连贯性、兼容性、协调性和一致性，针对跨领域、跨部门的问题提升政策产出。目前，已有学者针对开放政府数据政策协同展开了相关研究，但针对开放科学数据政策协同的研究尚未引起研究者的关注。毛子骏等（2018）将我国政府的数据开放政策内容从"政策目标"和"政策措施"两个方面进行结构化与赋值处理，并从纵向政策协同和横向政策协同两个维度针对我国政府的数据开放政策协同展开量化分析。洪伟达和马海群（2020）将开放政府数据政策系统划分为政策主体子系统、政策客体子系统和政策运行子系统，并从政策子系统内部要素协同和政策子系统之间协同两个方面阐述了开放政府数据的政策协同机理。洪伟达和马海群（2021）从政策主体协同、政策目标协同和政策工具协同3 个维度针对我国政府数据开放政策协同度展开量化分析。

毛子骏等（2018）将开放政府数据政策协同划分为两个维度：①纵向政策协同，指上下级政府之间的相同或相同类型的政策协同；②横向政策协同，指同级政府或部门之间的相同类型的政策协同。本书将开放科学数据政策协同对象划分为如下两种类型。

（1）同一政策群内部的政策协同，依据政策主体类型可进一步划分为两种类型：①不同类型政策主体之间的政策协同，如开放科学数据政策群内部的科研机构的数据管理政策应符合资助机构的科研资助政策的开放获取要求；②同一类型政策主体内部的政策协同，如对于获得多个资助机构共同资助的研究项目，不同资助机构的科学数据政策的具体要求可能有所差异，应确定起主导作用的资助机构并遵循其政策指导，而其他资助机构保留要求遵守其科学数据政策的权利（CIHR et al.，2018）。

（2）不同政策群之间的政策协同，如开放科学数据政策与个人数据保护政策两类政策群之间的政策协同，即开放科学数据政策中有关研究参与者的个人数据保护的相关政策内容应与个人数据保护相关法律法规协调一致。本书将在第 5 章中探讨开放科学数据政策群内部的政策协同，在第 6、第 7 章中探讨开放科学数据政策和个人数据保护政策两类政策群之间的政策协同。

1.3 研 究 进 展

2002 年，我国科技部正式启动了"国家科学数据共享工程"，国内学者由此开启了针对开放科学数据政策的相关研究，他们最初关注的是美国政府早在 20世纪 90 年代初期实施的"完全、开放、无偿"科学数据共享国策，如国内相关研究的早期代表文献《美国科学数据共享政策考察报告》（孙枢等，2002）。国外学者针对开放科学数据政策的相关研究始于 20 世纪 80 年代，最初受到较多研究关注的是科学数据开放获取的相关政策法规保障问题，如国外相关研究的早期代表文献《依据〈信息自由法〉获取联邦资助的科学数据》（"Access to Federally Funded Research Data Under the Freedom of Information Act"）（Walterscheid, 1989）。但到目前为止，国内外学者针对开放科学数据政策的相关研究还比较有限。

1.3.1　国内研究进展

对从中国知网和万方数据两大中文数据库检索到的相关文献进行阅读和梳理，可以发现我国针对开放科学数据政策的相关研究可以概括为以下五个方面。

（1）建立开放科学数据政策保障机制的理论研究。目前已有较多成果针对建立和完善开放科学数据政策法规的顶层设计展开论证，如刘细文和熊瑞（2009）指出：美国、英国以及众多国际组织与研究机构都已针对科学数据开放获取问题，积极建立政策保障与管理机制并广泛推行相关服务与实践，其政策举措主要围绕科学数据交流渠道各环节，集中体现在数据开放资助、数据质量控制、数据合法保护、数据保存以及数据共享利用五大方面。唐义等（2013）将国际科学数据共享政策法规体系划分为三个层面，即宏观层面（国际组织、国家政府制定的法律、政策）、中观层面（资助机构制定的政策、指南）和微观层面（科研机构、学术期刊制定的政策），并指出这一政策法规体系构成了关联科学（linked science）的制度基础。王晴（2014）调研了国内外 20 余个组织制定或实施的 30 余条科学数据开放共享相关政策法规，根据制定主体和效力范围将其划分为宏观、中观和微观三个层面，共同形成了一个较为完备并在不断完善的制度体系。周玉琴和邢文明（2018）考察了中国、美国、英国和澳大利亚的科学数据管理与共享政策体系建设理论和实践基础，构建了由宏观层面的法律法规、中观层面的政策规章和微观层面的管理制度构成的科学数据管理与共享政策体系。

（2）针对国内外各类开放科学数据政策的调查研究。目前已有部分成果针对多种政策主体（如大学、科研机构、资助机构、学术期刊等）发布的有关开放科学数据的声明、指南以及政策法规等各类政策文本展开了调查分析，如司莉和邢文明（2013）考察了美国、英国、澳大利亚三个国家的科研管理机构、大学制定的数据管理政策以及政府制定的开放数据政策，并指出发达国家的各政府部门都制定了开放科学数据政策，对科学数据的保存与管理等均作了明确、具体的规定。我国政府也应制定完善的开放科学数据政策，从政策层面对科学数据的开放共享进行指导和规范（司莉和邢文明，2013）。司莉和辛娟娟（2014）针对英国和美国 10 所大学的开放科学数据政策从一般政策、数据标准、数据访问与保存、数据共享、数据安全与保护以及数据产权六个方面进行了调查与比较，揭示了英国和美国两国大学开放科学数据政策的特点与差异，指出通过借鉴国外大学开放科学数据政策的良好实践，推动我国大学相关政策的制定和发布。唐源和吴丹（2015）针对国外典型医学相关机构的开放科学数据政策从科学数据开放资助、科学数据汇交、科学数据保存、数据共享利用四个方面的政策内容进行文献调研和网站调研，指出国外政策制定者从政府到机构自身以及期刊等具有多重身份，政策内容集中于数据汇交和共享计划。周晓燕和宰冰欣（2017）从政策类型、制定目的、适用范围、制定时间、相关主体、内容要素六个方面调研了澳大利亚的大学制定的科学数据管理政策，指出科研资助机构应发挥其在制定科学数据政策中的约束性和引导性作用，并应注重政策内容的详细性与规范性。

（3）开放科学数据政策利益相关者的开放共享行为研究。由于开放科学数据涉及的利益相关者一般要受到相关政策法规的制约，因此也可将其视为开放科学数据政策的利益相关者。国内的相关研究成果主要包括以下两个方面。

首先，单一利益相关者的开放共享行为的共享意愿及影响因素分析，如张晋朝（2013）通过问卷调查方法和结构方程模型分析了我国大学科研人员科学数据共享意愿的影响因素，指出科学数据开放共享工作的顺利开展不仅要关注技术维度，还要关注社会环境因素、内在激励、人际信任等人文维度。文静等（2019）通过问卷调查方法和结构方程模型分析了我国科研人员科学数据重用意愿的影响因素，指出重用数据质量、重用数据来源、科研人员背景以及数据重用规则等因素都会对科学数据重用意愿和科学数据重用满意度产生正向影响。毕达天等（2020）借助同辈压力理论构建了人文社会科学领域科研人员科学数据共享影响因素模型，指出人际信任、互利互惠、共享态度、团体氛围和团体制度五个因素会对科研人员科学数据共享意愿产生正向影响，感知风险会对科研人员科学数据共享意愿产生负向影响。

其次，针对单一利益相关者的开放共享行为的演化博弈分析，如庄倩和何琳（2015）建立了参与科学数据开放共享的科研人员之间的演化博弈模型，揭示了科学数据开放共享博弈中存在的"公共品困境"问题及其原因，指出为促进我国科学数据开放共享健康有序发展，不能仅从国家层面制定和完善相关的战略规划，还要从政策法规层面建立相应的激励机制。刘晓婷等（2019）从信任机制视角构建了科研人员科学数据开放共享行为的演化博弈模型，提出了"成本-数据-信任-

政策"四位一体的驱动策略体系,以实现科学数据共享的成本控制、协调效益、信任效益等目标。李思宇(2020)提出了科研人员科学数据共享行为的"鹰-鸽"型进化博弈模型,从"成本-收益"视角探讨了推进科学数据共享的实现条件以及可行的政策措施。张旺和程慧平(2020)利用随机演化博弈模型从心理契约和合同契约双重视角揭示了科学数据共享策略的演化机制与激励机制,指出数据互补程度、外界随机干扰、网络道德风险是影响科学数据共享策略选择的关键因素,最优合同激励是影响科研群体科学数据共享策略选择的最重要的激励机制。

(4)制定开放科学数据相关知识产权政策法律问题的研究。虽然目前科学数据具有著作权已经成为共识,但其使用存在著作权界定不清及其利益分配不当等问题,尤其是科学数据二次研发过程中的著作权分配问题。司莉等(2015)从科学数据开放共享中的授权方式、数据出版及引用、技术措施、制度与法规、科学数据二次利用五个方面分别探讨了科学数据著作权保护存在的问题及对策,指出我国应结合《中华人民共和国著作权法》《中华人民共和国专利法》《中华人民共和国政府信息公开条例》等已有法规条例,尽快建立完善的科学数据著作权保护体系。刘静羽等(2020)指出开放科学数据与知识产权制度之间存在显著矛盾,目前的知识产权问题主要集中于著作权和专利权方面。许燕等(2020)指出,科学数据的产权归属、权利边界和权益划分对科学数据的共享与重用产生了重要影响,需要通过建立科学数据应用分级分类控制、完善科学数据相关法律法规、确立科学数据使用规范等方式解决科学数据知识产权管理问题。

(5)基于政策文本分析的开放科学数据政策实证研究。目前国内的相关研究成果非常有限,主要是通过文本分析法和内容分析法进行政策文本分析。裴雷(2013)通过内容分析法构建了基于政策文本的上下位政策概念一致性的测算框架,并选取我国气象、地震、农业等12个领域的开放科学数据政策文本进行内容编码和实证分析,探讨了当前我国开放科学数据政策在吸收、扩散和创新过程中的政策文本质量。李秋月和何祎雯(2018)选取我国气象、地震、测绘、林业、农业等领域的14个科学数据共享政策法规,利用文本分析法从权益主体关系、权益分配机制、司法救济途径、安全与质量保证四个方面提炼了科学数据权益保护相关政策内容。李旭光等(2022)选取中国、英国、美国、澳大利亚四个国家地理学领域的25份科学数据管理政策,利用内容分析法从责任与分工、数据管理计划、数据收集与汇交、数据存储与保管、数据共享与利用、监督与保障等方面构建了科学数据管理政策内容框架,并针对交叉学科科学数据管理流程提出了优化建议。

1.3.2 国外研究进展

对从施普林格（Springer）、爱墨瑞得（Emerald）和爱思唯尔（Elsevier）三大出版商的外文数据库检索到的相关文献进行阅读和梳理，可以发现国外开放科学数据政策研究所涉及的研究主题更为广泛，可以大致概括为以下五个方面。

（1）制定开放科学数据政策的理论探讨与实践研究。国外学者针对这一研究主题的研究成果比较丰富，如 Childs 等（2014）探讨了实现开放科学数据的机制——科学数据管理（research data management，RDM）的作用以及它带给记录管理者（records managers）的机遇，并指出开放科学数据议程（agenda）的前提是尽可能公开可用的数据，但在开放科学数据的背景下仍然存在方法、伦理、政策和实践等层面的问题。Higman 和 Pinfield（2015）借鉴行动者网络理论并结合政策分析过程和案例研究方法，考察了在英国高等教育机构（higher education institutions）中建立科学数据管理政策与实践的驱动因素，以及科学数据开放共享在科学数据管理过程中所起到的关键作用。Huang 等（2021）利用网站调查法、问卷调查法和半结构化访谈法，调研了中国大学层面的科学数据管理政策执行情况以及大学图书馆提供的科学数据服务（research data services），指出三个主要的科学数据管理利益相关者（大学领导层、图书馆、科研人员）决定了中国大学科学数据服务的驱动因素与挑战。Li 等（2022）考察了近年来中国科学数据政策体系的构成和科学数据管理立法的进展，指出科学数据开放共享的边界确定一直是阻碍科学数据共享发展的关键问题，也是科学数据政策制定关注的重点问题，其主要考虑因素包括数据所有权、知识产权、隐私权和公共安全等。

（2）开放科学数据政策利益相关者的开放共享行为研究。国外学者针对科研人员的开放共享行为的共享意愿及其影响因素展开了较为系统的实证研究，如Wicherts 等（2011）对心理学期刊中的统计结果显著与数据共享意愿的相关性进行了实证研究，发现科研人员不愿意共享数据的主要原因在于统计结果不构成充分的证据以及更有可能存在明显的错误，这一发现强调了建立科学数据的强制性归档政策的重要性。Sayogo 和 Pardo（2013）指出科学数据开放共享存在多重障碍与挑战：①技术上的障碍；②社会、组织和经济上的障碍；③法律和政策上的障碍。他们还通过问卷调查得出影响科研人员开放共享意愿的几个关键因素：数据管理技能、组织参与、法律与政策需求、向数据集提供者致谢。Mason 等（2020）利用问卷调查法分析了组织机构、学科领域和应用领域对澳大利亚国家科学和工业研究机构科研人员科学数据共享行为的相对重要性，发现科研人员保存的科学数据数量与数据文化的开放性以及科研人员受到的契约约束具有显著相关性。Zuiderwijk 等（2020）系统分析了不同学科领域的科研人员共享与重用科学数据的驱动因素与抑制因素，发现其驱动因素主要与个人和内在动机、科研人员的预期绩效以及共享数据的努力程度有关，其抑制因素主要与立法和监管、预期绩效、数据特征以及便利程度有关，指出未来研究应侧重于设计基础设施和制度安排，以共同激励与促进科学数据的共享与重用行为。

（3）面向开放科学数据政策利益相关者的开放共享服务研究。国外学者针对大学图书馆、研究型图书馆、信息服务机构的科学数据开放共享服务实践展开了广泛的研究，国内的相关研究主要是对国外科学数据开放共享服务实践的案例研究及调查分析，如 Nielsen 和 Hjørland（2014）认为科学数据管理是图书馆员和信息专业人员的潜在职责，研究型图书馆是选择、保护、组织与利用科学数据的最佳场所，并应积极参与到其所在学科的特定领域的分析研究中。Tenopir 等（2014）指出数据密集型科学的出现和数据管理规范的制定，驱动了大学图书馆为其教师和学生开展科学数据管理服务，并通过调查研究建立了图书馆员、图书馆、信息服务机构参与科学数据管理服务的评价基准。Joo 和 Peters（2020）利用问卷调查法全面评估了多个学科领域的科研人员对科学数据服务的需求情况，发现科研人员对科学数据服务的感知需求存在学科差异，在利用图书馆科学数据服务支持方面主要与制订数据管理计划、查找数据集以及查找数据存储库有关。Kim（2021）探讨了图书馆领导层和利益相关者参与在制定科学数据政策与服务方面的作用与价值，并指出图书馆在承担制定政策与服务的主要责任时，通常会提供更广泛的科学数据服务，参与制定政策与服务的内部利益相关者越多，图书馆提供的科学数据服务成熟度就越高。

（4）针对专业领域开放科学数据政策的分析。国外学者针对天文、气象、地球、生物、医学等自然科学以及心理学、伦理学等社会科学专业领域的开放科学数据政策进行了研究，如 Harris 和 Baumann（2015）考察了参与开放地球观测数据的八国集团、欧盟和其他国际组织发布的 21 个政策文本和法律文书——八国集团的《开放数据宪章》、全球综合对地观测系统（Global Earth Observation System of Systems，GEOSS）的《数据共享原则》、经济合作与发展组织的《公共资助科学数据获取原则与指南》等，指出地球观测领域开放数据政策应更加明确、完整地说明开放获取的条件，以期充分实现开放地球观测数据的潜在利益。Burton 等（2017）考察了生物医学和健康科学领域的国际、区域和国家层面的科学数据相关项目与政策实践，指出其研究涉及人类受试者健康相关数据的科研人员应该提供全面的数据管理计划（data management plan，DMP），以确保科学数据能够以实现既定科学目标所需的所有方式加以利用，包括在适当的情况下为其他科研人员提供科学数据。

（5）基于政策文本分析的开放科学数据政策实证研究。国外学者进行政策文本分析时除了运用常规的内容分析法以外，还创新性地引入了语义网络分析、社会网络分析、质性文本分析等研究方法，如 Jung 和 Park（2015）针对韩国的"开放公共数据指令"（Open Public Data Directive，OPDD）政策文本进行了语义网络分析，并指出利用语义网络的概念模型及分析过程有助于确定各类公共政策针对的主要问题及解决视角的一致性。Rousi 和 Laakso（2020）针对神经科学、物理学和运筹学领域的 120 种高被引期刊的开放科学数据政策进行质性文本分析，制定了统一的政策编码框架以提炼每个政策的最核心要素（即要求科学数据共享的内容、地点和时间三个要素），并指出其未来在出版商层面和期刊层面进行政策分析与监测的研究潜力。

1.3.3　研究述评

对国内外开放科学数据政策的相关研究进行对比，可以发现以下几个特点。①总体来看，我国学者针对开放科学数据政策各研究主题的相关研究，目前大多处于对国外先进政策实践的案例研究与调查分析阶段。②国内外针对开放科学数据政策的相关研究目前以英国、美国、澳大利亚三国的政策实践为主，原因在于英国、美国、澳大利亚三国已经建立起相对完善的开放科学数据政策法规体系，如美国白宫科技政策办公室于 2013 年签署了关于"提升联邦资助科学研究成果的可获得性"备忘录，要求由联邦资金资助所产生的非保密的科学数据，应该被保存并为公众提供免费的最大化访问（黄永文等，2013）。美国、英国、澳大利亚等的一些重要基金机构也提出了开放科学数据政策指南，如美国国家科学基金会（National Science Foundation，NSF）、美国国立卫生研究院、美国国家航空航天局（National Aeronautics and Space Administration，NASA）、英国研究理事会、澳大利亚研究理事会（Australian Research Council，ARC）等，要求获得研究资助的所有科研项目提交科学数据开放共享计划。③国内外对具体专业领域的开放科学数据政策的研究相对较多，但对国家统一综合层面的开放科学数据政策研究十分有限。

第2章

开放科学数据政策制定的利益协调机制研究

本书从政策制定的微观层面探索促进多个利益相关者开放科学数据的利益协调机制与激励机制的设计，以期从利益相关者关系的视角探索建立激励相容、利益协调、政策协同的开放科学数据政策法规体系。参与制定开放科学数据政策的利益相关者涉及资助机构、科研机构、学术期刊、数据期刊、数据中心、数据知识库和机构知识库等，各个利益相关者目前均以声明、指南和政策等多种形式的政策文件制定与发布开放科学数据政策。本书探索性地将利益相关者理论引入不同利益相关者制定的开放科学数据政策之间的利益协调机制进行研究，从数据生命周期各阶段涉及的利益相关者之间的关系视角探索利益相关者之间的利益诉求关系及利益协调机制。利益相关者模型结合行动者网络理论为分析多个利益相关者之间的利益诉求关系提供了最佳分析视角。

2.1　数据生命周期各阶段涉及的利益相关者

由于数据生命周期的各个阶段涉及不同的利益相关者，因此本书首先分析数据生命周期各阶段涉及的利益相关者，然后分别探讨不同类型的利益相关者之间的利益诉求关系。本书将数据生命周期划分为六个阶段：数据创建、数据存储、数据发布、数据访问、数据重用和数据归档。将数据生命周期各阶段涉及的利益相关者划分为四种类型：研究参与者、数据生产者、数据提供者和数据使用者。研究参与者主要包括人类受试者和被访者；数据生产者包括资助机构、科研机构和科研人员等；数据提供者包括数据存储库（数据中心、数据知识库、机构知识库）和学术出版商（学术期刊、数据期刊）等；数据使用者主要是指第三方用户（其他科研人员、社会公众）。其中，参与开放科学数据政策制定的主要涉及两类利益相关者：数据生产者（资助机构、科研机构）和数据提供者（学术期刊、数据期刊、数据中心、数据知识库、机构知识库）。将参与开放科学数据的利益相关者涉及的相关政策和法规划分为两大类型：开放科学数据政策和个人数据保护法规。表2-1概括了数据生命周期各阶段所涉及的利益相关者及相关政策和法规。

表 2-1　数据生命周期各阶段涉及的利益相关者及相关政策和法规

数据生命周期	利益相关者				相关政策和法规	
	研究参与者	数据生产者	数据提供者	数据使用者	科学数据开放	个人数据保护
数据创建	人类受试者 被访者	资助机构 科研机构 科研人员	—	—	科研资助政策	个人数据保护法 个人隐私保护法 隐私权法
数据存储	人类受试者 被访者	资助机构 科研机构 科研人员	数据中心 数据知识库 机构知识库 学术期刊 数据期刊	—	数据提交政策 数据存缴政策	个人数据保护法 个人隐私保护法 隐私权法
数据发布	人类受试者 被访者	资助机构 科研机构 科研人员	数据中心 数据知识库 机构知识库 学术期刊 数据期刊	—	数据传播政策	个人数据保护法 个人隐私保护法 隐私权法
数据访问	人类受试者 被访者	资助机构 科研机构 科研人员	数据中心 数据知识库 机构知识库 学术期刊 数据期刊	其他科研人员 社会公众	数据管理政策	个人数据保护法 个人隐私保护法 隐私权法
数据重用	人类受试者 被访者	资助机构 科研机构 科研人员	数据中心 数据知识库 机构知识库 学术期刊 数据期刊	其他科研人员 社会公众	数据重用政策 数据引用政策	个人数据保护法 个人隐私保护法 隐私权法

续表

数据生命 周期	利益相关者				相关政策和法规	
	研究参与者	数据生产者	数据提供者	数据使用者	科学数据开放	个人数据保护
数据归档	人类受试者 被访者	资助机构 科研机构 科研人员	数据中心 数据知识库 机构知识库 学术期刊 数据期刊	—	数据管理政策 数据存档政策	个人数据保护法 个人隐私保护法 隐私权法

2.2　利益相关者的利益诉求及相互关系

本书分别探讨了研究参与者（人类受试者、被访者）、数据生产者（资助机构、科研机构、科研人员）、数据提供者（学术期刊、数据期刊、数据中心、数据知识库、机构知识库）和数据使用者（其他科研人员、社会公众）四种不同类型的利益相关者之间的利益诉求关系。

2.2.1　利益相关者的利益诉求及代表主体

表 2-2 概括了上述不同类型的利益相关者的利益诉求及代表主体（孟祥保和高凡，2016；张闪闪等，2018）。本书列举的研究参与者主要包括人类受试者和被访者，人类受试者主要指自然科学领域的研究参与者，被访者主要指人文社会科学领域的研究参与者。

表 2-2　利益相关者的利益诉求及代表主体

利益相关者	利益诉求	代表主体
研究参与者	能够依法对自身的个人数据进行支配、控制并排除他人侵害	人类受试者、被访者
资助机构	推动科学数据创建与收集；鼓励科学数据开放共享；要求科学数据重用获得许可	欧洲研究理事会（European Research Council，ERC）、英国研究理事会、英国医学研究理事会、英国经济与社会研究理事会（Economic and Social Research Council，ESRC）、美国国家科学基金会、美国国立卫生研究院、澳大利亚研究理事会、澳大利亚国家健康与医学研究理事会（National Health and Medical Research Council，NHMRC）、加拿大卫生研究院（Canadian Institutes of Health Research，CIHR）、中国国家自然科学基金委员会等

续表

利益相关者	利益诉求	代表主体
科研机构	存储与监管本机构科学数据；促进科学数据共享与重用；要求科学数据重用获得许可	大学、科研院所
科研人员	能够出版与评价科学数据；能够访问与重用科学数据；能够规范引用科学数据	各学科领域的科研人员
数据中心	建立科学数据存储平台，长期保存科学数据；提供数据集引用格式；促进元数据的标准化	英国国家数据档案馆、英国数字保存中心、美国校际政治与社会研究联盟、美国社会科学数据管理联盟（Data Preservation Alliance for the Social Sciences，Data-PASS）、澳大利亚国家数据服务（Australian National Data Service，ANDS）、中国国家农业科学数据中心、中国国家地球系统科学数据中心、中国国家基因组科学数据中心、中国国家人口健康科学数据中心、中国国家基础学科公共科学数据中心等
数据知识库	推动科学数据提交与发布；促进科学数据共享与重用；促进科学数据规范引用	Dryad、figshare、Zenodo、DataONE、PANGAEA、PubChem、ArrayExpress、GenBank、Global Biodiversity Information Facility（GBIF）、Open Science Framework（OSF）、NOAA National Climatic Data Center、IQSS Dataverse Network 等
机构知识库	推动科学数据创建与收集；促进科学数据共享与重用；促进科学数据规范引用	主要包括基于大学、科研院所的机构知识库，如 Edinburgh DataShare、Harvard Dataverse、Stanford GSE Open Archive、University Digital Conservancy（UDC）、中国科学院文献情报中心机构知识库（NSLOpenIR）、中国人民大学机构知识库、北京大学机构知识库、西安交通大学机构知识门户、兰州大学机构知识库、厦门大学学术典藏库等
学术期刊	建立学术论文与科学数据的关联关系；促进科学数据引用与计量的标准实施	Science、Nature、Proceedings of the National Academy of Sciences、BioMed Central、PLOS ONE、Lancet Oncology、American Journal of Political Science、Quarterly Journal of Economics、International Economic Review、Journal of Construction Engineering and Management 等明确提出科学数据政策的学术期刊
数据期刊	建立数据论文与科学数据的关联关系；促进科学数据引用与计量的标准实施	Scientific Data、Earth System Science Data、Biodiversity Data Journal、Open Health Data、Journal of Open Psychology Data、Data in Brief、Neuroinformatics、Journal of Open Research Software、Geoscience Data Journal、BMC Research Notes 等
数据使用者	能够访问、获取与重用科学数据	其他科研人员、社会公众

2.2.2　利益相关者之间的利益诉求关系模型

本书构建的参与开放科学数据的各类利益相关者（研究参与者、数据生产者、数据提供者和数据使用者）之间的利益诉求关系模型如图 2-1 所示。在图 2-1 中用黑灰色底纹标出了参与制定开放科学数据政策的各个利益相关者，包括数据生产者（资助机构、科研机构）和数据提供者（学术期刊、数据期刊、数据中心、数据知识库、机构知识库），本书将在第 3、第 4 章中针对上述利益相关者发布的开放科学数据政策展开调查分析。

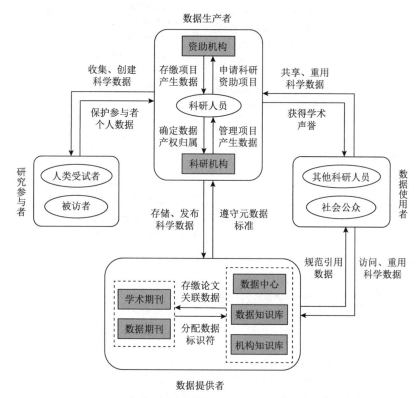

图 2-1　各类利益相关者之间的利益诉求关系模型

在图 2-1 所示的各类利益相关者之间的利益诉求关系模型的基础上，本书构建了四种类型的利益相关者之间的利益诉求关系矩阵，如表 2-3 所示；构建了不同类型的数据生产者（资助机构、科研人员、科研机构）之间的利益诉求关系矩阵，如表 2-4 所示；构建了不同类型的数据提供者（学术期刊、数据期刊、数据知识库）之间的利益诉求关系矩阵，如表 2-5 所示。由于科研人员在科学数据开放共享过程中既是数据生产者也是数据提供者，因此本书在表 2-4 中将"科研人员"也作为数据提供者的类型之一。由于数据中心、数据知识库和机构知识库作为数据存储库在科学交流过程中具有相同的作用，因此本书在表 2-5 中合并此三类数据存储库并用"数据知识库"作为统一名称。

表 2-3 各类利益相关者之间的利益诉求关系矩阵

利益相关者	①研究参与者	②数据生产者	③数据提供者	④数据使用者
①研究参与者	—	①→②： （1）数据生产者在收集研究参与者的个人数据时应获得书面知情同意（informed consent）； （2）数据生产者在收集研究参与者的个人数据时应获得事先伦理批准	①→③： （1）数据提供者在发布研究参与者的科学数据之前应进行去识别化处理； （2）数据提供者应规定访问与获取研究参与者的科学数据的限制条件	①→④： 数据使用者重用研究参与者的科学数据应遵守相关政策法规
②数据生产者	②→①： 数据生产者能够收集与创建研究参与者的科学数据	—	②→③： （1）数据提供者能够保存与归档数据生产者提交的科学数据； （2）数据提供者能够为保存的科学数据分配数据标识符； （3）数据提供者在规定的保存期限内能够安全地存储数据	②→④： 数据使用者能够规范引用重用的科学数据
③数据提供者	③→①： 数据提供者能够发布与提供研究参与者的科学数据	③→②： 数据生产者提交科学数据应具有相应的提交权限	—	③→④： 数据使用者能够规范引用重用的科学数据
④数据使用者	④→①： 数据使用者能够访问与重用研究参与者的科学数据	④→②： 数据使用者能够访问与重用资助项目产生的科学数据	④→③： 数据使用者能够访问与重用与期刊论文/数据论文关联的科学数据	—

表 2-4 各类数据生产者之间的利益诉求关系矩阵

数据生产者	①资助机构	②科研人员	③科研机构
①资助机构	—	①→②： （1）申请科研项目时必须制订数据管理计划； （2）将资助项目产生的科学数据保存至公共存储库； （3）在规定的保存期限内应保留资助项目产生的科学数据	①→③： （1）确定资助项目产生的科学数据的知识产权归属； （2）指导科研人员制订数据管理计划

续表

数据生产者	①资助机构	②科研人员	③科研机构
②科研人员	②→①： （1）申请科研项目，获得研究资助； （2）在保护期限内排他性地优先利用科学数据； （3）使用资助经费支付共享科学数据的相关费用	—	②→③： （1）确定资助项目产生的科学数据的知识产权归属； （2）指导科研人员制订数据管理计划
③科研机构	③→①： （1）申请科研项目，获得研究资助； （2）在保护期限内排他性地优先利用科学数据； （3）使用资助经费支付共享科学数据的相关费用	③→②： （1）在科研项目进行期间承担科学数据管理的责任； （2）共享敏感或机密数据应确保遵守相关政策法规	—

表 2-5 各类数据提供者之间的利益诉求关系矩阵

数据提供者	①学术期刊	②数据期刊	③科研人员	④数据知识库
①学术期刊	—	—	①→③： （1）将与期刊论文关联的科学数据保存至数据知识库； （2）在提交的期刊论文中应包括"数据可用性声明"	①→④： 在期刊论文发表时公开发布与其关联的科学数据
②数据期刊	—	—	②→③： 将与数据论文关联的科学数据保存至数据知识库	②→④： （1）在数据论文发表时公开发布与其关联的科学数据； （2）允许审稿人以匿名方式访问与数据论文关联的科学数据
③科研人员	③→①： （1）允许论文作者确定其科学数据的数据许可协议； （2）允许论文作者确定访问与重用其科学数据的限制条件	③→②： （1）允许论文作者确定其科学数据的数据许可协议； （2）允许论文作者确定访问与重用其科学数据的限制条件	—	③→④： （1）为数据提交者提交的科学数据分配数据标识符； （2）允许数据提交者对其提交的科学数据进行版本控制

续表

数据提供者	①学术期刊	②数据期刊	③科研人员	④数据知识库
④数据知识库	④→①： 通过数据标识符引用保存至数据知识库的科学数据	④→②： 通过数据标识符引用保存至数据知识库的科学数据	④→③： 要求数据提交者具有提交其科学数据的相应权限	—

2.3　促进科学数据开放共享的利益协调机制

本书结合上述各类利益相关者之间的利益诉求关系模型展开分析，从利益相关者的关系视角探索促进科学数据开放共享的利益协调机制。

（1）针对研究参与者（人类受试者、被访者）的利益诉求展开分析，构建其与其他类型的利益相关者之间的利益协调机制，对此应关注四个方面：①知情同意，即数据生产者在进行涉及研究参与者的科学研究之前应获得书面知情同意；②伦理批准，即数据生产者在启动涉及研究参与者的科研项目之前应获得研究伦理委员会（research ethics committee，REC）的批准声明；③去识别化，即数据提供者发布涉及研究参与者的科学数据之前应进行去识别化处理；④伦理法规，即数据使用者重用涉及研究参与者的科学数据时应遵守相关伦理标准与法律要求。

（2）针对数据生产者（资助机构、科研机构、科研人员）的利益诉求展开分析，构建其与其他类型的利益相关者之间的利益协调机制，对此应关注三个方面：①发布期限，即数据提供者应允许数据生产者指定其提交的科学数据的发布期限；②访问限制，即数据提供者应允许数据生产者确定访问与获取其提交的科学数据的限制条件；③重用规范，即数据使用者应通过数据标识符引用数据生产者保存至数据知识库的科学数据。

（3）针对数据提供者（学术期刊、数据期刊、数据中心、数据知识库、机构知识库）的利益诉求展开分析，构建其与其他类型的利益相关者之间的利益协调机制，对此应关注三个方面：①数据标识符，即数据提供者应为数据生产者提交的科学数据分配与提供数据标识符；②版本控制，即数据提供者应为数据生产者提交的科学数据提供版本控制机制；③长期保存，即数据提供者应长期保留、安全维护与定期备份数据生产者提交的科学数据。

（4）针对数据使用者（其他科研人员、社会公众）的利益诉求展开分析，构建其与其他类型的利益相关者之间的利益协调机制，对此应关注两个方面。首先，强制存缴：①数据生产者应将资助研究产生的科学数据保存至可公开访问的数据知识库；②数据生产者应将与期刊论文/数据论文关联的科学数据存至可公开访问的数据知识库。其次，开放获取：数据提供者应允许数据使用者不受限制地访问与重用数据生产者提交的科学数据。

第3章

利益相关者开放科学数据政策调查研究

本书针对参与制定开放科学数据政策的五类重要的利益相关者——资助机构、科研机构、学术期刊、数据期刊和数据知识库，首先通过网络调研法分别调研其最新发布的开放科学数据政策，然后通过文献研究法分别调研其开放科学数据政策的相关研究进展。

3.1 资助机构开放科学数据政策调研

3.1.1 国外资助机构发布的开放科学数据政策

目前，国外科研资助机构每年投入大量公共资金用于资助各类科研项目，其重要产出表现为学术出版物（期刊论文、学术著作）和科学数据，如英国医学研究理事会每年在研究上投入约 8.5 亿英镑的公共资金，其主要产出是大量的、丰富的和多样的科学数据（MRC，2016）。国外科研资助机构对公共资助产生的科学数据应实现公共获取（public access）已达成共识，并积极制定与完善开放科学数据政策以促进科学数据的访问、共享与重用，如经济合作与发展组织在《公共资助科学数据获取原则与指南》中指出，促进数据访问与共享能够提高公共资助的科学研究的总体效率，从而可以有效避免数据收集工作的高昂费用和不必要的重复（OECD，2007）；英国癌症研究中心（Cancer Research UK，CRUK）在《数据共享指南》中提出，在保护知识产权、患者隐私和机密数据的同时，考虑将其资助产生的所有数据进行共享，并使之尽可能广泛和自由地访问与获取（CRUK，

2019）。数据共享至关重要的一个实例是在突发公共卫生事件期间，可能需要快速共享数据以促进对危机的有效响应，如澳大利亚国家健康与医学研究理事会在《开放获取政策》中指出，作为全球传染病防治研究合作组织（The Global Research Collaboration for Infectious Disease Preparedness，GloPID-R）的成员，其认可在突发公共卫生事件中共享数据和相关元数据的重要性（NHMRC，2022）。

近年来，国外科研资助机构在学术出版物与开放科学数据政策的制定和完善方面取得了重大进展，如研究资助者联盟（cOALition S）于 2018 年 9 月发布的《S 计划：原则与实施指南》要求"从 2021 年 1 月 1 日起，所有由国家、地区、国际研究理事会和资助机构提供的公共或私人资助的研究成果的学术出版物必须在开放获取期刊（open access journals）上发表，或者在开放获取平台（open access platforms）上发布，也可以通过开放获取知识库（open access repositories）立即发布"[①]。*Nature* 将"开放获取 S 计划"列入"2019 年十大科学事件"，并指出"订阅期刊可以改变其自身商业模式以适应 S 计划，即将学术出版物转变为完全开放获取模式"（Gibney，2018）。"开放获取 S 计划"对开放科学数据也提出了明确要求，即"在外部存储库中可以获得学术出版物所依据的数据、代码和其他研究成果的链接"。欧盟委员会在《2020 计划框架下科学出版物与科学数据开放获取原则指南》中将科学数据新增为开放获取的对象并要求逐步达到开放性可获取，并启动了旨在促进科学数据获取与重用的"开放科学数据先导性计划"（Open Research Data Pilot）（European Commission，2017）。

英国 SHERPA/JULIET 项目[②]登记了 26 个国家和地区的 148 个资助机构发布的学术出版物和科学数据的开放获取政策；在 SHERPA/JULIET 项目中以"数据存档政策"作为统计形式，其中有 73 个资助机构发布了开放科学数据政策（检索日期：2020 年 3 月 21 日）。本书附录从政策要求、数据范围、存储时间、存储地点和特殊条件五个政策要素统计了上述 73 个资助机构发布的开放科学数据政策的总体情况。国外资助机构通常以"开放获取政策""数据共享政策""数据管理政策"等政策文件的形式发布本机构的开放科学数据政策，本书利用 SHERPA/JULIET 项目调研了欧盟、美国、加拿大、英国、瑞典、挪威和澳大利亚的研究理事会、研究基金会和研究机构以及国际组织发布的开放科学数据政策，如表 3-1 所示。

---

① cOALition S.Plan S Principles and Implementation Guidance[EB/OL]. https://www.coalition-s.org/addendum-to-the-coalition-s-guidance-on-the-implementation-of-plan-s/principles-and-implementation/[2023-07-02].

② SHERPA/JULIET. Browse Funders[EB/OL]. https://v2.sherpa.ac.uk/view/funder_list/1.html[2022-12-04].

表 3-1 国外资助机构发布的开放科学数据政策（部分）

编号	发布主体	政策文件	发布时间
1	欧洲研究理事会	《ERC 资助研究成果开放获取指南》（ERC, 2021）	2021 年 12 月
		《科学出版物与科学数据开放获取实施指南》（ERC, 2017）	2017 年 4 月
2	瑞典研究理事会	《开放获取科学信息国家指南建议》（Swedish Research Council, 2015）	2015 年 3 月
3	挪威研究理事会（Research Council of Norway, RCN）	《RCN 科学数据开放获取政策》（Research Council of Norway, 2017）	2017 年 12 月
4	英国研究理事会	《RCUK 开放获取与支持政策指南》（RCUK, 2013）	2013 年 4 月
		《科学数据管理最佳实践指南》（RCUK, 2018）	2018 年 7 月
5	英国自然环境研究理事会（Natural Environment Research Council, NERC）	《NERC 数据政策》（NERC, 2019）	2019 年 11 月
6	英国经济与社会研究理事会	《ESRC 科学数据政策》（ESRC, 2014）	2014 年 11 月
7	英国生物技术与生物科学研究理事会（Biotechnology and Biological Sciences Research Council, BBSRC）	《BBSRC 数据共享政策》（BBSRC, 2017）	2017 年 3 月
8	英国医学研究理事会	《数据共享政策》（MRC, 2016）	2016 年 9 月
9	英国科学与技术设施理事会	《STFC 科学数据政策》（STFC, 2016）	2016 年 4 月
10	英国工程与自然科学研究理事会（Engineering and Physical Sciences Research Council, EPSRC）	《科学数据政策框架》（EPSRC, 2022）	2022 年 3 月
11	英国惠康基金会	《开放获取政策》（Wellcome Trust, 2021）	2021 年 1 月
		《数据、软件和材料管理与共享政策》（Wellcome Trust, 2017）	2017 年 7 月
12	英国癌症研究中心	《数据共享指南》（CRUK, 2019）	2019 年 11 月
		《CRUK 数据共享与保存政策》（CRUK, 2020）	2020 年 8 月
13	英国国家卫生研究院（National Institute for Health and Care Research, NIHR）	《NIHR 共享科学数据立场声明》（NIHR, 2021）	2021 年 8 月
14	美国国家科学基金会	《研究成果的传播与共享》[①]	—
		《NSF 公共获取计划》（NSF, 2015）	2015 年 3 月
15	美国国立卫生研究院	《数据共享政策与实施指南》（NIH, 2003）	2003 年 3 月
		《NIH 数据管理与共享政策》（NIH, 2020）	2020 年 10 月

① NSF.Dissemination and Sharing of Research Results [EB/OL].https://www.uah.edu/images/research/osp/documents/nsfsharingofresearchresults.pdf[2023-07-02].

续表

编号	发布主体	政策文件	发布时间
16	美国国家航空航天局	《NASA 提升科研成果获取计划》（NASA，2014）	2014 年 11 月
17	美国地质调查局（U. S. Geological Survey，USGS）	《USGS 联邦资助研究成果的公共获取：学术出版物和数字数据》（USGS，2016）	2016 年 3 月
18	美国教育科学研究院（Institute of Education Sciences，IES）	《公共获取科学数据实施指南》①	—
		《关于公共获取 IES 资助研究产生数据的政策声明》②	—
		《IES 公共获取研究政策》③	—
19	加拿大国立卫生研究院 加拿大自然科学与工程研究理事会（Natural Sciences and Engineering Research Council of Canada，NSERC） 加拿大社会科学与人文研究理事会	《三理事会数字数据管理原则声明》（CIHR et al.，2016）	2016 年 6 月
		《三理事会科学数据管理政策》（CIHR et al.，2021）	2021 年 3 月
20	加拿大社会科学与人文研究理事会	《科学数据存档政策》（SSHRC，2016）	2016 年 12 月
21	澳大利亚研究理事会	《开放获取政策》（ARC，2019）	2019 年 6 月
22	澳大利亚国家健康与医学研究理事会	《开放获取政策》（NHMRC，2022）	2022 年 9 月
23	经济合作与发展组织	《公共资助科学数据获取原则与指南》（OECD，2007）	2007 年 4 月
24	欧盟委员会	《2020 计划框架下科学出版物与科学数据开放获取原则指南》（European Commission，2017）	2017 年 3 月
		《2020 计划框架下的 FAIR④数据管理指南》（European Commission，2016）	2016 年 7 月

注：本表中政策文件的发布时间为最后的修订时间

3.1.2　国内资助机构发布的开放科学数据政策

国内科研资助机构发布的学术出版物与科学数据的开放共享政策可大致划分为三种类型：①与学术出版物相关的国家层面的政策主要包括《国务院关于改进加强中央财政科研项目和资金管理的若干意见》《国家自然科学基金委员会关于

---

① IES. Implementation Guide for Public Access to Research Data [EB/OL]. https://ies.ed.gov/funding/datasharing_implementation.asp[2022-09-04].

② IES.Policy Statement on Public Access to Data Resulting from IES Funded Grants [EB/OL]. https://ies.ed.gov/funding/datasharing_policy.asp[2022-09-04].

③ IES.IES Policy Regarding Public Access to Research [EB/OL]. https://ies.ed.gov/funding/researchaccess.asp[2022-09-04].

④ FAIR 意为可发现（findable）、可访问（accessible）、可互操作（interoperable）和可重用（reusable）。

受资助项目科研论文实行开放获取的政策声明》《中国科学院关于公共资助科研项目发表的论文实行开放获取的政策声明》《中国农业科学院关于针对公共资金资助科研项目发表的论文实行开放获取政策的声明》，此四项政策主要针对国家财政资金资助的科研项目发表的科研论文实现开放获取；②与科学数据相关的国家层面政策主要包括《国家科技计划项目科学数据汇交暂行办法（草案）》《科技基础性工作专项项目科学数据汇交管理办法（试行）》《中华人民共和国科学数据共享条例（专家建议稿）》《科学数据管理办法》，针对国家财政资金资助的科研项目产生的科学数据的接收、汇交、保管、管理、共享与服务等方面做出了明确规定；③与科学数据相关的行业层面政策主要包括《农业科学数据汇交管理办法》《水利科学数据共享管理办法（试行）》《地震科学数据共享管理办法》《地质资料管理条例实施办法》等，针对各行业的部门或机构在政府财政拨款支持下产出的科学数据的采集、汇交、保管、管理、服务与使用等方面做出了明确规定。

近年来，国内科研资助机构在学术出版物与开放科学数据政策的制定与完善方面取得了重大进展，如国家自然科学基金委员会于 2014 年 5 月发布的《国家自然科学基金委员会关于受资助项目科研论文实行开放获取的政策声明》规定：国家自然科学基金全部或部分资助的科研项目投稿并在学术期刊上发表研究论文的作者应在论文发表时，将同行评议后录用的最终审定稿，存储到国家自然科学基金委员会的知识库，不晚于发表后 12 个月开放获取（国家自然科学基金委员会，2014）；国务院办公厅于 2018 年 3 月发布的《科学数据管理办法》对政府预算资金支持开展的科学数据生产、加工、开放和使用做出了规定，明确今后此类项目产生的科学数据必须交由相应国家科学数据中心依据细则开放使用（国务院办公厅，2018）；中国科学院于 2019 年 2 月发布的《中国科学院科学数据管理与开放共享办法（试行）》规定，利用国家财政性资金资助形成的科学数据完成的学术论文在国外学术期刊发表并对外提交数据的，论文作者应在论文发表前将数据汇交至所在法人单位科学数据管理机构或中国科学院科学数据中心统一管理（中国科学院，2019）。表 3-2 列举了部分国内资助机构发布的开放科学数据政策。

表 3-2　国内资助机构发布的开放科学数据政策（部分）

编号	发布主体	政策文件	发布时间
1	国务院	《中华人民共和国科学数据共享条例（专家建议稿）》	—
2	国务院办公厅	《科学数据管理办法》	2018 年
3	中国科学院	《中国科学院科学数据管理与开放共享办法（试行）》	2019 年

续表

编号	发布主体	政策文件	发布时间
4	中国农业科学院	《中国农业科学院农业科学数据管理与开放共享办法》	2019 年
5	中国科学院南海海洋研究所	《中国科学院南海海洋研究所数据管理办法》	2019 年
6	科技部	《国家科技计划项目科学数据汇交暂行办法（草案）》	2006 年
		《科技基础性工作专项项目科学数据汇交管理办法（试行）》	—
7	科技部、财政部	《国家重点基础研究发展计划资源环境领域项目数据汇交暂行办法》	2008 年
8	国土资源部	《国土资源数据管理暂行办法》	2010 年
		《地质资料管理条例实施办法》	2003 年
9	自然资源部	《中国极地科学考察样品和数据管理办法（试行）》	2010 年
10	交通运输部	《交通运输科学数据管理办法（征求意见稿）》	2020 年
11	中国水利水电科学研究院	《水利科学数据共享管理办法（试行）》	2004 年
12	中国气象局	《风云气象卫星数据管理办法（试行）》	2018 年
		《气象数据管理办法（试行）》	2020 年
		《气象数据开放共享实施细则（试行）》	2022 年
13	国家海洋局	《中国极地科学考察数据管理办法（试行）》	2003 年
14	中国地震局	《地震科学数据共享管理办法》	2006 年
15	国家农业科学数据共享中心	《农业科学数据汇交管理办法》	—
		《农业科学数据共享管理办法》	—
16	中国疾病预防控制中心	《公共卫生科学数据共享服务管理办法（草案）》	2006 年

3.1.3　资助机构开放科学数据政策相关研究进展

目前，已有国内外学者针对资助机构开放科学数据政策展开了相关研究。Jones（2012）概括了英国资助机构科学数据管理与共享政策的发展，并探讨了这些政策对实践的影响程度，指出其政策发展出现了两个主要高峰，第一个在 2007年，第二个在 2010～2011 年，并指出从政策转向实践应关注科研人员和数据管理人员的激励因素。陈大庆（2013）从发布时间和政策内容两个方面调研了英国科研资助机构的科学数据管理与共享政策，指出政策发布时间主要集中于 2005～2007 年和 2010～2011 年两个阶段；政策内容涉及一般政策（资金支持、数据范围、数据管理计划）、数据标准（数据标准、元数据标准）、数据访问与保存（数据访问、数据保存、数据中心、机构知识库）、数据共享、数据安全与保护（数据版权、数据隐私）等。张瑶等（2015）采用网络调研法和文献综述法调研了英美两国12个资助机构的科学数据政策，从数据存储政策（强制规范、提交时间、存储期限、存储类型、存储标准、存储位置）、数据质量监管政策（管理计划、权责机制、监督机制、奖惩机制）和数据传播政策（数据发布与共享、知识产权界定、数据保密与安全、道德伦理标准、数据引用规范）三个方面梳理了其政策内容。黄国彬和屈亚杰（2017）采用文献调研法和网络调研法调研了英国科研资助机构的科学数据共享政策，从共享整体规划、共享主体、共享条件、共享方式和共享期限五个方面概括了其政策内容。李向阳等（2016）调研了国外主要科研资助机构的数据管理计划政策，从数据选择与标识（数据描述、数据版权、元数据标准、数据监管、数据检索）、数据存储与保存（存储格式、存储地点、存储期限、数据备份、数据安全）和数据共享与传播（数据共享、权限管理、伦理与隐私）三个方面归纳了其政策要素。崔雁（2017）调研了18个国家与地区的30个资助机构的科学数据政策，从总体要求、数据获取与保存（存储时间、存储地点、数据标准）和数据安全与版权（使用许可、长期可用）三个方面梳理了其政策内容。张玉娥和王永珍（2017）以欧盟研究与创新框架计划"地平线2020"为例，分析了欧盟科学数据管理和开放获取政策及其特点，指出其可为我国科学数据管理和开放获取提供参考与借鉴。崔海媛等（2017）全面调研了国内外公共资助机构开放获取政策框架体系，并以国家自然科学基金委员会为例提出了中国资助机构开放获取政策建议。张晓林（2019）探讨了科学数据开放共享涉及的多元利益相关者的利益激励与协调机制，并提出了公共资助机构实施科研项目科学数据开放共享的政策建议。赵延东等（2020）构建了基于开放获取政策实践的"过程-层次"二维分析框架，并针对世界主要科学资助组织发布的科学数据开放获取政策进行了比较分析。可见，国内相关研究目前仍以针对国外先进政策实践进行调研分析为主，缺乏从政策量化分析的研究视角展开的政策分析与评估研究。

3.2　科研机构开放科学数据政策调研

3.2.1　国外科研机构发布的开放科学数据政策

目前，英国、美国、澳大利亚、加拿大等国家的以大学为主体的科研机构为遵守其资助机构的政策要求，通常以"数据管理政策""开放获取政策""数据管理指南"等政策文件形式制定并发布开放科学数据政策。

（1）英国。经济合作与发展组织于 2007 年发布了《公共资助科学数据获取原则与指南》，以指导成员国制定与完善开放科学数据政策。为此，英国科研诚信办公室（UK Research Integrity Office，UKRIO）于 2009 年发布的《科研实践规范》规定了科研人员在进行研究时应遵循科学数据收集、存储和管理的最佳实践，并且要求在规定期限内以安全的、可访问的格式保留科学数据（UKRIO，2009）。英国研究理事会于 2011 年发布的《数据政策通用原则》（Common Principles on Data Policy）为英国资助机构的政策制定提供了总体政策指导。英国研究理事会下属的七个研究理事会——艺术与人文研究理事会（Arts and Humanities Research Council，AHRC）、生物技术与生物科学研究理事会、工程与自然科学研究理事会、经济与社会研究理事会、医学研究理事会、自然环境研究理事会和科学与技术设施理事会，以及三个非英国研究理事会资助机构——欧盟委员会、英国癌症研究中心和英国惠康基金会，均以《数据政策通用原则》作为总体参考框架，分别于 2011～2013 年制定了开放科学数据政策（图 3-1）。英国科研机构为遵守上述科研资助机构的政策要求，从 2011 年起相继制定了本机构的开放科学数据政策。英国数字保存中心于 2014 年发布的《制定科学数据管理政策五步法》为英国科研机构制定与完善开放科学数据政策提供了详细、具体的指导（DCC，2014）。英国数字保存中心网站上数字管理者资源（Resources for digital curators）栏目下机构数据政策（Institutional data policies）列举的 81 所英国大学均已发布开放科学数据政策[①]。

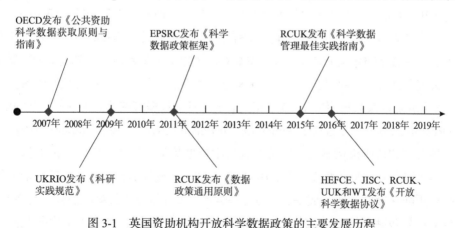

图 3-1　英国资助机构开放科学数据政策的主要发展历程

① DCC. UK Institutional Data Policies[EB/OL]. https://www.dcc.ac.uk/guidance/policy/institutional-data-policies [2022-12-11].

（2）美国。美国白宫科技政策办公室于 2013 年发布了"提升联邦资助科学研究成果的可获得性"备忘录，要求年度研发支出超过 1 亿美元的每个联邦机构都要制订计划，推动联邦政府资助的研究成果（学术出版物、科学数据）实现公共获取（OSTP，2013）。美国国立卫生研究院于 2003 年发布的《数据共享政策与实施指南》要求受资助者应在项目申报书中包括共享科学数据的计划或者无法共享科学数据的说明。美国国家科学基金会于 2011 年发布的《研究成果的传播与共享》明确要求受资助者应在项目申报书中包括数据管理计划作为补充文件。美国国家航空航天局于 2014 年向美国白宫科技政策办公室提交的《NASA 提升科研成果获取计划》要求"所有提交到美国国家航空航天局申请科研资助的研究提案或项目计划都必须包括数据管理计划"（NASA，2014）。美国能源部（Department of Energy，DOE）于 2014 年发布的《DOE 数字科学数据管理政策》也要求受资助者应在项目申报书中包括数据管理计划，说明是否以及如何共享和保存在拟议研究过程中生成的科学数据（U.S. Department of Energy，2014）。美国科研机构为遵守上述国家级资助机构的政策要求，从 2007 年起相继制定了本机构的开放科学数据政策。

（3）澳大利亚。澳大利亚联邦政府于 2007 年发布的由澳大利亚研究理事会和澳大利亚国家健康与医学研究理事会共同制定的《澳大利亚负责任研究行为准则》要求每个科研机构必须制定保存原始资料和科学数据的相关政策，并指出遵守此准则是从澳大利亚研究理事会和澳大利亚国家健康与医学研究理事会获得研究资助的先决条件（ARC and NHMRC，2007）。澳大利亚国家健康与医学研究理事会发布的《开放获取政策》指出"其主要职责之一是使其他科研人员能够长期访问由其资助项目产生的科学数据，因此强烈鼓励科研人员采取合理步骤共享其资助研究产生的科学数据和相关元数据"（NHMRC，2022）。澳大利亚科研机构为遵循上述国家级资助机构的政策要求，从 2008 年起相继制定了本机构的开放科学数据政策。澳大利亚国家数据服务于 2010 年发布的《科学数据管理政策大纲》（"Outline of a Research Data Management Policy for Australian Universities/Institution"）为澳大利亚的大学和科研机构制定与完善开放科学数据政策提供了详细、具体的指导。

（4）加拿大。加拿大政府于 2014 年发布的《开放政府行动计划》旨在最大限度地利用联邦资助的研究成果，鼓励与科学界、私营部门和公众加强合作与参与。该行动计划包括承诺采取政策支持有效的科学数据管理①。加拿大卫生研究院、

① Government of Canada. Canada's Action Plan on Open Government 2014-16[EB/OL]. https://open.canada.ca/en/ content/canadas-action-plan-open-government-2014-16 [2022-12-15].

加拿大自然科学与工程研究理事会和加拿大社会科学与人文研究理事会于 2016 年共同发布的《三理事会数字数据管理原则声明》旨在协助科研人员、研究社区和科研机构遵守三个机构目前和今后的科学数据管理要求（CIHR et al., 2016）；于 2018 年共同发布的《三理事会科学数据管理政策》要求管理三个机构资助基金的每个科研机构都需要制定机构科学数据管理战略，以概述该科研机构将如何为其科研人员提供支持世界级科学数据管理实践的环境，并明确要求提交至三个机构的所有研究资助提案都应包括数据管理计划（CIHR et al., 2021）。加拿大科研机构为遵循上述国家级资助机构的政策要求，从 2014 年起相继制定了本机构的开放科学数据政策。

　　本书调研了英国、美国、加拿大、澳大利亚、新西兰和南非的科研机构发布的开放科学数据政策，如表 3-3 所示。

表 3-3　国外科研机构发布的开放科学数据政策（部分）

编号	发布主体	国家	政策文件	发布时间
1	剑桥大学	英国	《科学数据管理政策框架》（University of Cambridge, 2021）	2021 年 2 月
2	牛津大学	英国	《支持研究成果的数据管理政策》（University of Oxford, 2018）	2018 年 12 月
3	帝国理工学院	英国	《科学数据管理政策》（Imperial College London, 2022）	2022 年 9 月
4	伦敦大学学院	英国	《UCL 科学数据政策》（University College London, 2020）	2020 年 9 月
5	爱丁堡大学	英国	《科学数据管理政策》（University of Edinburgh, 2021）	2021 年 11 月
6	曼彻斯特大学	英国	《科学数据管理政策》（University of Manchester, 2021b）	2021 年 3 月
			《科学数据管理标准操作程序》（University of Manchester, 2021c）	2021 年 3 月
7	伦敦大学国王学院	英国	《科学数据管理政策》（King's College London, 2019）	2019 年 5 月
			《科学数据管理程序》[①]	—
8	伦敦政治经济学院	英国	《科学数据管理政策》（London School of Economics and Political Science, 2015）	2015 年 3 月

① King's College London. Research Data Management Procedure [EB/OL]. https://www.kcl.ac.uk/assets/policyzone/research/research-data-management-procedure.pdf[2023-07-02].

续表

编号	发布主体	国家	政策文件	发布时间
9	布里斯托大学	英国	《科学数据管理与开放数据政策》（University of Bristol，2015）	2015 年 10 月
10	华威大学	英国	《科学数据管理政策》（University of Warwick，2011）	2011 年 11 月
11	南安普敦大学	英国	《科学数据管理政策》（University of Southampton，2019）	2019 年 6 月
12	格拉斯哥大学	英国	《科学数据良好管理政策》[1]	—
13	利兹大学	英国	《科学数据管理政策》（University of Leeds，2017）	2017 年 12 月
14	伯明翰大学	英国	《科学数据管理政策》（University of Birmingham，2018）	2018 年 1 月
15	圣安德鲁斯大学	英国	《科学数据管理政策》（University of St Andrews，2018）	2018 年 11 月
16	兰卡斯特大学	英国	《科学数据管理政策》（Lancaster University，2015）	2015 年 4 月
17	约克大学	英国	《科学数据管理政策》（University of York，2017）	2017 年 11 月
18	埃克塞特大学	英国	《开放获取研究与科学数据管理政策》（University of Exeter，2022）	2022 年 4 月
19	巴斯大学	英国	《科学数据政策》（University of Bath，2019）	2019 年 2 月
20	利物浦大学	英国	《科学数据管理政策》[2]	—
21	阿伯丁大学	英国	《科学数据管理政策》（University of Aberdeen，2020）	2020 年 4 月
22	雷丁大学	英国	《科学数据管理政策》（University of Reading，2017）	2017 年 9 月
			《科学数据管理政策指南》[3]	—
23	贝尔法斯特女王大学	英国	《科学数据管理政策》（Queen's University Belfast，2022）	2022 年 2 月

---

[1] University of Glasgow. Good Management of Research Data Policy [EB/OL]. https://www.gla.ac.uk/media/Media_555894_smxx.pdf[2022-10-06].

[2] University of Liverpool. Research Data Management Policy [EB/OL].https://www.liverpool.ac.uk/media/livacuk/computingservices/research-data-management/researchdatamanagementpolicy.pdf[2022-10-09].

[3] University of Reading.Guidance on the Research Data Management Policy [EB/OL].https://www.reading.ac.uk/research-services/-/media/project/functions/research-and-enterprise-services/documents/rdm-policyguidance-1-0.pdf[2022-10-09].

续表

编号	发布主体	国家	政策文件	发布时间
24	拉夫堡大学	英国	《科学数据管理政策》（Loughborough University，2016）	2016 年 9 月
25	莱斯特大学	英国	《科学数据管理原则》（University of Leicester，2014）	2014 年 12 月
26	赫瑞-瓦特大学	英国	《科学数据管理政策》（Heriot-Watt University，2015）	2015 年 4 月
27	德蒙福特大学	英国	《科学数据管理良好实践》（De Montfort University，2016）	2016 年 3 月
28	威尔士大学圣三一学院	英国	《科学数据管理政策》[1]	2022 年 3 月
29	麻省理工学院	美国	《MIT 科学数据准则》（MIT，2019）	2019 年 9 月
30	斯坦福大学	美国	《科学数据保存与访问》（Stanford University，1997）	1997 年 10 月
31	哈佛大学	美国	《科学记录与数据保存与维护指南》（Harvard University，2017）	2017 年 4 月
32	芝加哥大学	美国	《科学数据保护政策》（University of Chicago，2021）	2021 年 9 月
33	耶鲁大学	美国	《科学数据与资料政策》（Yale University，2018a）	2018 年 10 月
			《科学数据管理原则与指南》（Yale University，2018b）	2018 年 5 月
34	康奈尔大学	美国	《大学科学数据保存政策》（Cornell University，2020）	2020 年 8 月
35	约翰斯·霍普金斯大学	美国	《科学数据与资料访问与保存政策》（Johns Hopkins University，2008）	2008 年 1 月
36	西北大学	美国	《科学数据：所有权、保存与访问》（Northwestern University，2018）	2018 年 1 月
37	纽约大学	美国	《科学数据保存与访问政策》（New York University，2010）	2010 年 3 月
38	加州大学圣迭戈分校	美国	《科学数据访问与管理指南》（UC San Diego，2022）	2022 年 8 月
39	布朗大学	美国	《科学数据与研究资料管理、共享与保存政策》（Brown University，2020）	2020 年 5 月

---

[1] University of Wales Trinity Saint David. Research Data Management Policy [EB/OL]. https://www.uwtsd.ac.uk/media/uwtsd-website/content-assets/documents/strategies-policies/RDM-Policy-2022-v3-28-04-22.pdf[2022-12-17].

续表

编号	发布主体	国家	政策文件	发布时间
40	华盛顿大学	美国	《科学数据政策、程序与指南》（University of Washington，2008）	2008 年 2 月
41	威斯康星大学麦迪逊分校	美国	《数据管理、访问与保存政策》（University of Wisconsin-Madison，2013）	2013 年 6 月
42	伊利诺伊大学香槟分校	美国	《科学数据银行政策框架与定义》（University of Illinois Urbana-Champaign，2021）	2021 年 9 月
43	宾夕法尼亚州立大学	美国	《科学数据管理政策》（Pennsylvania State University，2022）	2022 年 7 月
44	莱斯大学	美国	《科学数据管理》（Rice University，2018）	2018 年 3 月
45	波士顿大学	美国	《科学数据政策》（Boston University，2018）	2018 年 6 月
46	俄亥俄州立大学	美国	《科学数据政策》（Ohio State University，2022）	2022 年 2 月
47	匹兹堡大学	美国	《科学数据管理指南》（University of Pittsburgh，2009）	2009 年 11 月
48	明尼苏达大学双城分校	美国	《科学数据管理：归档、所有权、保留、安全、存储和转移》（University of Minnesota-Twin Cities，2018）	2018 年 9 月
49	范德堡大学	美国	《科学数据治理框架》（Vanderbilt University，2021）	2021 年 6 月
50	达特茅斯学院	美国	《科学数据保存政策》（Dartmouth College，2019）	2019 年 1 月
51	马萨诸塞大学阿默斯特分校	美国	《UMass 数据所有权、保存与访问》（University of Massachusetts Amherst，2006）	2006 年 5 月
52	乔治敦大学	美国	《科学数据保护指南》[①]	—
53	麦吉尔大学	加拿大	《大学科学数据管理政策（草案）》[②]	—
54	麦克马斯特大学	加拿大	《机构科学数据管理政策 2023~2025》（McMaster University，2022）	2022 年 10 月
55	渥太华大学	加拿大	《科学数据管理政策》（University of Ottawa，2022）	2022 年 4 月

[①] Georgetown University. Research Data Protection Guidelines [EB/OL]. https://security.georgetown.edu/research_data_protection_guidelines/[2022-10-02].

[②] McGill University. McGill University Research Data Management Strategy Draft v2.0[EB/OL]. https://www.mcgill.ca/drs/files/drs/mcgill_rdm_strategy_-_draft_v2.0.pdf[2022-10-30].

续表

编号	发布主体	国家	政策文件	发布时间
56	女王大学	加拿大	《机构科学数据管理政策》①	—
57	达尔豪斯大学	加拿大	《机构科学数据管理政策》（Dalhousie University，2021）	2021 年 10 月
58	维多利亚大学	加拿大	《UVic 科学数据管理政策（草案）》（University of Victoria，2022）	2022 年 3 月
59	萨斯喀彻温大学	加拿大	《数据管理政策》（University of Saskatchewan，2017）	2017 年 3 月
60	墨尔本大学	澳大利亚	《科学数据管理政策》（University of Melbourne，2022）	2022 年 6 月
61	悉尼大学	澳大利亚	《科学数据管理政策》（University of Sydney，2021）	2021 年 2 月
			《科学数据管理程序》（University of Sydney，2020）	2020 年 12 月
62	新南威尔士大学	澳大利亚	《科学数据治理与资料处理政策》（University of New South Wales，2019）	2019 年 4 月
63	昆士兰大学	澳大利亚	《科学数据管理政策》（University of Queensland，2021）	2021 年 3 月
64	莫纳什大学	澳大利亚	《科学数据管理政策》（Monash University，2020）	2020 年 12 月
65	阿德莱德大学	澳大利亚	《科学数据与原始资料政策》（University of Adelaide，2021）	2021 年 8 月
66	伍伦贡大学	澳大利亚	《科学数据管理指南》（University of Wulungong，2017）	2017 年 2 月
			《科学数据管理政策》（University of Wulungong，2019）	2019 年 2 月
67	皇家墨尔本理工大学	澳大利亚	《科学数据管理程序》②	—
68	纽卡斯尔大学	澳大利亚	《科学数据与资料管理指南》（University of Newcastle，2020）	2020 年 6 月
69	科廷大学	澳大利亚	《科学数据与原始资料政策》（Curtin University，2021）	2021 年 12 月

① Queen's University. Research Data Management Institutional Strategy [EB/OL]. https://www.queensu.ca/vpr/resources/RDM/strategy[2022-11-03].

② RMIT University. Research Data Management Procedure [EB/OL]. https://policies.rmit.edu.au/document/view.php?id=86[2022-10-27].

续表

编号	发布主体	国家	政策文件	发布时间
70	麦考瑞大学	澳大利亚	《科学数据管理政策》[①]	—
			《科学数据管理程序》[②]	—
71	昆士兰科技大学	澳大利亚	《科学数据管理政策》（Queensland University of Technology，2021）	2021 年 3 月
72	迪肯大学	澳大利亚	《科学数据与原始资料管理程序》[③]	—
73	塔斯马尼亚大学	澳大利亚	《科学数据管理程序》（University of Tasmania，2021）	2021 年 11 月
74	格里菲斯大学	澳大利亚	《科学数据与资料的责任管理》（Griffith University，2018）	2018 年 2 月
75	梅西大学	新西兰	《数据管理政策》（Massey University，2015）	2015 年 7 月
76	坎特伯雷大学	新西兰	《数据管理政策》（University of Canterbury，2021）	2021 年 5 月
77	比勒陀利亚大学	南非	《科学数据管理政策》（University of Pretoria，2017）	2017 年 9 月

注：本表中政策文件的发布时间为最后的修订时间

3.2.2 科研机构开放科学数据政策相关研究进展

目前，已有国内学者针对科研机构开放科学数据政策展开了相关研究。杨云秀等（2015）调研了牛津大学、曼彻斯特大学、谢菲尔德大学等 10 所英国大学发布的科学数据政策，从数据存储规范（存储义务、存储内容、数据类型、元数据标准、存储地点、存储期限）、质量保障规范（政策关联、适用范围、管理对象、权责机制、管理工具）和数据传播规范（传播义务、所有权管理、共享要求、共享限制、发布机制、引用要求）三个方面梳理了其政策要素。完颜邓邓（2016）采用网络调研法和内容分析法调研了悉尼大学、纽卡斯尔大学、墨尔本大学等 23 所澳大利亚大学发布的科学数据管理与共享政策，从一般政策（政策目的、相关定义、适用范围、数据管理计划、相关者责任）、元数据标准、数据保存与共享

---

① Macquarie University. Research Data Management Policy [EB/OL]. https://policies.mq.edu.au/document/view.php?id=300[2022-10-27].

② Macquarie University.Research Data Management Procedure [EB/OL]. https://policies.mq.edu.au/document/view.php?id=301[2022-10-27].

③ Deakin University. Research Data and Primary Materials Management Procedure[EB/OL]. https://policy.deakin.edu.au/document/view-current.php?id=23&version=1[2022-10-27].

（数据保存、数据获取、数据共享、数据引用）和数据所有权与安全（数据所有权、数据安全）四个方面梳理了其政策内容。魏悦和刘桂锋（2016）采用网络调研法和内容分析法调研了 20 所英国大学的科学数据管理政策，并选取利兹大学、巴斯大学和兰卡斯特大学进行了典型案例分析，指出我国大学的政策制定可参考与借鉴其政策内容体系、动力机制以及责任细化三个方面。周晓燕和宰冰欣（2017）调研了新南威尔士大学、纽卡斯尔大学、埃迪斯科文大学等 23 所澳大利亚大学的科学数据管理政策，从政策类型、制定目的、适用范围、制定时间、相关主体、内容要素六个方面归纳了其政策要素。邢文明和洪程（2018）采用内容分析法调研了斯坦福大学、华盛顿大学、约翰斯·霍普金斯大学等 34 所美国大学的科学数据政策，从基本情况（政策名称、制定时间、修订时间、制定主体、主要类目）、主要内容（政策概述、数据收集与管理、数据存储与保存、数据所有权、数据获取、数据使用与共享、数据转移、数据处置与销毁、政策执行负责人）和相关政策三个方面概括了其政策内容。赵星等（2018）采用统计分析法和文本解读法全面调研了澳大利亚国立大学、昆士兰科技大学、西澳大利亚大学等 43 所澳大利亚大学的开放获取政策，从发布时间、产生机制、实现途径、政策目的、实施范围、概念定义、存缴类型、开放要求、各方职责和版权声明十个方面梳理了其政策内容。刘莉和刘伯实（2019）采用网络调研法、内容分析法和案例分析法调研了以伦敦大学医学院为代表的英国医学院校的科学数据管理政策，从体例要素、政策目标、原则声明、内容条款、术语界定、适用范围和修订程序七个方面梳理了其政策内容。刘莉等（2019）采用内容分析法从国家政府、资助机构、大学三个层面调研了英国科学数据管理与共享政策，从政策目标、管理内容、存储要求、支持条件、责任归属和版权声明六个方面概括了其政策内容。刘冰等（2021）采用内容分析法调研了英国、美国和澳大利亚三国 30 所大学的科学数据管理政策，从政策总体框架内容和数据生命周期管理两个方面梳理了其政策构成和内容要素。薛秋红和徐慧芳（2021）从英国数字保存中心和澳大利亚国家数据服务制定的政策指导文件中提炼了科研机构科学数据管理政策应涵盖的 12 个核心政策要素：术语定义、角色与职责、数据管理、覆盖对象、数据所有权、外部要求、保存规范、保留期限、伦理道德、数据访问、数据获取和定期审查。

可见，国内相关研究目前以针对英国、美国和澳大利亚的科研机构进行政策调研为主，采用的研究方法主要是网络调研法、内容分析法和案例研究法，缺乏从政策量化分析的研究视角展开的政策分析与评估研究。

3.3　学术期刊开放科学数据政策调研

3.3.1　国内外学术期刊发布的开放科学数据政策

　　2012 年 6 月，英国皇家学会发布的《科学是开放事业》（Science as an Open Enterprise）研究报告指出：开放探究（open inquiry）是科学事业的核心。发表科学理论及其所依据的实验和观测数据，可以使他人发现该理论的错误以及支持、否定或完善它，并重用数据以获得进一步的理解与发现。科学强大的自我纠正能力来自审查与质疑的开放性。以往发表一篇期刊论文需要包括完整的数据以供查验，然而过去几十年里的科技进步产生了巨大的"数据泛滥"（data deluge），以至于任何期刊都已无法刊载如此庞大而复杂的数据，这使得科学研究的两个互为补充的重要组成部分——"思想"和"证据"被过于频繁地分离开来，由此产生的严重的"数据鸿沟"（data gap），不利于对科学结论进行严格审查，从而破坏科学的自我纠正机制（The Royal Society，2012）。

　　目前，传统学术期刊囿于篇幅仅能作为"思想"的主要载体，而作为"证据"的大量数据已经脱离了依据其而发表的结论。"思想"和"证据"的割裂使得传统学术出版正在面临日益严重的"可重复性危机"（reproducibility crisis）。2016 年 5 月，*Nature* 的一项调查研究表明：超过 70%的科研人员尝试过但却无法复制另一位科学家的实验，超过半数的科研人员未能复制自己的实验；约 80%的受访者认为，资助者和出版商应采取更多措施来提高可重复性[1]。近年来，越来越多的传统学术期刊已经开始制定并发布开放科学数据政策，要求将期刊论文所依据的科学数据存储在可公开访问的数据存储库中，使得任何人都可以公开访问与查验支撑论文研究结论的科学数据，以期努力弥合因"思想"和"证据"的分离而产生的"数据鸿沟"。

　　目前，*Science*、*Nature*、*Proceedings of the National Academy of Sciences*、*PLOS ONE*、*BioMed Central* 等国外学术期刊，爱思唯尔出版集团、约翰·威利父子出版公司（John Wiley & Sons，Inc.）、施普林格·自然出版集团、泰勒·弗朗西斯出版集团（Taylor & Francis Group）、世哲出版公司（SAGE Publishing）等国外学术出版商，以及英国皇家学会、英国皇家化学学会（Royal Society of Chemistry，

---

① Nature.Is There a Reproducibility Crisis? 1,500 Scientists Lift the Lid on Reproducibility [EB/OL]. https://www.nature.com/articles/533452a[2021-10-05].

RSC）、美国化学学会（American Chemical Society，ACS）、美国经济学会（American Economic Association，AEA）、美国地球物理联合会（American Geophysical Union，AGU）等国外学术组织通常以编辑政策、作者指南、数据政策和数据可用性等政策文件形式发布学术期刊开放科学数据政策。施普林格·自然出版集团将其学术期刊的开放科学数据政策划分为 1～4 级从弱到强的四种政策类型（表 3-4）[1]。

表 3-4　施普林格·自然出版集团期刊开放科学数据政策的四种政策类型

政策类型	政策要求	示例期刊	数据政策
类型 1	鼓励数据共享； 鼓励数据引用	*Photosynthesis Research*	《作者指南》[2]
类型 2	鼓励数据共享； 鼓励数据证据共享	*Plant and Soil*	《作者指南》[3]
类型 3	鼓励数据共享； 要求"数据可用性声明"	*Humanities and Social Science Communications*	《编辑与出版政策》[4]
类型 4	要求数据共享； 要求数据证据共享； 要求数据同行评议	*Scientific Data*	《数据政策》[5]

约翰·威利父子出版公司将其学术期刊的开放科学数据政策依据如下三个标准划分为四种政策类型。第一，发表"数据可用性声明"（data availability statement，DAS）。在"数据可用性声明"中确认是否存在共享数据。第二，数据共享。检查"数据可用性声明"中的数据链接，以确保其链接到作者预期的数据；如果数据已在公共存储库中共享，则"数据可用性声明"包括数据的永久链接。第三，数据同行评议。对链接数据的质量和/或可复制性（replicability）进行同行评议：①可以同行评议数据的质量，以确保论文中的结果与存储库中的数据是一致的（如

① Springer Nature.Research Data Policy Types[EB/OL]. https://www.springernature.com/gp/authors/research-data-policy/research-data-policy-types[2022-12-15].

② Photosynthesis Research.Instructions for Authors[EB/OL]. https://www.springer.com/journal/11120/submission-guidelines[2023-07-02].

③ Plant and Soil.Instructions for Authors[EB/OL]. https://www.springer.com/journal/11104/submission-guidelines [2023-07-02].

④ Humanities and Social Science Communications.Editorial and Publishing Policies[EB/OL]. https://www.nature.com/palcomms/journal-policies/editorial-and-publishing-policies#Availability%20of%20materials%20and%20data [2022-12-15].

⑤ Scientific Data. Data Policies [EB/OL]. https://www.nature.com/sdata/policies/data-policies[2022-12-15].

样本大小与变量匹配）；②也可以同行评议数据的可复制性，以确保期刊论文中提出的研究结论是有效的并且可以复制（表 3-5）[1]。

表 3-5 约翰·威利父子出版公司期刊开放科学数据政策的四种政策类型

项目		政策要求		示例期刊
	发表"数据可用性声明"	数据共享	数据同行评议	
政策类型 鼓励数据共享	可选	可选	可选	—
期望数据共享	要求	可选	可选	*British Journal of Social Psychology*
强制数据共享	要求	要求	可选	*Ecology and Evolution*
强制数据共享与数据同行评议	要求	要求	要求	*Geoscience Data Journal*、*American Journal of Political Science*

科学数据联盟（Research Data Alliance，RDA）制定的《期刊数据政策框架》（Journal Data Policy Framework）概括了学术期刊开放科学数据政策的 14 个政策特征并将其划分为 6 种标准政策类型（表 3-6）。这 6 种标准政策类型可以使学术期刊更细致、更严格、更稳健地实施开放科学数据政策。泰勒·弗朗西斯出版集团和英国医学杂志出版集团（BMJ Publishing Group）等众多大型学术出版商已经开始实施这种分类政策框架与指南（Hrynaszkiewicz et al.，2020）。

表 3-6 依据 14 个期刊科学数据政策特征划分的 6 种标准政策类型

项目		政策类型					
		类型 1	类型 2	类型 3	类型 4	类型 5	类型 6
政策特征	科学数据定义	○	○	○	○	○	○
	政策例外定义	○	○	○	○	●	●
	禁锢（embargos）	○	○	○	●	●	●
	补充材料	○	○	○	○	●	●
	数据知识库	○	○	○	●	●	●
	数据引用	○	○	○	○	●	●
	数据许可协议	○	○	○	○	○	○
	研究者/作者支持	●	●	●	●	●	●

① Wiley. Wiley's Data Sharing Policies [EB/OL]. https://authorservices.wiley.com/author-resources/Journal-Authors/open-access/data-sharing-citation/data-sharing-policy.html[2022-12-15].

续表

项目		政策类型					
		类型 1	类型 2	类型 3	类型 4	类型 5	类型 6
政策特征	数据可用性声明		○	●	●	●	●
	数据格式与标准				○	○	●
	强制数据共享（特定数据类型）				●	●	●
	强制数据共享（所有论文）				○	●	●
	数据同行评议				○	○	●
	数据管理计划				○	○	○

注：符号○表示政策特征的文本及其要求将包含括在政策模板中，但不要求在发表或同行评议过程中实施与审查这些政策特征；符号●表示政策特征的文本及其要求将包含括在政策模板中，并要求在发表或同行评议过程中实施与审查这些政策特征

本书调研了国内外学术期刊、学术出版商以及学术组织发布的学术期刊开放科学数据政策，如表 3-7 所示。

表 3-7　国内外学术期刊发布的开放科学数据政策（部分）

编号	期刊名称	出版机构	政策文件
1	*Science*	美国科学促进会（American Association for the Advancement of Science，AAAS）	《编辑政策》[①]
2	*Nature*	施普林格·自然出版集团	《数据、材料、代码和协议的报告标准与可用性》[②]
3	*Cell*	细胞出版社（Cell Press）	《作者指南》[③]
4	*The Lancet*	爱思唯尔出版集团	《作者指南》[④]
5	*Proceedings of the National Academy of Sciences*	美国国家科学院（National Academy of Sciences，NAS）	《编辑与期刊政策》[⑤]
6	*PLOS ONE*	美国科学公共图书馆	《数据可用性》[⑥]

[①] Science Journals. Editorial Policies [EB/OL]. https://www.science.org/content/page/science-journals-editorial-policies[2022-12-18].

[②] Nature. Reporting Standards and Availability of Data, Materials, Code and Protocols [EB/OL]. https://www.nature.com/nature/editorial-policies/reporting-standards[2022-12-15].

[③] Cell.Instructions for Authors[EB/OL]. https://www.mdpi.com/journal/cells/instructions[2022-12-18].

[④] The Lancet. Instructions for Authors [EB/OL]. https://thelancet.com/pb/assets/raw/Lancet/authors/tl-info-for-authors.pdf[2022-12-18].

[⑤] PNAS.Editorial and Journal Policies [EB/OL]. https://www.pnas.org/author-center/editorial-and-journal-policies [2022-12-18].

[⑥] PLOS ONE. Data Availability [EB/OL]. https://journals.plos.org/plosone/s/data-availability[2022-12-15].

续表

编号	期刊名称	出版机构	政策文件
7	*BioMed Central*	施普林格·自然出版集团	《编辑政策》[①]
8	*Journal of Construction Engineering and Management*	美国土木工程师学会（American Society of Civil Engineers，ASCE）	《数据可用性政策》[②]
9	*American Journal of Political Science*	美国中西部政治学学会（Midwest Political Science Association，MPSA）	《AJPS 验证政策》[③]
10	*Canadian Journal of Economics*	加拿大经济学联合会（Canadian Economics Association，CEA）	《期刊政策》[④]
11	*Quarterly Journal of Economics*	牛津大学出版社（Oxford University Press，OUP）	《数据政策》[⑤]
12	*International Economic Review*	宾夕法尼亚大学艺术与科学学院（Penn Arts & Science）	《数据可用性政策》（International Economic Review，2022）
13	*Journal of Consumer Research*	牛津大学出版社	《JCR 数据政策实践》[⑥]
14	施普林格·自然出版集团期刊	施普林格·自然出版集团	《科学数据政策》[⑦]
15	爱思唯尔出版集团期刊	爱思唯尔出版集团	《科学数据》[⑧]
16	约翰·威利父子出版公司期刊	约翰·威利父子出版公司	《Wiley 数据共享政策》[⑨]
17	泰勒·弗朗西斯出版集团期刊	泰勒·弗朗西斯出版集团	《T&F 数据共享政策》[⑩]

① BioMed Central. Editorial Policies [EB/OL]. https://www.biomedcentral.com/getpublished/editorial-policies [2022-12-18].

② Journal of Construction Engineering and Management. Data Availability Policy [EB/OL]. https://ascelibrary.org/doi/10.1061/%28ASCE%29CO.1943-7862.0001263[2022-12-15].

③ American Journal of Political Science. AJPS Verification Policy [EB/OL]. https://ajps.org/ajps-verification-policy/ [2022-12-18].

④ Canadian Journal of Economics. Journal Policies [EB/OL].https://www.economics.ca/cpages/cje-journal-policies [2022-12-18].

⑤ Quarterly Journal of Economics.Data Policy [EB/OL]. https://academic.oup.com/qje/pages/Data_Policy[2022-12-18].

⑥ Journal of Consumer Research. JCR's Data Policy in Practice [EB/OL].https://consumerresearcher.com/jcrs-data-policy-in-practice[2022-12-18].

⑦ Springer Nature. Research Data Policies [EB/OL]. https://www.springernature.com/gp/authors/research-data-policy[2022-12-18].

⑧ Elsevier.Research Data [EB/OL]. https://www.elsevier.com/about/policies/research-data[2022-12-18].

⑨ Wiley. Wiley's Data Sharing Policies [EB/OL]. https://authorservices.wiley.com/author-resources/Journal-Authors/open-access/data-sharing-citation/data-sharing-policy.html[2022-12-15].

⑩ Taylor &Francis. T&F Data Sharing Policies [EB/OL]. https://taylorandfrancis.com/our-policies/data-sharing/ [2022-12-18].

续表

编号	期刊名称	出版机构	政策文件
18	世哲出版公司期刊	世哲出版公司	《科学数据共享政策》[①]
19	英国医学杂志	英国医学杂志出版集团	《BMJ 数据共享政策》[②]
20	哥白尼出版社（Copernicus Publications）期刊	哥白尼出版社	《数据政策》[③]
21	欣达维出版公司（Hindawi Publishing Corporation）期刊	欣达维出版公司	《科学数据》[④]
22	麻省理工学院出版社（MIT Press）期刊（43 种）	麻省理工学院出版社	《作者指南》[⑤]
23	牛津大学出版社期刊（530 种）	牛津大学出版社	《科学数据》[⑥]
24	波特兰出版社（Portland Press）期刊（7 种）	波特兰出版社	《数据政策》[⑦]
25	英国皇家学会期刊（11 种）	英国皇家学会	《数据共享与挖掘》[⑧]
26	英国皇家化学学会期刊（53 种）	英国皇家化学学会	《数据共享》[⑨]
27	英国生态学会（British Ecological Society，BES）期刊（8 种）	英国生态学会	《英国生态学会数据存档政策》[⑩]
28	英国物理学会（Institute of Physics，IOP）期刊（100 种）	英国物理学会	《标准科学数据政策》[⑪]

① SAGE. Research Data Sharing Policies [EB/OL]. https://uk.sagepub.com/en-gb/eur/research-data-sharing-policies [2022-12-18].

② BMJ. BMJ Policy on Data Sharing[EB/OL]. https:// www.bmj.com/content/340/bmj.c564[2022-12-18].

③ Copernicus Publications. Data Policy [EB/OL]. https://publications.copernicus.org/services/data_policy.html [2022-12-18].

④ Hindawi. Research Data [EB/OL].https://www.hindawi.com/publish-research/authors/research-data/[2022-12-18].

⑤ MIT Press. Author Resources[EB/OL]. https://direct.mit.edu/journals/pages/authors[2022-12-18].

⑥ Oxford University Press. Research Data [EB/OL]. https://academic.oup.com/pages/open-research/research-data[2022-12-18].

⑦ Portland Press. Data Policy [EB/OL].https://portlandpress.com/pages/data_policy[2022-12-18].

⑧ Royal Society. Data Sharing and Mining [EB/OL]. https://royalsociety.org/journals/ethics-policies/data-sharing-mining/[2022-12-19].

⑨ Royal Society of Chemistry.Data Sharing[EB/OL]. https://www.rsc.org/journals-books-databases/author-and-reviewer-hub/authors-information/prepare-and-format/data-sharing/[2022-12-19].

⑩ British Ecological Society.British Ecological Society Data Archiving Policy [EB/OL]. https://besjournals.onlinelibrary.wiley.com/hub/data_archiving_policy[2022-12-19].

⑪ Institute of Physics.Standard Research Data Policy [EB/OL]. https://publishingsupport.iopscience.iop.org/iop-publishing-standard-data-policy/[2022-12-19].

续表

编号	期刊名称	出版机构	政策文件
29	美国地质学会（Geological Society of America, GSA）期刊（53 种）	美国地质学会	《GSA 数据出版政策》①
30	美国化学学会期刊（95 种）	美国化学学会	《作者指南》②
31	美国地球物理联合会期刊（23 种）	美国地球物理联合会	《数据与软件作者指南》③
32	美国微生物学会（American Society for Microbiology, ASM）期刊（18 种）	美国微生物学会	《开放数据政策》④
33	美国经济学会期刊（9 种）	美国经济学会	《数据和代码可用性政策》⑤
34	美国气象学会（American Meteorological Society, AMS）期刊（12 种）	美国气象学会	《AMS 出版物数据与软件政策与指南》⑥
35	《数据分析与知识发现》	中国科学院文献情报中心	《支撑数据提交要求》

注：本表中学术期刊及政策文件的检索时间为 2022 年 12 月

3.3.2 学术期刊开放科学数据政策相关研究进展

目前，已有国内外学者针对学术期刊开放科学数据政策展开了相关研究。丁枝秀和张静蓓（2014）调研了社会科学引文索引（Social Sciences Citation Index，SSCI）收录的 72 种图书馆学情报学（Library and Information Science，LIS）领域学术期刊的补充材料存缴政策，从补充材料的功能、类型和格式三个方面归纳了

---

① Geological Society of America.GSA Data Policy for Publications [EB/OL].https://www.geosociety.org/gsa/pubs/datapolicy.aspx[2022-12-19].

② ACS Publications. Author Guidelines [EB/OL]. https://publish.acs.org/publish/author_guidelines?coden=jacsat [2022-12-19].

③ American Geophysical Union. Data & Software for Authors[EB/OL]. https://www.agu.org/Publish-with-AGU/Publish/Author-Resources/Data-and-Software-for-Authors [2022-12-19].

④ American Society for Microbiology. Open Data Policy [EB/OL]. https://journals.asm.org/open-data-policy [2022-12-19].

⑤ American Economic Association. Data and Code Availability Policy [EB/OL].https://www.aeaweb.org/journals/data/data-code-policy [2022-12-19].

⑥ American Meteorological Society.Data and Software Policy Guidelines for AMS Publications (updated Dec 2022) [EB/OL]. https://www.ametsoc.org/index.cfm/ams/publications/ethical-guidelines-and-ams-policies/data-and-software-policy-guidelines-for-ams-publications/[2022-12-19].

其政策内容。傅天珍和陈妙贞（2014）调研了 231 种"2013 中国最具国际影响力学术期刊"的科学数据出版政策，从提交动机与后果描述、科学数据存缴方式和质量控制与隐私保护三个方面概括了其政策内容。吴蓉等（2015）调研了 *Science*、*Proceedings of the National Academy of Sciences*、*Nature*、*PLOS ONE*、*BioMed Central* 等国外学术期刊的科学数据政策，从数据提交政策（强制存缴、数据类型、格式要求、提交方式）、数据审查政策（发布期限、数据审查、长期保存、数据知识库、数据服务）和数据权益政策（版权归属、使用许可、隐私保护）三个方面提炼了其政策要素。陈秀娟和吴鸣（2015）调研了美国化学学会出版的 49 种化学领域学术期刊的科学数据发表政策，从支撑信息政策要求（支撑信息内容、文件格式、支撑信息获取）和数据政策要求（数据类型、数据仓储、数据获取）两个方面概括了其政策要求。雷秋雨和马建玲（2016）调研了《期刊引证报告》（Journal Citation Reports，JCR）收录的 46 种进化生物学领域学术期刊的科学数据出版政策，从数据类型、存缴方式、存储位置、数据发布、数据引用、数据质量控制、数据格式、存缴时间和开放获取九个方面归纳了其政策内容。韩铭扬和姜鑫（2017）调研了以 *BioMed Central* 为代表的国外开放存取期刊的科学数据政策，从数据提交规范（提交要求、数据范围、可用性声明、提交方式、数据格式）、数据存储规范（数据审查、数据存储、数据知识库）和数据权益规范（版权归属、使用许可、伦理批准、知情同意）三个方面归纳了其政策内容。江洪和刘敬仪（2019）调研了 *BioMed Central*、*PLOS ONE*、*Molecular Ecology* 等 15 种国外学术期刊的科学数据管理政策，从数据管理相关政策、数据提交要求、数据仓储平台和数据开放获取四个方面分析了其政策特点。彭琳和韩燕丽（2019）等调研了中国科学院主办的 65 种科学引文索引（Science Citation Index，SCI）收录的英文学术期刊的科学数据政策，发现有 37 种（57%）学术期刊制定了科学数据政策，其中 31 种（84%）学术期刊制定了鼓励性政策，仅有 6 种（16%）学术期刊制定了强制性政策；并从数据提交、数据审查、数据存储、长期保存和引用要求五个方面分析了其政策内容。Jones 等（2019）针对泰勒·弗朗西斯出版集团和施普林格·自然出版集团两大学术出版商的开放科学数据政策进行了案例分析，探讨了学术出版商为满足科研人员的数据共享要求而采用标准化科学数据政策时必须要考虑的关键因素。Christian 等（2020）利用问卷调查法和内容分析法调研了编辑和作者对学术期刊科学数据政策的认知情况。王丹丹等（2020）利用网络调研法和内容分析法调研了学术出版商施普林格·自然出版集团制定的科学数据政策标准框架及其推动科学数据政策标准化的实践进展。刘凤红和彭琳（2021）利用案例研究法分析了学术出版商施普林格·自然出版集团、泰勒·弗朗西斯出版集团、爱思唯尔出版集团和约翰·威利父子出版公司的科学数据政策实践及其支持 FAIR 原则的实现路径。Jackson（2021）调研了《期刊引证报告》和 Scopus 数据库收录的 201 种图书馆学情报学领域学术期刊的科学数据政策制定情况，发现大多数制定科学数据政策的学术期刊鼓励但不要求论文作者公开存档科学数据。Wang 等（2022）调研了中国科学引文数据库（Chinese Science Citation Database，CSCD）收录的 1243 种"科学、技术和医学"（science，technology and medicine，STM）领域学术期刊的科学数据政策，发现其中 80%以上的学术期刊没有制定科学数据政策，英文学术期刊的科学数据政策强度高于中文学术期刊，影响因子（impact factor，IF）较高的学术期刊更有可能制定科学数据政策。秦长江等（2022）利用网络调研法和内容分析法调研了管理学、政治学、教育学、经济学、社会学和语言学六个社会科学学科的国外学术期刊科学数据政策，从政策制定情况、数据共享程度、数据引用方式、数据存储位置和数据可用性声明等方面分析了其政策内容。可见，国内相关研究目前以针对国内外学术期刊的政策调研为主，缺乏从政策量化分析的研究视角展开的政策分析与评估研究。

3.4　数据期刊开放科学数据政策调研

3.4.1　国外数据期刊发布的开放科学数据政策

2011 年 12 月，永久访问联盟（Alliance for Permanent Access，APA）在《数据与出版物整合报告》（Report on Integration of Data and Publications）中指出：从科研人员的角度来看，科学数据作为一级研究对象（first-class research object），代表了科研人员的研究基础。科研人员发现并利用他人的数据和分析，以提出新的和可检验的研究假设，然后利用实证数据扩展证据基础。科学数据作为一级研究对象需要保存、识别、验证、管理和传播，以提高其可获得性、可查找性、可解释性和可重用性。科研人员认为支撑传统出版物的科学数据应与出版物同时发布，并且技术的发展可以减少将科学数据链接到出版物的延迟时间。学术出版商针对科研人员的需求开始将科学数据与出版物集成出版（Alliance for Permanent Access，2011）。

在永久访问联盟提出的"科学数据出版金字塔模型"中，沿着金字塔往下走时科学数据和出版物之间的独占性关系逐渐减弱：①在顶层，期刊（和作者/科研人员）对出版物负全部责任，包括嵌入其中的聚合数据及其呈现方式；②在第二层，科学数据作为研究论文的补充文件发布，与已发布的科学记录的链接仍然很强，但并不总是清楚如何管理与保存科学数据，以及是否符合可发现性和可重用性的标准；③在第三层，出版物包含链接到科学数据的引文，但科学数据保存在存储库中并由其负责；④在底层，大多数科学数据集尚未公开发布，因此是不可理解和不可重用的（图 3-2）。目前，在出版物中或与出版物同时发布的科学数据只是数据冰山的一角（Alliance for Permanent Access，2011）。

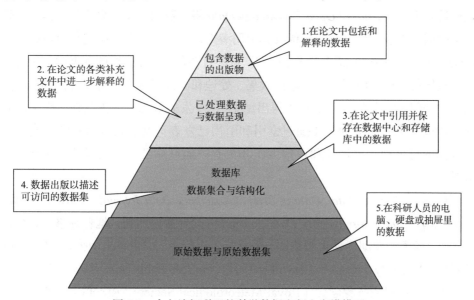

图 3-2 永久访问联盟的科学数据出版金字塔模型

目前，科学数据出版主要有两种典型出版模式。第一种模式是科学数据集成出版模式（附属于出版物的科学数据出版模式，对应于金字塔模型中第三层的模式 3），论文作者将期刊论文所依据的科学数据集保存至公共存储库，由公共存储库为科学数据集分配持久性标识符［如数字对象标识符（digital object identifier，DOI）］，论文作者在期刊论文中通过持久性标识符（persistent identifier，PID）引用科学数据集，学术期刊在发表期刊论文时将其科学数据集同时公开发布。第二种模式是科学数据独立出版模式（不依赖出版物的科学数据出版模式，对应于金字塔模型中第三层的模式 4），可进一步划分为两种出版模式：①数据知识库出版模式，即科研人员自主或遵守资助机构的公共获取要求，将其科学数据集存储至适当的数据知识库发布；②数据期刊出版模式，即论文作者将科学数据集保存至适当的数据知识库，由数据知识库为科学数据集分配持久性标识符（如数字对象标识符），论文作者在数据论文中描述科学数据集并提供其持久性标识符，数据期刊在发表数据论文时将与其关联的科学数据集同时发布。

目前，对"数据论文"的概念表述尚未达成一致，先后出现了 data paper、data article、data descriptor、data in brief、data note、dataset paper、data original article 等多种英文表述；而对"数据论文"的内涵界定则基本达成一致，即"数据论文"是一种可搜索的元数据文档，描述特定的数据集或一组数据集，可视为对研究论文的补充而非替代，对数据集的审查不同于研究论文，在同行评议过程中侧重于数据透明度。*Journal of Open Psychology Data* 将"数据论文"界定为"描述了数据集的创建方法、数据集的结构及其重用潜力，以及在存储库中的位置链接"[1]。*Geoscience Data Journal* 将"数据论文"界定为"描述了经核准的数据中心中可访问的数据集，详细说明了数据集的收集、处理和文件格式等，但没有详细说明数据集的任何科学分析或从数据中得出结论"[2]。发表数据论文为其作者带来的好处可以概括为三个方面：①通过索引和引用已发表论文获得认可；②提高已发布数据的可见性、可用性和可信度；③更有效地追踪已发布数据的使用和引用情况[3]。

目前，*Scientific Data*、*Data in Brief*、*Geoscience Data Journal*、*Journal of Open Psychology Data*、*Biodiversity Data Journal* 等国外数据期刊，施普林格·自然出版集团、泰勒·弗朗西斯出版集团、爱思唯尔出版集团、世哲出版公司、Ubiquity 出版社（Ubiquity Press）、Pensoft 出版社（Pensoft Publishers）等国外学术出版商，以及英国皇家气象学会（Royal Meteorological Society，RMetS）、美国化学学会、美国生态学会（Ecological Society of America，ESA）、国际膜翅目学会（International Society of Hymenopterists）、国际地下生物学会（International Society for Subterranean Biology，ISSB）等国外学术组织通常以编辑政策、作者指南、投稿指南、数据政策和数据出版指南等政策文件形式发布数据期刊开放科学数据政策。本书调研了国内外数据期刊、学术出版商以及学术组织发布的数据期刊开放科学数据政策，如表 3-8 所示。

---

① Journal of Open Psychology Data. Editorial Policies [EB/OL]. https://openpsychologydata.metajnl.com/about/editorialpolicies/[2022-12-22].

② Geoscience Data Journal. Author Guidelines [EB/OL]. https://rmets.onlinelibrary.wiley.com/hub/journal/20496060/about/author-guidelines[2022-12-22].

③ GBIF.Data Papers[EB/OL]. https://www.gbif.org/data-papers[2022-12-22].

表 3-8　国外数据期刊发布的开放科学数据政策（部分）

编号	期刊名称	出版机构	政策文件
1	*Scientific Data*	施普林格·自然出版集团	《数据政策》①
2	*Earth System Science Data*	哥白尼出版社	《数据政策》②
3	*Journal of Open Psychology Data*	Ubiquity 出版社	《编辑政策》③
4	*Open Health Data*	Ubiquity 出版社	《编辑政策》④
5	*Journal of Open Research Software*	Ubiquity 出版社	《编辑政策》⑤
6	*International Journal of Robotics Research*	世哲出版公司	《投稿指南》⑥
7	*Research Ideas and Outcomes*	Pensoft 出版社	《投稿指南》⑦
8	*Viticulture Data Journal*	Pensoft 出版社	《投稿指南》⑧
9	*Comparative Cytogenetics*	Pensoft 出版社	《数据出版指南》⑨
10	*Biodiversity Data Journal*	Pensoft 出版社	《作者指南》⑩
11	*Data in Brief*	爱思唯尔出版集团	《作者指南》⑪
12	*Chemical Data Collections*	爱思唯尔出版集团	《作者指南》⑫
13	*Big Earth Data*	泰勒·弗朗西斯出版集团	《作者指南》⑬
14	*Ecology*	美国生态学会	《作者指南》⑭

---

① Scientific Data. Data Policies [EB/OL]. https://www.nature.com/sdata/policies/data-policies[2022-12-15].

② Earth System Science Data. Data Policy [EB/OL]. https://www.earth-system-science-data.net/policies/data_policy.html[2022-12-22].

③ Journal of Open Psychology Data. Editorial Policies [EB/OL]. https://openpsychologydata.metajnl.com/about/editorialpolicies/[2022-12-22].

④ Open Health Data. Editorial Policies [EB/OL]. https://openhealthdata.metajnl.com/about/editorialpolicies [2023-07-02].

⑤ Journal of Open Research Software. Editorial Policies [EB/OL]. https://openresearchsoftware.metajnl.com/about/editorialpolicies/[2022-12-22].

⑥ International Journal of Robotics Research.Submission Guidelines [EB/OL]. https://journals.sagepub.com/author-instructions/IJR[2022-12-22].

⑦ Research Ideas and Outcomes. About [EB/OL]. https://riojournal.com/about[2022-12-22].

⑧ Viticulture Data Journal. About [EB/OL]. https://vdj.pensoft.net/about[2022-12-22].

⑨ Comparative Cytogenetics. Data Publishing Guidelines [EB/OL]. https://compcytogen.pensoft.net/about#DataPublishingGuidelines[2022-12-22].

⑩ Biodiversity Data Journal. Guidelines for Authors [EB/OL]. https://bdj.pensoft.net/about#For-authors[2022-12-22].

⑪ Data in Brief.Author Information[EB/OL]. https://www.data-in-brief.com/content/authorinfo[2022-12-22].

⑫ Chemical Data Collections. Guide for Authors [EB/OL].https://www.elsevier.com/wps/find/journaldescription.cws_home/736925?generatepdf=true[2023-07-07].

⑬ Big Earth Data. Instructions for Authors [EB/OL]. https://www.tandfonline.com/action/authorSubmission?show=instructions&journalCode=tbed20[2022-12-22].

⑭ Ecology. Author Guidelines [EB/OL]. https://www.esa.org/publications/be-an-author/[2022-12-22].

续表

编号	期刊名称	出版机构	政策文件
15	*Geoscience Data Journal*	英国皇家气象学会	《作者指南》[①]
16	*Journal of Chemical & Engineering Data*	美国化学学会	《作者指南》[②]
17	*Journal of Hymenoptera Research*	国际膜翅目学会	《数据出版指南》[③]
18	*Subterranean Biology*	国际地下生物学会	《数据出版指南》[④]
19	*GigaScience*	牛津大学出版社	《作者指南》[⑤]
20	*Neuroinformatics*	施普林格·自然出版集团	《作者指南》[⑥]
21	*BMC Research Notes*	BioMed Central 出版社	《投稿指南》[⑦]

3.4.2 数据期刊开放科学数据政策相关研究进展

目前，国内外相关研究以针对数据期刊、数据论文和数据出版的概念辨析和现状调研为主，而针对国内外数据期刊制定的开放科学数据政策展开的相关研究还非常有限。刘凤红等（2014）概括了数据论文的产生背景和相关概念（数据发表、数据资料、数据论文），探讨了数据论文的出版实践（出版流程、质量控制、权益管理），并为推动中文数据论文的实践发展提出了思考与建议。刘传玺（2016）调研了 *Data Papers in Science*、*Earth System Science Data*、*Geoscience Data Journal* 等 10 种国外典型数据期刊，探讨了数据论文的概念框架、概念辨析、同行评议方式（开放式同行评议、封闭式同行评议）以及同行评议内容。黄国彬等（2020）采用内容分析法和比较分析法从概念边界、内容要素、内在属性和功能定位四个

---

① Geoscience Data Journal. Author Guidelines [EB/OL]. https://rmets.onlinelibrary.wiley.com/hub/journal/20496060/about/author-guidelines[2022-12-22].

② Journal of Chemical & Engineering Data. Author Guidelines [EB/OL]. https://publish.acs.org/publish/author_guidelines?coden=jceaax[2022-12-22].

③ Journal of Hymenoptera Research. Data Publishing Guidelines [EB/OL]. https://jhr.pensoft.net/about#DataPublishingGuidelines[2022-12-22].

④ Subterranean Biology. Data Publishing Guidelines [EB/OL]. https://subtbiol.pensoft.net/about#DataPublishingGuidelines[2022-12-22].

⑤ GigaScience. Instructions for Authors [EB/OL]. https://academic.oup.com/gigascience/pages/instructions_to_authors[2022-12-22].

⑥ Neuroinformatics.Instructions for Authors[EB/OL]. https://www.springer.com/journal/12021/submission-guidelines#: ~:text=Instructions[2022-12-22].

⑦ BMC Research Notes.Submission Guidelines[EB/OL]. https://bmcresnotes.biomedcentral.com/submission-guidelines [2022-12-22].

维度对"数据论文"进行了概念辨析并建议将其中文译名修正为"数据导引"。刘凤红和张恬（2017）采用网络调研法概括了研究要素出版的相关概念、出版类型和出版现状，将研究要素论文划分为四种类型：数据论文（data articles）、软件论文（software articles）、材料和方法论文（materials and methods articles）和综合类论文。欧阳峥峥等（2015）调研了 *Genomics Data*、*F1000 Research*、*BMC Research Notes* 等 15 种国外数据期刊，从发展现状、学科分布、出版方式、收录内容、引用机制、版权协议和出版费用七个方面概括了其主要特征。Candela 等（2015）调研了 15 个出版机构创办的 116 种数据期刊，其中四个出版机构创办了七种纯数据期刊，其学科范围涵盖了健康科学、生命科学、物理科学、社会科学和人文科学。刘凤红和彭琳（2019）等调研了国际数据期刊的出版现状，发现全球共创办了 168 种数据期刊，其中 149 种数据期刊为开放获取期刊，共有 26 个出版机构出版数据期刊，其学科范围集中在生物学、医学、生态学和环境科学等。刘灿等（2018）调研了 26 种国内外数据期刊的出版现状及其数据出版政策，从数据存储位置、数据质量控制和作者权益管理三个方面概括了其政策内容。刘晶晶和顾立平（2015）调研了以 *Scientific Data* 为代表的国外数据期刊的科学数据政策，从数据提交规范、质量管理流程和数据权益规范三个方面提炼了其政策要素。黄如花和李楠（2017）采用网络调研法和内容分析法调研了 *Geoscience Data Journal*、*Earth System Science Data*、*Open Health Data* 等七种国外纯数据期刊的科学数据政策，从数据计划、数据确认、数据描述、数据保存和数据整合五个数据生命周期阶段归纳了其政策内容。关琳琳等（2021）采用网络调研法和内容分析法调研了 47 种国际数据期刊的编辑出版政策，从数据提交规范、数据论文结构（数据基本信息、数据生产信息、数据重用信息等）、同行评议模式和同行评议标准四个方面探讨了数据期刊出版质量控制机制。可见，国内目前针对数据期刊开放科学数据政策的相关研究非常有限，并且以针对国外数据期刊开放科学数据政策的政策调研为主，缺乏从政策量化分析的研究视角展开的政策分析与评估研究。

3.5　数据知识库开放科学数据政策调研

3.5.1　国内外数据知识库发布的开放科学数据政策

本书将数据知识库（data repository）划分为三种类型：通用数据知识库（general

data repository）、学科数据知识库（subject data repository）和机构知识库（institutional repository）。目前，比较常用的数据知识库注册与目录系统包括科学数据知识库注册系统（Registry of Research Data Repositories，re3data.org）、开放获取目录（Open Access Directory，OAD）、开放获取知识库目录（Directory of Open Access Repositories，OpenDOAR）和开放获取知识库注册系统（Registry of Open Access Repositories，ROAR）。科学数据知识库注册系统是多个学科的数据知识库的全球注册系统，收录的数据知识库已达到3058个（其中有2629个为开放获取知识库），共计收录了2299个学科知识库和831个机构知识库（截至2022年12月4日）[①]。开放获取目录是数据知识库的全球目录系统，收录了化学、医学、生物学、计算机科学和社会科学等16个学科的数据知识库[②]。开放获取知识库目录是机构知识库的全球目录系统，收录的机构知识库已达到5984个，其中有491个机构知识库接受科学数据集（截至2022年12月4日）[③]。开放获取知识库注册系统是开放获取知识库的全球注册系统，收录的开放获取知识库已达到5487个，其中有55个开放获取知识库接受科学数据集（截至2022年12月5日）[④]。

开放获取知识库强制归档政策注册系统（Registry of Open Access Repository Mandates and Policies，ROARMAP）是开放获取知识库强制存档政策的全球注册系统，注册的机构知识库已达到1116个（截至2022年12月5日）[⑤]。开放获取知识库目录将数据知识库开放获取政策归纳为五个政策要素：①元数据政策（metadata policy），说明知识库中描述项信息的访问权限和访问许可以及最低元数据要求；②数据政策（data policy），说明全文和其他完整数据项的访问权限和重用权限；③内容政策（content policy），说明文档和数据集的类型和版本；④提交政策（submission policy），关于合格用户、质量控制和版权声明；⑤保存政策（preservation policy），关于长期保存、迁移和撤回协议。开放获取知识库目录制定了两个基于行业标准的开放获取知识库的一般政策声明以鼓励整个社区的良好实践（表3-9和表3-10）[⑥]。表3-9是开放获取知识库目录建议的最低开放获取合规性选项，鼓励开放获取并保留限制，如允许出于非营利目的的重用元数据，但禁

---

① re3data.Search[EB/OL]. https://www.re3data.org/search?query=[2022-12-04].

② OAD.Data Repositories [EB/OL]. http://oad.simmons.edu/oadwiki/Data_repositories [2020-12-05].

③ OpenDOAR. OpenDOAR Statistics [EB/OL]. https://v2.sherpa.ac.uk/view/repository_visualisations/1.html[2022-12-04].

④ ROAR.Browse by Repository Type[EB/OL]. roar.eprints.org/view/type/ [2022-12-05].

⑤ ROARMAP.Browse by Country [EB/OL]. https://roarmap.eprints.org/view/country/[2022-12-05].

⑥ OpenDOAR. Policy Support [EB/OL].http://v2.sherpa.ac.uk/opendoar/policytool/[2022-12-05].

止商业性重用。表 3-10 是开放获取知识库目录建议的最佳开放获取合规性选项，鼓励不受限制的开放获取，如允许免费商业性重用[①]。

表 3-9　开放获取知识库目录建议的数据知识库开放获取政策最低标准

政策要素	政策内容
元数据政策	（1）任何人都可以免费访问元数据。 （2）只要提供开放档案计划（open archives initiative，OAI）标识符或原始元数据记录的链接，元数据可在未经事先许可的情况下，在任何介质中重用于非营利目的。 （3）未经事先许可，元数据不得在任何介质中用于商业目的。
数据政策	（1）任何人都可以免费访问完整的项目。 （2）在未经事先许可或收费的情况下，可复制、展示或以任何格式或介质复制、展示或执行完整项目的单一副本，用于个人研究或学习、教育或非营利目的。 （3）未经版权所有者的正式许可，不得以任何格式或介质进行商业性销售。
内容政策	（1）这是一个机构或部门知识库或多机构学科知识库[学科列表]。 （2）知识库保存所有类型的项目或知识库只接受以下项目类型[列表]。 （3）所有项目都单独标明其同行评议状态和发布状态。
提交政策	（1）项目只能由组织的认证成员或其委托代理人提交。 （2）作者只能提交自己的作品存档。 （3）管理员仅审查项目以排除垃圾邮件。 （4）提交内容的有效性和真实性由提交者全权负责。 （5）在出版商或资助者的禁锢期（embargo period）到期之前，不得提交项目。 （6）任何侵犯版权的行为完全由作者/提交者负责。 （7）如果知识库收到侵犯版权的证据，相关项目将立即删除。
保存政策	（1）项目将无限期保留。 （2）知识库将尽力确保持续的可读性和可访问性。 （3）知识库会根据当前的最佳实践定期备份文件。 （4）项目通常不能从知识库中删除。 （5）可接受的撤回理由包括：①经证实的侵犯版权或剽窃行为；②法律要求和经证实的违规行为；③国家安全；④伪造研究。 （6）撤回的项目本身不会删除，但会从公众视野中删除。 （7）撤回项目的标识符/统一资源定位符（uniform resource locator，URL）将会无限期保留。 （8）统一资源定位符将继续指向"逻辑删除"引文，以避免断开链接并保留项目历史记录。 （9）不允许更改已提交的项目。 （10）如有必要，可提交更新的版本。 （11）如果知识库关闭，数据库将转移到另一个适当的知识库。

---

① 表 3-9 和表 3-10 中的"项目"（items）包括期刊论文、学位论文、图书及章节、报告、工作文件、书目信息、学习对象、数据集、专利和软件等。

表 3-10 开放获取知识库目录建议的数据知识库开放获取政策最佳标准

政策要素	政策内容
元数据政策	（1）任何人都可以免费访问元数据。 （2）只要提供开放档案计划标识符或原始元数据记录的链接，元数据可在未经事先许可的情况下，在任何介质中重用于非营利目的或商业性转售。
数据政策	（1）任何人都可以免费访问完整的项目。 （2）完整项目的副本通常可以：①以任何形式或介质复制、展示或执行并提供给第三方；②在未经事先许可或收费的情况下，用于个人研究或学习、教育或非营利目的。 （3）只要满足如下条件：①提供作者、标题和完整的书目信息；②为原始元数据页面提供超链接和/或统一资源定位符；③内容不会以任何方式更改。 （4）未经版权所有者的正式许可，不得以任何格式或介质进行商业性销售。
内容政策	（1）这是一个机构或部门知识库或多机构学科知识库[学科列表]。 （2）知识库保存所有类型的项目或知识库只接受以下项目类型[列表]。 （3）项目单独标明其版本类型和日期、同行评议状态和发布状态。
提交政策	（1）项目只能由组织的认证成员或其委托代理人提交。 （2）作者只能提交自己的作品存档。 （3）管理员仅审查项目是否符合作者/提交者的资格、与知识库范围的相关性、有效的版式和格式以及排除垃圾邮件。 （4）提交内容的有效性和真实性由提交者全权负责。 （5）可随时提交项目，但在出版商或资助者的禁锢期到期之前不会公开。 （6）任何侵犯版权的行为完全由作者/提交者负责。 （7）如果知识库收到侵犯版权的证据，相关项目将立即删除。
保存政策	（1）项目将无限期保留。 （2）知识库将尽力确保持续的可读性和可访问性。 （3）如有必要，项目将迁移到新的文件格式。 （4）在可能的情况下，将提供软件仿真以访问未迁移的格式。 （5）知识库会根据当前的最佳实践定期备份文件。 （6）除任何更新的格式外，还保留所有项目的原始格式。 （7）项目通常不能从知识库中删除。 （8）可接受的撤回理由包括：①经证实的侵犯版权或剽窃行为；②法律要求和经证实的违规行为；③国家安全；④伪造研究。 （9）撤回的项目本身不会删除，但会从公众视野中删除。 （10）撤回项目的标识符/统一资源定位符将会无限期保留。 （11）统一资源定位符将继续指向"逻辑删除"引文，以避免断开链接并保留项目历史记录。 （12）不允许更改已提交的项目。 （13）如有需要，勘误表可随原始记录一起提供。 （14）如有必要，可提交更新的版本。 （15）如果知识库关闭，数据库将转移到另一个适当的知识库。

目前，Dryad、figshare、Zenodo、DataONE、Open Science Framework 等国外通用知识库，PANGAEA、PubChem、GenBank、Electron Microscopy Data Bank（EMDB）、The European Genome-phenome Archive（EGA）等国外学科知识库，以及 Harvard Dataverse、Edinburgh DataShare、中国科学院文献情报中心机构知识库、北京大学机构知识库、中国人民大学机构知识库等国内外机构知识库通常以服务指南、使用指南、使用条款、常见问题和知识库简介等政策文件形式发布数据知识库开放科学数据政策。本书调研了国内外通用知识库、学科知识库以及机构知识库发布的数据知识库开放科学数据政策，如表 3-11 所示。

表 3-11　国内外数据知识库发布的开放科学数据政策（部分）

编号	发布主体	国家或地区	知识库类型	政策文件
1	Dryad	美国	通用知识库	《服务条款》（Dryad，2019）
2	figshare	英国	通用知识库	《常见问题》[①]
3	Zenodo	欧洲	通用知识库	《常见问题》[②]
4	DataONE	美国	通用知识库	《数据服务》[③]
5	DataCite	欧洲	通用知识库	《服务指南》[④]
6	PANGAEA	德国	学科知识库	《PANGAEA 简介》[⑤]
7	GenBank	美国	学科知识库	《GenBank 概览》[⑥]
8	ChemSpider	英国	学科知识库	《ChemSpider 简介》[⑦]
9	UK Data Service (ReShare)	英国	学科知识库	《ReShare 使用指南》[⑧]
10	ArrayExpress	英国	学科知识库	《使用指南》[⑨]
11	Global Biodiversity Information Facility	国际	学科知识库	《使用指南》[⑩]
12	Electron Microscopy Data Bank	美国	学科知识库	《常见问题》[⑪]

① figshare.FAQs [EB/OL]. https://help.figshare.com/section/faqs [2022-12-22].
② Zenodo. Frequently Asked Questions [EB/OL]. https://help.zenodo.org [2022-12-22].
③ DataONE.Data [EB/OL]. https://search.dataone.org/data [2022-12-22].
④ DataCite. Servies [EB/OL].https://datacite.ee/en/services/ [2022-12-22].
⑤ PANGAEA. About [EB/OL].https://pangaea.de/about/ [2022-12-22].
⑥ GenBank. GenBank Overview [EB/OL]. https://www.ncbi.nlm.nih.gov/genbank/ [2022-12-22].
⑦ ChemSpider.About Us [EB/OL]. https://www.chemspider.com/About.aspx [2022-12-22].
⑧ UK Data Service. ReShare Help Guidance [EB/OL]. https://reshare.ukdataservice.ac.uk/help/index.html [2022-12-22].
⑨ ArrayExpress. Help [EB/OL]. https://www.ebi.ac.uk/biostudies/arrayexpress/help [2022-12-22].
⑩ GBIF.How-to[EB/OL]. https://www.gbif.org/[2022-12-22].
⑪ EMDB. FAQ [EB/OL]. https://www.ebi.ac.uk/emdb/documentation/faq [2022-12-22].

续表

编号	发布主体	国家或地区	知识库类型	政策文件
13	The European Genome-phenome Archive	欧洲	学科知识库	《投稿指南》①
14	dbVar	美国	学科知识库	《dbVar 常见问题》②
15	dbGaP	美国	学科知识库	《GaP 常见问题存档》③
16	Harvard Dataverse	美国	机构知识库	《最佳实践》④
17	Harvard DASH	美国	机构知识库	《DASH 使用条款》⑤
18	ScholarsArchive@OSU	美国	机构知识库	《ScholarsArchive@OSU 使用条款》⑥
19	eScholarship	美国	机构知识库	《使用条款与版权信息》⑦
20	Stanford GSE Open Archive	美国	机构知识库	《开放存档政策与资源》⑧
21	University Digital Conservancy	美国	机构知识库	《政策与指南》⑨
22	Edinburgh DataShare	英国	机构知识库	《信息服务》⑩
23	UCL Discovery	英国	机构知识库	《开放获取：常见问题》⑪
24	北京大学机构知识库	中国	机构知识库	《北京大学机构知识库开放获取政策（试行）》
25	清华大学机构知识库	中国	机构知识库	《清华大学机构知识库开放获取及著作权说明》
26	中国人民大学机构知识库	中国	机构知识库	《中国人民大学机构知识库版权说明》
27	同济大学机构知识库	中国	机构知识库	《同济大学机构知识库版权说明》

① EGA.Submission FAQ [EB/OL]. https://ega-archive.org/submission/FAQ/ [2022-12-22].

② dbVar.dbVar FAQs [EB/OL]. https://www.ncbi.nlm.nih.gov/dbvar/content/faq/ [2022-12-22].

③ dbGaP.GaP FAQ Archive [EB/OL]. https://www.ncbi.nlm.nih.gov/books/NBK5295/ [2022-12-22].

④ Harvard Dataverse.Best Practices [EB/OL]. https://dataverse.org [2022-12-22].

⑤ Harvard DASH. Terms of Use for DASH Repository[EB/OL]. https://dash.harvard.edu/pages/termsofuse [2022-12-22].

⑥ ScholarsArchive@OSU.Terms of Use for ScholarsArchive@OSU [EB/OL]. https://ir.library.oregonstate.edu/terms?locale=en [2023-07-07].

⑦ eScholarship. Terms of Use and Copyright Information [EB/OL]. https://escholarship.org/terms [2022-12-22].

⑧ Stanford GSE Open Archive. Open Archive Policies and Resources [EB/OL]. https://openarchive.stanford.edu/policy [2022-12-22].

⑨ University Digital Conservancy. Policies and Guidelines [EB/OL]. https://conservancy.umn.edu/pages/policies/ [2022-12-22].

⑩ Edinburgh DataShare.Information Services [EB/OL]. https://datashare.ed.ac.uk [2022-12-22].

⑪ UCL Discovery. Open Access: Frequently Asked Questions [EB/OL]. https://www.ucl.ac.uk/library/open-science-research-support/open-access/open-access-frequently-asked-questions [2022-12-22].

续表

编号	发布主体	国家或地区	知识库类型	政策文件
31	西北工业大学机构知识库	中国	机构知识库	《西北工业大学机构知识库版权说明》
32	兰州大学机构知识库	中国	机构知识库	《兰州大学机构知识库提交指南》
33	山东大学机构知识库	中国	机构知识库	《山东大学机构知识库政策》
34	厦门大学学术典藏库	中国	机构知识库	《厦门大学学术典藏库版权申明》
35	西安交通大学机构知识门户	中国	机构知识库	《西安交通大学机构知识门户开放获取政策》

3.5.2　数据知识库开放科学数据政策相关研究进展

目前，已有国内学者针对数据知识库（通用知识库、学科知识库、机构知识库）开放科学数据政策展开了相关研究。刘晶晶等（2015）调研了四个国外通用知识库和五个国外学科知识库的科学数据政策，从数据管理者权益（审核机制、标识规范、长期保存、使用规范）、数据提交者权益（免费存储、元数据更新、保护期限、来源要求、许可协议）和数据使用者权益（免费使用、引用格式、伦理法规）三个方面梳理了其政策内容。孙轶楠等（2015）调研了 38 个生命科学领域的学科知识库的科学数据政策，分别探讨了学科知识库涉及的利益相关者（数据提交者、数据管理者、数据使用者）的数据权益管理规范，从数据提交政策（数据内容、数据格式、来源要求、数据归属）、数据管理声明（数据公开、数据注册、免责声明、版本管理）和数据使用规范（数据访问、引用格式、授权许可）三个方面归纳了其政策要素。吴越等（2014）调研了北京大学机构知识库开放获取政策，从内容政策、提交政策、使用政策、保存政策、撤回政策、隐私政策六个方面概括了其政策内容。尚新丽和马云飞（2015）调研了清华大学机构知识库、北京大学机构知识库和厦门大学学术典藏库三大高校机构知识库的开放获取政策，从显示方式、相关机构政策、内容政策、提交政策、使用政策、格式和版本要求、法律依据、退出政策和隐私政策九个方面梳理了其政策内容。崔雁（2016）调研了科学数据知识库注册系统注册的 1558 个数据知识库的科学数据政策,从一般信息（数据中心类型、数据类型）、数据获取（获取方式、限制条件、使用许可）、数据管理[元数据标准、永久标识符（permanent identifier）]和数据评估（数据质量管理、数据中心认证）四个方面归纳了其政策内容。张雪蕾和魏青山（2016）

调研了以西安交通大学机构知识库门户为代表的国内外机构知识库政策框架，从存缴政策、传播政策、服务政策和管理政策四个方面构建了机构知识库政策框架。张伟等（2017）调研了 19 个德国高校机构知识库的开放获取政策，从政策目的、图书馆责任、电子文献、内容标准、技术标准、长期保存、组织规章、版权声明和版本信息九个方面概括了其政策内容。刘文云和毕煜（2017）对山东理工大学机构知识库的管理政策进行案例分析，提出从内容政策、提交政策、使用政策、保存政策、撤回政策和隐私政策六个方面制定机构知识库管理政策。徐速和张新鹤（2017）从国家宏观政策、机构支持政策（经费支持政策、技术支持政策、人员支持政策等）和机构知识库运行政策（内容政策、提交政策、使用政策、保存政策、服务政策等）三个层面构建了我国机构知识库开放获取政策体系。杨茗溪（2018）通过网络调研法和内容分析法调研了在开放获取知识库目录注册的 424 个美国高校机构知识库的开放获取政策，从元数据政策、数据政策、内容政策、提交政策和保存政策五个方面归纳并统计了其政策要素。苏庆收等（2018）从国家宏观政策、机构指导政策和机构库管理政策（内容政策、提交政策、使用政策、保存政策、撤回政策、隐私政策、服务政策、责任制度）三个层面构建了我国机构知识库开放获取政策体系。刘莉等（2019）调研了在开放获取知识库目录注册的 14 个英国高校机构知识库的开放获取政策，从存储目的、内容政策、保存政策、提交政策、使用政策、责任归属、权益保护七个方面梳理了其政策内容。可见，国内相关研究目前以针对国内外数据知识库的政策调研为主，缺乏从政策量化分析的研究视角展开的政策分析与评估研究。

第4章

利益相关者开放科学数据政策评估分析

从第 3 章针对国内外开放科学数据政策相关研究的文献调研来看，国内相关研究目前仍以针对国外先进政策实践进行调研分析为主，缺乏从政策量化分析的研究视角展开的政策分析与评估研究。本书将质性文本分析方法及其软件工具 NVivo 12 引入各个利益相关者的开放科学数据政策分析与评估研究，以期从质性文本分析的研究视角针对国外利益相关者最新发布的开放科学数据政策展开政策评估分析，依据国外利益相关者的政策评估分析结果对国内利益相关者制定与完善开放科学数据政策提出政策建议。

本章分别针对参与开放科学数据的各个利益相关者（资助机构、科研机构、学术期刊、数据期刊和数据知识库）展开政策评估分析，具体分析过程如下：首先，从国内外利益相关者发布的开放科学数据政策中选取若干目标政策；其次，通过质性文本分析法针对选取的目标政策构建各个利益相关者的开放科学数据政策文本分析类目体系；再次，依据政策文本分析类目体系针对国外利益相关者发布的开放科学数据政策进行政策评估分析；最后，依据政策评估分析结果对国内利益相关者制定与完善开放科学数据政策提出政策建议。本章的研究思路如图 4-1 所示。

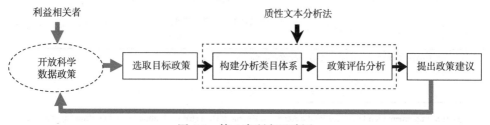

图 4-1　第 4 章研究思路图

4.1 资助机构开放科学数据政策分析

4.1.1 选取目标政策

从欧洲、美国、英国、瑞典和澳大利亚的研究理事会、研究基金会和研究机构以及国际组织发布的资助机构开放科学数据政策中，选取具有代表性、规范性和指导性的开放科学数据政策文本作为本节分析的目标政策（表 4-1）。

表 4-1 国外资助机构发布的开放科学数据目标政策

编号	发布主体	政策文件	发布时间
1	欧洲研究理事会	《科学出版物与科学数据开放获取实施指南》（ERC，2017）	2017 年 4 月
2	英国研究理事会	《科学数据管理最佳实践指南》（RCUK，2018）	2018 年 7 月
3	瑞典研究理事会	《开放获取科学信息国家指南建议》（Swedish Research Council，2015）	2015 年 3 月
4	英国经济与社会研究理事会	《ESRC 科学数据政策》（ESRC，2014）	2014 年 11 月
5	英国生物技术与生物科学研究理事会	《BBSRC 数据共享政策》（BBSRC，2017）	2017 年 3 月
6	英国自然环境研究理事会	《NERC 数据政策》（NERC，2019）	2019 年 11 月
7	英国医学研究理事会	《数据共享政策》（MRC，2016）	2016 年 9 月
8	英国科学与技术设施理事会	《STFC 科学数据政策》（STFC，2016）	2016 年 4 月
9	澳大利亚国家健康与医学研究理事会	《开放获取政策》（NHMRC，2022）	2022 年 9 月
10	美国国家科学基金会	《NSF 公共获取计划》（NSF，2015）	2015 年 3 月
11	美国国立卫生研究院	《数据共享政策与实施指南》（NIH，2003）	2003 年 3 月
12	美国教育科学研究院	《公共获取科学数据实施指南》[①]	—
13	英国癌症研究中心	《数据共享指南》（CRUK，2019）	2019 年 11 月
14	美国国家航空航天局	《NASA 提升科研成果获取计划》（NASA，2014）	2014 年 11 月
15	欧盟委员会	《2020 计划框架下的 FAIR 数据管理指南》（European Commission，2016）	2016 年 7 月
16	经济合作与发展组织	《公共资助科学数据获取原则与指南》（OECD，2007）	2007 年 4 月

注：本表中政策文件的发布时间为最后的修订时间

---

① IES. Implementation Guide for Public Access to Research Data [EB/OL]. https://ies.ed.gov/funding/datasharing_implementation.asp[2022-09-04].

将表4-1中16个国外资助机构发布的开放科学数据政策文本导入NVivo 12软件生成高频词云图（图4-2）。在图4-2所示的词云图中，依据高频词在政策文本中出现的词频高低排列，词频较高的高频词包括data'[①]、researchers'、access'、publicly、opens、beneficiary'、policy、costs'、using、grant'、funds、article、sharing等。

图 4-2　16个国外资助机构发布的开放科学数据政策文本高频词云图

注：高频词的字体大小与该词在全部政策文本中出现的词频成正比例，下同

4.1.2　构建分析类目

质性文本分析构建类目主要有两种方法：归纳式类目构建（inductive category construction）和推论式类目构建（deductive category construction）。归纳式类目构建是指直接根据实证数据来构建类目，这些类目并不来自理论或假设；推论式类目构建是指采用收集实证数据之前就存在的类目系统（伍多·库卡茨，2017）。质性文本分析的类目类型主要包括实物类目、主题类目、评估类目、形式类目、分析类目和理论类目。本书采用归纳式类目构建方法，针对目标政策直接构建分析类目。

---

① 撇号代表含有该词根的一组相似词。

本书第 2 章将数据生命周期划分为六个阶段：数据创建、数据存储、数据发布、数据访问、数据重用和数据归档。本章构建资助机构开放科学数据政策文本分析类目体系的分析过程如下：首先依据资助机构涉及的全部数据生命周期阶段构建 6 个一级类目；其次依据资助机构在各个数据生命周期阶段的政策观测要点构建 24 个二级类目。本书遵循质性文本分析的一般过程构建分析类目并进行编码分析：阅读和诠释文本→构建类目→编码文本片段→分析→呈现结果，并利用 NVivo 12 软件辅助进行政策文本的类目构建及编码分析。利用 NVivo 12 软件构建资助机构开放科学数据政策文本分析类目体系，如表 4-2 所示。

表 4-2　资助机构开放科学数据政策文本分析类目体系

一级类目	二级类目	类目描述	编码参考点/个
C 数据创建	C5 数据规划	是否要求科研人员在申请科研项目时（或在资助项目启动时）必须制订数据管理计划？	13
	C6 数据产权	是否要求确定资助项目产生的研究数据的知识产权归属（如归属于科研人员所在的科研机构）？	5
S 数据存储	S1 强制存缴	是否强制性要求在资助项目完成后（或研究成果发表后）必须存缴资助项目产生的（或研究成果所依据的）研究数据（如保存至数据知识库）？	13
	S7 数据范围	是否规定应存缴的研究数据的明确范围（如研究成果所依据的研究数据、不直接用于研究成果的数据、资助项目产生的原始数据等）？	12
	S9 数据类型	是否规定应存缴的研究数据的具体类型（如统计数据、实验结果、测量数据、调查结果、访谈记录、图像等）？	6
	S10 数据格式	是否规定科研人员应使用现有的、广泛接受的格式创建和存储研究数据，以最大限度地发挥研究数据的重用潜力？	5
	S11 数据标准	是否要求科研人员应遵循共同或最低元数据标准记录并提供足够的元数据（足以使其他研究人员充分理解研究数据集）？	15
	S16 分类存储	是否要求依据其敏感性和保密性对研究数据进行分类存储并实施访问控制［如限制对受控地点（数据飞地）的数据访问］？	5
	S17 保护期限	是否规定允许科研人员在有限期限内排他性地优先利用研究数据，以确保其在收集和分析数据方面所付出的努力得到适当认可？	12
	S18 保存期限	是否规定在资助项目完成后（或研究成果发表后）必须将研究数据保存多长时间？	10
	S19 存储地点	是否规定或建议应存缴的研究数据的存储地点（如特定学科的数据知识库）？	8
	S21 存储费用	是否规定允许科研人员使用研究经费支付准备、存储和获取研究数据的相关费用？	10

续表

一级类目	二级类目	类目描述	编码参考点/个
P 数据发布	P1 伦理法规	是否要求在发布或传播涉及人类参与者的研究数据之前应确保同意、保密、隐私、匿名、安全等伦理考虑？	14
	P3 发布期限	是否规定在资助项目完成后（或在研究成果发表后）多长时间内发布或提供研究数据（如保存至数据知识库）？	7
	P4 禁锢期限	是否规定允许延迟发布或共享已保存至数据知识库的研究数据，以使科研人员有合理的时间处理研究数据、公布研究发现和发表研究成果（即可对研究数据实行禁锢期）？	3
A 数据访问	A1 开放获取	是否规定允许其他科研人员开放获取资助项目产生的（或研究成果所依据的）研究数据？	14
	A2 访问限制	是否规定允许限制其他科研人员访问某些特定数据集（如提供某些数据会危及项目目标、出于数据具有商业机密性的考虑、数据来自潜在可识别的研究参与者）？	14
	A3 访问条件	是否规定其他科研人员访问与获取研究数据的限制条件（如要求数据不得用于商业目的、限制尝试重新识别研究参与者、要求在分析完成后销毁数据等）？	3
	A4 访问权限	是否要求为其他科研人员对研究数据的访问请求设置访问权限（如需要经过注册才能访问或下载数据）？	3
R 数据重用	R1 共享协议	是否要求其他科研人员签订"数据共享协议"，以对研究数据的重复利用加以适当限制（如要求数据仅用于研究目的、禁止将数据传输给其他用户、保护研究参与者的隐私等）？	5
	R4 重用规范	是否规定其他科研人员应正确引用重复利用的研究数据集，以认可创建、保存和共享研究数据集的科研人员的智力贡献？	12
D 数据归档	D1 长期保存	是否要求保留具有潜在长期价值的研究数据，并保持可访问性和可供未来研究利用？	11
	D2 数据评估	是否要求为确定放弃或保留（具有潜在重用价值的）研究数据进行与其成本、价值和风险相称的评估？	4
	D3 数据安全	是否要求应保持研究数据的完整性和安全性，并定期备份以电子方式保存的研究数据（如以安全的、可访问的格式在替代地点复制副本）？	5

注：为与第5章表5-2二级类目编码统一，此表中二级类目编码未连续排列，表4-8、表4-13、表4-18、表4-23同

表4-3展示了16个国外资助机构发布的开放科学数据政策依据表4-2所示的政策文本分析类目体系进行编码的部分文本编码片段。利用NVivo 12软件在针对上述16个开放科学数据政策文本进行编码的过程中，对每一政策文本针对表4-2

中的每个分析类目都仅选取一个文本片段进行编码，因此表 4-2 中的"编码参考点数"在本书中与"编码文件数"是完全相同的。

表 4-3 16 个国外资助机构发布的开放科学数据政策的文本编码片段示例

一级类目	二级类目	编码片段
S 数据存储	S11 数据标准	"为了使科学数据能够被他人发现并有效地重用，应记录并公开提供足够的元数据，以使其他研究人员了解数据的研究和重用潜力"（英国研究理事会） "元数据应足够详细，以使其他研究人员能够了解哪些科学数据构成出版物的基础；元数据和科学数据都需要遵循既定的标准格式"（瑞典研究理事会） "为确保科学数据能够被他人有效地重用，必须记录和公开发布足够的元数据，以确保科学数据既可发现，又可独立理解，而无须求助于创建者"（英国经济与社会研究理事会） "在适当和可能的情况下，数据应附有上下文信息或文档（元数据），以便向使用者提供有关数据的来源或操作的任何必要详细信息，从而防止任何误用、误解或混淆"（英国生物技术与生物科学研究理事会） "数据中心需要提供关于数据如何获取的详细信息，即元数据，包括收集、处理、校准和质量控制方法，以便提供所有必要的信息，使他人能够有效地重用数据"（英国自然环境研究理事会） "在共享数据时，研究人员应确保数据集附有适当的元数据，以允许数据的使用者充分理解数据，分享策略、假设和实验条件，以及与数据解释相关的任何其他详细信息"（澳大利亚国家健康与医学研究理事会）
A 数据访问	A1 开放获取	"在开放科学数据试点（open research data，ORD Pilot）项目中，应开放获取验证科学出版物中提交的研究结果所依据的科学数据"（欧洲研究理事会） "由美国国家科学基金会资助的全部或部分非机密研究产生的数字格式的科学数据应进行存储并公开访问，以供搜索、检索和分析使用"（美国国家科学基金会） "研究人员可以通过将数据传输到数据存档设施，通过更广泛地向科学界分发数据来共享其数据"（英国癌症研究中心） "所有来自联邦资助研究的数据应尽可能广泛和自由地提供，同时保护参与者隐私、保护机密和专有数据"（美国国家航空航天局） "一般来说，任何人或任何组织都可以出于任何目的（包括商业利益）访问英国自然环境研究理事会数据中心提供的所有数据"（英国自然环境研究理事会） "澳大利亚国家健康与医学研究理事会强烈鼓励研究人员考虑其数据的重用价值，并采取合理的步骤共享其资助的研究产生的科学数据和相关元数据"（澳大利亚国家健康与医学研究理事会）
R 数据重用	R4 重用规范	"重用科学数据的研究人员必须确认最初创建数据的研究人员，这可以通过引用描述数据集的出版物或直接引用数据集来实现"（瑞典研究理事会） "为了认可创建、保存和共享关键科学数据集的研究人员的智力贡献，这些数据的创建者必须为引用科学数据提供足够和持久的信息，所有科学数据的使用者必须通过正式引用所使用的数据来确认来源"（英国经济与社会研究理事会）

续表

一级类目	二级类目	编码片段
R 数据重用	R4 重用规范	"如果通过第三方资源或数据库共享数据，则使用者应确认数据来源；如果直接从创建者处共享数据，则根据使用和协作的程度，数据创建者作为共同作者或向数据创建者致谢可能是合适的"（英国生物技术与生物科学研究理事会）
		"英国自然环境研究理事会提供的所有数据都将附有数据许可协议（data license），并规定数据的使用者必须在任何出版物或其他派生作品中确认数据的创建者"（英国自然环境研究理事会）
		"使用二手数据的研究人员必须确认原始研究团队，并提供对数据来源的引用"（澳大利亚国家健康与医学研究理事会）
		"至少，使用共享数据的研究人员应确认发布成果所依据的数据的创建者；当双方都使用共享数据集进行协作时，对出版物进行共同创作可能更合适"（英国癌症研究中心）

4.1.3　政策评估分析

4.1.3.1　政策评估结果

针对国外资助机构发布的开放科学数据目标政策进行政策评估分析，将表4-2所示的资助机构开放科学数据政策文本分析类目转换为评估类目，即本书在对评估类目进行分级时作了简化处理，仅划分"1"（有编码参考点）和"0"（无编码参考点）两个级别，从而将分析类目直接转换为评估类目，利用NVivo 12软件对16个国外资助机构发布的开放科学数据政策文本进行矩阵编码查询，则有上述16个开放科学数据政策文本的矩阵编码查询结果可作为政策评估结果（表4-4）。在表4-4中每一个单元格中的数字代表所在行（政策文本）与所在列（评估类目）交叉对应的编码参考点的数目。其中，对于与表4-2所示的24个二级类目所对应的表4-4中的24列而言，单元格中的数字表示所在行的政策文本对所在列的二级类目的编码结果，数字"1"表示政策文本中已体现与二级类目对应的政策内容，数字"0"表示政策文本中并未体现与二级类目对应的政策内容；对于与表4-2所示的6个一级类目所对应的表4-4中的6列而言，单元格中的数字表示所在行的政策文本对所在列的一级类目的汇总编码结果，体现为与一级类目对应的全部二级类目的编码参考点的汇总数目。从针对国外资助机构发布的开放科学数据政策构建的分析类目体系与评估分析结果来看（表4-2、表4-4），国外资助机构制定的开放科学数据政策侧重于数据存储（S）、数据访问（A）和数据归档（D）三个数据生命周期阶段的相关政策内容。

表 4-4 国外资助机构发布的开放科学数据目标政策评估分析结果

政策主体	评估类目														
	C 数据创建	C5 数据规划	C6 数据产权	P 数据发布	P1 伦理法规	P3 发布期限	P4 禁锢期限	A 数据访问	A1 开放获取	A2 访问限制	A3 访问条件	A4 访问权限	R 数据重用	R1 共享协议	R4 重用规范
欧洲研究理事会	1	1	0	0	0	0	0	2	1	1	0	0	1	1	0
英国研究理事会	2	1	1	2	1	1	0	3	0	1	1	1	1	0	1
瑞典研究理事会	1	0	1	0	0	0	0	1	0	1	0	0	1	0	1
英国经济与社会研究理事会	2	1	1	3	1	1	1	2	1	1	0	1		0	1
英国生物技术与生物科学研究理事会	2	1	1	2	1	1	0	0	0	0	0	0	1	0	1
英国自然环境研究理事会	2	1	1	0	0	0	0	2	1	1	0	0	2	1	1
英国医学研究理事会	1	1	0	2	1	0	0	2	1	1	0	1		0	1
英国科学与技术设施理事会	1	1	0	1	1	0	0	2	1	1	0	0	1	0	1
澳大利亚国家健康与医学研究理事会	0	0	0					2	1	1	0				
美国国家科学基金会	1	1	0	1	1	0	0	3	1	1	0	1	1	0	1
美国国立卫生研究院	1	1	0	2	1	1	0	3	1	1	0	1	1	1	0
美国教育科学研究院	1	1	0	2	1	1	0	2	1	1					
英国癌症研究中心	1	1	0	2	1	1	0	2	1	1	0	0	2	1	1
美国国家航空航天局	1	1	0	2	1	0	0	1	1	1	0	0			
欧盟委员会	1	1	0	2	1	0	1	4	1	1	1	1	0	0	0
经济合作与发展组织	0	0	0	1	1	0	0	2	1	1	0	0	1	0	1

续表

政策主体	评估类目														
	S 数据存储	S1 强制存缴	S7 数据范围	S9 数据类型	S10 数据格式	S11 数据标准	S16 分类存储	S17 保护期限	S18 保存期限	S19 存储地点	S21 存储费用	D 数据归档	D1 长期保存	D2 数据评估	D3 数据安全
欧洲研究理事会	4	1	1	1	0	0	0	0	0	0	1	0	0	0	0
英国研究理事会	8	1	1	0	1	1	0	1	1	1	1	3	1	1	1
瑞典研究理事会	3	1	0	1	0	1	0	0	0	0	0	1	1	0	0
英国经济与社会研究理事会	6	1	0	0	0	1	0	1	1	1	1	1	1	0	0
英国生物技术与生物科学研究理事会	7	0	0	1	0	1	0	1	1	1	1	1	1	0	0
英国自然环境研究理事会	7	1	1	0	0	1	0	1	1	1	1	3	1	1	1
英国医学研究理事会	5	0	0	1	0	1	0	1	1	0	1	1	0	0	0
英国科学与技术设施理事会	6	1	1	0	0	1	0	1	1	1	0	0	0	0	0
澳大利亚国家健康与医学研究理事会	3	0	1	0	0	1	1	0	0	0	0	0	0	0	0
美国国家科学基金会	6	1	1	1	0	1	0	0	0	1	1	2	1		1
美国国立卫生研究院	5	0	1	0	0	0	0	1	1	1	1	0	0	0	0
美国教育科学研究院	8	1	1	0	1	1	0	1	1	1	1	1	0	0	0
英国癌症研究中心	7	1	1	0	1	1	1	1	1	0	0	1	1	1	1
美国国家航空航天局	6	1	1	1	0	1	0	1	0	1	0	1	1	1	1
欧盟委员会	6	1	1	0	0	1	0	0	1	1	1	3	1	1	1
经济合作与发展组织	5	1	1	0	1	1	0	0	0	0	0	3	1	1	1

注：表中单元格阴影深浅与数字大小成比例，下同

4.1.3.2　归纳政策要素

依据表 4-4 展示的针对国外资助机构发布的开放科学数据政策评估的分析结果，结合图 4-3 展示的国外资助机构依据编码参考点数排序后的部分政策文本编码结果，本书将值得国内资助机构参考与借鉴的政策要素依据数据生命周期阶段概括如下。

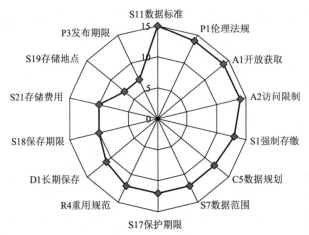

图 4-3　16 个国外资助机构发布的开放科学数据政策文本编码结果（部分）

（1）数据创建阶段：数据规划（C5）。国外资助机构通常要求科研人员在申请科研项目时或科研项目启动后提交数据管理计划，例如，美国国立卫生研究院要求"从 2003 年 10 月 1 日起，所有提交到美国国立卫生研究院的项目申报书，如果申请年度经费超过 50 万美元，则应包括共享最终科学数据的计划，或者为何无法共享科学数据的说明"（NIH，2003）；美国国家科学基金会要求"从 2011 年 1 月 18 日起，所有提交到美国国家科学基金会的项目申报书必须包括数据管理计划"[①]；欧盟委员会要求"必须在项目启动后的六个月内提交数据管理计划，其中应概述在科研项目期间和之后如何处理收集或产生的科学数据，并说明收集或产生哪些数据，遵循哪些方法和标准，是否及如何共享和/或发布这些数据，以及如何管理和保存这些数据"（European Commission，2014）；英国经济与社会研究理事会、英国自然环境研究理事会、英国生物技术与生物科学研究理事会、英国医学研究理事会和英国癌症研究中心均明确要求所有项目申报书都必须包括

---

① NSF.Dissemination and Sharing of Research Results [EB/OL].https://www.uah.edu/images/research/osp/documents/nsfsharingofresearchresults.pdf[2023-07-02].

数据管理计划。

（2）数据存储阶段：强制存缴（S1）、数据范围（S7）、数据标准（S11）、保护期限（S17）、保存期限（S18）和存储费用（S21）。

强制存缴（S1）：国外资助机构通常要求科研人员将资助项目产生的（或研究成果所依据的）科学数据保存或归档于可公开访问的数字存储库（强烈建议使用现有数据库或公共存储库）以进行长期保存、管理和访问。例如，英国经济与社会研究理事会要求科研人员应确保在发布研究结果时将支持研究发现的科学数据存储至负责任的数字存储库（ESRC，2014）；英国自然环境研究理事会要求所有通过其资助的活动产生的具有长期价值的环境数据必须提交至其数据中心以进行长期管理和传播（NERC，2019）；美国教育科学研究院鼓励将科学数据上传至可公开访问的数据知识库，以便在资助结束后利用科学数据和提供访问权限[①]。

数据范围（S7）：通常规定应存缴的科学数据的明确范围。例如，美国国家科学基金会要求提交资助研究所产生的所有数据，无论数据是否用于支持科学出版物[②]；美国国家航空航天局仅要求共享用于支持、验证和证实已发布研究结果的科学数据（不包括初步数据、实验数据等）（NASA，2014）；英国研究理事会要求提交两类科学数据，一是通过其资助而收集或生成的科学数据，包括通过使用研究设施而获得的科学数据，二是其资助发表论文的支撑数据，无论这些科学数据来源于何处（RCUK，2018）；澳大利亚国家健康与医学研究理事会规定"为了使数据对其他科研人员有价值并进行适当的分析，与临床试验相关的分析技术、假设、软件和其他细节也应与数据一起共享"（NHMRC，2022）。

数据标准（S11）：通常要求记录和公开发布足够的相关元数据，以使数据集的使用者清楚地理解数据的含义，确保科学数据的可发现、可理解和可重用。元数据描述了数据及其格式的所有必要信息，通常能够帮助数据集的使用者了解数据是什么，在哪里可以找到数据以及如何使用这些数据。

保护期限（S17）：为确保研究团队在收集和分析数据方面所付出的努力得到适当认可，通常允许科研人员在有限期限内优先利用所收集的数据，以使研究人员有合理的时间处理数据并公布其研究发现，使为完成数据集而进行的持续研究不会因为过早或机会性共享和分析而受到损害。例如，英国医学研究理事会指

① IES. Implementation Guide for Public Access to Research Data [EB/OL]. https://ies.ed.gov/funding/datasharing_implementation.asp[2022-09-04].

② NSF. Dissemination and Sharing of Research Results [EB/OL]. https://www.uah.edu/images/research/osp/documents/nsfsharingofresearchresults.pdf[2023-07-02].

出，"根据数据的性质和价值以及数据的生成和使用方式，在有限的、明确的期限内独占性地将数据用于初步研究（primary research）是合理的"（MRC, 2016）；英国自然环境研究理事会规定保护期限通常最多为数据收集结束后的两年时间（NERC, 2019）。

保存期限（S18）：通常要求研究人员应确保在资助项目完成后，在规定期限内保留资助项目产生的所有数据。例如，美国国立卫生研究院规定在研究资助或合同协议结束后，受资助者必须将数据保存 3 年（NIH, 2003）；英国癌症研究中心期望在研究资助结束后至少 5 年内，资助项目产生的所有数据能够被保存并与科学界共享，以确保这些数据可用于后续研究或新的研究（CRUK, 2019）；英国研究理事会要求支持出版物研究发现的数据应在发表后至少 10 年内可供查阅，与未来潜在法律责任相关的数据可能需要存储更长时间（RCUK, 2018）；英国自然环境研究理事会要求支撑数据和研究材料应在研究完成后至少保存和查阅 10 年，对于具有重大意义的研究项目可能需要 20 年或更长时间（NERC, 2019）；英国科学与技术设施理事会期望原始数据能够被保留尽可能长的时间，原则上可以从原始数据中得出其他相关数据，资助项目结束后 10 年是合理的最短期限，对于无法重新测量的科学数据（如地球观测数据），应努力实现永久保留（STFC, 2016）。

存储费用（S21）：通常规定允许科研人员使用研究经费支付准备、存储和获取科学数据的相关费用。例如，美国国家航空航天局允许申请人将数据共享的合理成本包含在提案或项目计划预算中（NASA, 2014）；美国教育科学研究院也允许申请人将数据共享成本纳入其资助申请预算中，可以包括准备和存档拟共享的数据以及准备数据文档的成本[①]。

（3）数据发布阶段：伦理法规（P1）和发布期限（P3）。

伦理法规（P1）：在发布或传播包含或派生自个人数据的科学数据时，需要考虑同意、保密、隐私、匿名等伦理问题。例如，英国癌症研究中心要求"进行涉及人类参与者的研究的科研人员必须确保获得共享数据的同意，在发布任何数据之前应确保有关数据共享的必要法律、伦理和监管的许可；必须尽一切努力保护研究参与者的身份，在共享数据之前应进行匿名化处理；为了有效降低识别风险，应删除可能导致演绎披露（deductive disclosure）的任何间接标识符"（CRUK, 2019）。

发布期限（P3）：数据发布与共享的具体时间受所收集的数据性质的影响，

---

① IES. Implementation Guide for Public Access to Research Data [EB/OL]. https://ies.ed.gov/funding/datasharing_implementation.asp[2022-09-04].

通常不晚于最终数据集支持的主要研究发现在（同行评议的）学术出版物的发表时间。

（4）数据访问阶段：开放获取（A1）和访问限制（A2）。

开放获取（A1）：通常要求资助项目产生的科学数据尽可能广泛和自由地提供，同时注重保护研究参与者隐私、保护机密和专有数据。例如，瑞典研究理事会指出，"为了验证得出的研究结论是否与支撑数据相符，有必要开放获取用于支持研究结果的科学数据"（Swedish Research Council，2015）。

访问限制（A2）：由于法律、道德、商业、隐私或安全原因，可能无法提供对于完整数据集的开放获取，但应发布相关元数据以使他人了解数据集的存在，并应总结授予访问权限可能需要满足的任何条件。例如，英国科学与技术设施理事会要求公共资助研究产生的科学数据应在有限期限后公开，除非有法律、商业、伦理、隐私和安全等具体原因的限制（STFC，2016）；澳大利亚国家健康与医学研究理事会要求科研人员在共享科学数据时必须考虑希望为用户提供的适当访问级别，访问级别可以从高度限制（如商业机密、患者立场、文化敏感、国家安全）到完全开放获取（NHMRC，2022）。

（5）数据重用阶段：重用规范（R4）。通常要求重用科学数据的科研人员确认数据来源以适当认可数据创建者的智力贡献，可以通过引用描述数据集的出版物、直接引用数据集或者作为共同作者等方式。例如，英国研究理事会要求"为了认可创建、保存和共享关键科学数据集的科研人员的智力贡献，科学数据的所有使用者都应确认其数据来源，并遵守访问这些数据的条款和条件"（RCUK，2018）。

（6）数据归档阶段：长期保存（D1）。通常要求保留具有潜在长期价值的数据，并保持可访问性和可供未来研究利用，以确保公共资金产生的数据被最大限度地利用；可制定长期保存、保护和存档数据的计划，明确数据的保存时间、保存地点以及保存标准。英国自然环境研究理事会指出"环境数据可能难以收集，并且成本高昂，而且经常是不可替代的，因此，确保其长期保存和有效利用是有意义的，这使得公众从公共资金的研究资助中获得最大价值"（NERC，2019）。经济合作与发展组织要求"科研机构和政府组织应承担正式责任，确保有效地保存、管理和获取科学数据，以便能够长期有效和适当地利用这些数据"（OECD，2007）。

4.1.3.3 提出政策建议

本书针对选取的16个国外资助机构发布的开放科学数据政策文本,归纳式地构建了资助机构开放科学数据政策文本分析类目体系,针对16个国外资助机构发布的开放科学数据政策进行了政策评估分析，论证了质性文本分析法对于开放科学数据政策分析与评估研究的适用性，并针对我国资助机构制定与完善开放科学数据政策提出如下三个方面的政策建议。

（1）本书调研发现国内资助机构发布的开放科学数据政策目前仍比较有限：①国家层面的相关政策主要包括《国家科技计划项目科学数据汇交暂行办法（草案）》《科技基础性工作专项项目科学数据汇交管理办法（试行）》《中华人民共和国科学数据共享条例（专家建议稿）》等，这些政策针对国家财政资金资助的科研项目产生的科学数据的接收、汇交、保管、管理、共享与服务等方面做出了明确规定；②行业层面的相关政策主要包括《农业科学数据汇交管理办法》《水利科学数据共享管理办法（试行）》《地质资料管理条例实施办法》等，这些政策针对各行业的部门或机构在政府财政拨款支持下产出的科学数据的采集、汇交、保管、管理、服务与使用等方面做出了明确规定（表4-5）。参照本书针对国外资助机构发布的开放科学数据政策构建的政策文本分析类目体系（表4-2），利用 NVivo 12 软件针对表4-5中国内资助机构发布的开放科学数据目标政策进行政策评估分析（表4-6）。由表4-6可见，上述政策针对数据创建（C）、数据访问（A）和数据归档（D）三个数据生命阶段的相关政策内容不够全面、具体和细化。

表4-5　国内资助机构发布的开放科学数据目标政策

编号	发布主体	政策文件	发布时间
1	国务院	《中华人民共和国科学数据共享条例（专家建议稿）》	—
2	国务院办公厅	《科学数据管理办法》	2018 年
3	科技部	《国家科技计划项目科学数据汇交暂行办法（草案）》	2003 年
4	科技部基础研究司	《科技基础性工作专项项目科学数据汇交管理办法（试行）》	—
5	中国科学院	《中国科学院科学数据管理与开放共享办法（试行）》	2019 年
6	国家农业科学数据共享中心	《农业科学数据汇交管理办法》	—
7	中国水利水电科学研究院	《水利科学数据共享管理办法（试行）》	2004 年
8	国土资源部	《地质资料管理条例实施办法》	2003 年

（2）从针对国内资助机构发布的开放科学数据目标政策进行的政策评估分析结果来看（表4-6），国内资助机构可侧重于从如下四个方面针对现行开放科学数据政策进行补充、调整与完善：①数据创建阶段的数据规划（C5）和数据产权（C6）。要求项目申报书中包括"项目数据管理计划"或"科学数据汇交计划"，

尤其是产生科学数据较多或以获得科学数据作为主要研究成果的科研项目。明确规定国家财政资金资助的科技活动产生的科学数据的所有权属于国家（或由合同约定）。②数据存储阶段的保护期限（S17）。规定数据生产者可对汇交的科学数据提出保护期要求，并应采取有效措施保证数据生产者的合法权益。③数据访问阶段的访问条件（A3）和访问权限（A4）。明确规定数据使用者访问与重用科学数据的限制条件（如未经允许不得将申请获得的科学数据向外分发或转让）。要求加强数据下载的认证、授权等防护管理以防止数据被恶意使用。④数据归档阶段的数据评估（D2）。要求及时清除达不到共享质量要求或者不具有共享价值的科学数据。

表 4-6　6 个国内资助机构发布的开放科学数据政策评估分析结果

政策文本	C 数据创建	C5 数据规划	C6 数据产权	P 数据发布	P1 伦理法规	P3 发布期限	P4 禁锢期限	A 数据访问	A1 开放获取	A2 访问限制	A3 访问条件	A4 访问权限	R 数据重用	R1 共享协议	R4 重用规范
文本 1	1	0	1	2	1	0	1	2	1	1	1	1	2	1	1
文本 2	0	0	0	2	1	1	0	4	1	1	1	1	1	0	1
文本 3	1	1	0	3	1	0	0	1	0	0	0	0	0	0	0
文本 4	0	0	0	1	0	1	0	1	1	0	0	0	1	0	1
文本 5	1	1	0	2	1	0	0	1	1	0	0	0	1	0	0
文本 6	0	0	0	1	1	0	0	0	0	0	0	0	0	0	0
文本 7	0	0	0	1	0	1	0	2	1	0	0	0	2	0	0
文本 8	0	0	0	1	0	1	0	2	1	0	0	0	0	0	0

政策文本	S 数据存储	S1 强制存缴	S7 数据范围	S9 数据类型	S10 数据格式	S11 数据标准	S16 分类存储	S17 保护期限	S18 保存期限	S19 存储地点	S21 存储费用	D 数据归档	D1 长期保存	D2 数据评估	D3 数据安全
文本 1	7	0	1	1	1	1	1	1	0	1	0	2	0	1	1
文本 2	5	1	1	0	0	1	1	0	0	1	0	1	0	0	1
文本 3	6	0	1	1	1	1	1	0	0	1	0	2	0	1	1
文本 4	4	1	1	1	1	1	1	0	0	1	0	1	0	0	1
文本 5	5	1	1	0	0	1	1	0	0	1	0	1	0	0	1
文本 6	6	0	1	1	1	1	1	0	0	1	0	1	0	0	1
文本 7	6	0	1	1	1	1	1	0	0	1	0	1	0	0	1
文本 8	3	0	1	1	1	1	0	0	0	0	0	0	0	0	0

（3）不同资助机构发布的开放科学数据政策之间的政策协同问题值得关注。2012 年 3 月，美国国家科学技术委员会（National Science and Technology Council，NSTC）向美国国会提交的《联邦资助科研成果的传播与长期管理的相关政策协同报告》调查了美国科学机构之间学术出版物与科学数据的传播与长期管理的相关政策协同的进展情况（NSTC，2012）。资助机构之间的政策协同问题在政策实践中具体表现为：对于获得多个资助机构共同资助的科研项目，不同资助机构的开放科学数据政策的具体要求可能有所差异，可以确定起主导作用的资助机构并遵循其政策指导，而其他资助机构保留要求遵守其开放科学数据政策的权利（CIHR et al.，2018）。本书调研的 16 个国外资助机构发布的开放科学数据政策在保存期限（S18）、存储地点（S19）、发布期限（P3）等相关政策内容上存在较多不一致。目前，已有资助机构关注到资助机构之间的政策协同问题，并已在其制定的开放科学数据政策中做出相应规定，如美国国家科学基金会要求受资助者在其所资助的所有研究中遵守"美国国家科学基金会公共获取计划"中的公共获取要求，即使作为科学数据发布和产生基础的研究获得多个资助机构（包括其他联邦和州机构、私人资助者和国际赞助者）的资助（NSF，2015）。

4.2 科研机构开放科学数据政策分析

4.2.1 选取目标政策

从英国、美国、加拿大和澳大利亚的大学发布的科研机构开放科学数据政策中，选取具有代表性、规范性和指导性的开放科学数据政策文本作为本节的目标政策（表 4-7）。

表 4-7 国外科研机构发布的开放科学数据目标政策

编号	发布主体	国家	政策文件	发布时间
1	伯明翰大学	英国	《科学数据管理政策》（University of Birmingham，2018）	2018 年 1 月
2	南安普敦大学	英国	《科学数据管理政策》（University of Southampton，2019）	2019 年 6 月
3	德蒙福特大学	英国	《科学数据管理良好实践》（De Montfort University，2016）	2016 年 3 月

续表

编号	发布主体	国家	政策文件	发布时间
4	威尔士大学圣三一学院	英国	《科学数据管理政策》①	2022 年 3 月
5	哈佛大学	美国	《科学记录与数据保存与维护指南》（Harvard University，2017）	2017 年 4 月
6	纽约大学	美国	《科学数据保存与访问政策》（New York University，2010）	2010 年 3 月
7	华盛顿大学	美国	《科学数据政策、程序与指南》（University of Washington，2008）	2008 年 2 月
8	俄亥俄州立大学	美国	《科学数据政策》（Ohio State University，2022）	2017 年 3 月
9	阿尔伯塔大学	加拿大	《科学数据管理》②	—
10	悉尼大学	澳大利亚	《科学数据管理政策》（University of Sydney，2021）	2018 年 11 月
11	纽卡斯尔大学	澳大利亚	《科学数据与资料管理指南》（University of Newcastle，2020）	—
12	格里菲斯大学	澳大利亚	《科学数据与资料的责任管理》（Griffith University，2018）	2018 年 2 月
13	阿德莱德大学	澳大利亚	《科学数据与原始资料政策》（University of Adelaide，2021）	2015 年 11 月
14	迪肯大学	澳大利亚	《科学数据与原始资料管理程序》③	—
15	伍伦贡大学	澳大利亚	《科学数据管理政策》（University of Wulungong，2019）	2019 年 2 月
16	塔斯马尼亚大学	澳大利亚	《科学数据管理程序》（University of Tasmania，2021）	2019 年 8 月

注：本表中政策文件的发布时间为最后的修订时间

将表 4-7 中 16 个国外科研机构发布的开放科学数据政策文本导入 NVivo 12 软件生成高频词云图（图 4-4）。在图 4-4 所示的词云图中，依据高频词在政策文本中出现的词频高低排列词频较高的高频词包括 research'、data'、university、management、policy、access、using、responsibly、requirements、publicly、informing、records、materials 等。

① University of Wales Trinity Saint David. Research Data Management Policy [EB/OL]. https://www.uwtsd.ac.uk/media/uwtsd-website/content-assets/documents/strategies-policies/RDM-Policy-2022-v3-28-04-22.pdf[2022-12-17].

② University of Alberta. Research Data Management [EB/OL]. https://www.library.ualberta.ca/research-support/data-management/[2022-12-17].

③ Deakin University. Research Data and Primary Materials Management Procedure[EB/OL]. https://policy.deakin. https://policy.deakin. edu.au/document/view-current.php?id=23&version=1[2022-10-27].

图 4-4   16 个国外科研机构发布的开放科学数据政策文本高频词云图

4.2.2   构建分析类目

本章构建科研机构开放科学数据政策文本分析类目体系的分析过程如下：首先，依据科研机构涉及的全部数据生命周期阶段构建 6 个一级类目；其次，依据科研机构在各个数据生命周期阶段的政策观测要点构建 24 个二级类目。利用 NVivo 12 软件构建科研机构开放科学数据政策文本分析类目体系，如表 4-8 所示。

表 4-8   科研机构开放科学数据政策文本分析类目体系

一级类目	二级类目	类目描述	编码参考点/个
C 数据创建	C2 伦理批准	是否要求涉及人类和/或动物研究的科研项目启动前应获得机构审查委员会（Institutional Review Board，IRB）或实验动物使用与管理委员会（Institutional Animal Care and Use Committee，IACUC）的批准声明？	5
	C4 权责机制	是否规定在任何科研项目进行期间应主要由项目负责人（principle investigators，PI）承担研究数据管理的责任？	11
	C5 数据规划	是否要求科研人员在科研项目启动时必须制订数据管理计划以遵守资助机构的相关要求？	12
	C6 数据产权	是否规定科研机构拥有其科研人员收集、创建或生成的研究数据和原始资料的所有权（除非另有合同或协议规定属于第三方）？	13

续表

一级类目	二级类目	类目描述	编码参考点/个
	S5 优先利用	是否规定允许获得研究资助的科研人员在有限期限内优先利用资助项目产生的研究数据（但不应妨碍尽早发布元数据）？	3
	S2 保存要求	是否要求项目负责人应确保保留足够的研究数据和原始资料，用以证明研究结果的合理性，并在必要时保护其免受质疑？	14
	S4 知情同意	是否要求与人类参与者合作的科研人员应征得所有参与者的知情同意，以保留与重用其研究数据和原始资料（用于教育和研究目的）？	5
	S7 数据范围	是否要求保留由资助项目产生或开发的（或由科研人员收集或创建的）所有研究数据和原始资料？	11
	S9 数据类型	是否规定应保留的研究数据的具体类型（如仪器测量、实验观察、静止图像、视频和音频、文本文件、电子表格、历史记录、档案材料、调查结果、访谈记录、模拟数据、模型和软件、标本和样本等）？	9
S 数据存储	S10 数据格式	是否要求科研人员应以持久的、可索引、可检索、可机读、非专有的文件格式保留研究数据及相关元数据（如.txt、.pdf.、.csv、.jpg 等）？	11
	S11 数据标准	是否要求科研人员应遵守科研机构设定的最低元数据标准，记录并保存适当的文档和元数据（其中包含足够的信息确保研究数据集是可发现的、可理解的和可重用的）？	7
	S19 存储地点	是否规定或建议应保留的研究数据的存储地点以符合资助机构或学术期刊的数据存储要求（如保存至机构知识库、学科知识库或通用知识库）？	16
	S20 存储位置	是否规定将研究数据集存储于外部数据存储库时，在科研机构的元数据存储库中创建元数据记录，用以指示研究数据集的存储位置以及数据保管人？	6
	S18 保存期限	是否规定研究数据、原始资料和研究记录必须保留的最短期限（应从发布研究结果、科研项目结项、发布项目报告较晚者算起）？	16
	S22 数据安全	是否要求在保存期限内安全地存储和保留研究数据、研究记录和原始资料，以防止数据丢失和损坏以及未经授权的访问和修改？	15
P 数据发布	P1 伦理法规	是否要求科研人员在科研项目期间或之后共享敏感或机密数据时，应确保符合伦理、隐私和保密要求以及法律、合同和监管要求？	13
	P6 访问声明	是否要求所有发表公共资助的研究成果的出版物包括一个简要声明，来说明如何以及以何种条件访问所依据的研究数据，如果确实需要限制数据访问应对此作出明确说明（如出于保密或安全原因）？	3

续表

一级类目	二级类目	类目描述	编码参考点/个
A 数据访问	A1 开放获取	是否要求项目负责人公开提供研究数据、原始资料和研究记录，以使其他科研人员能够检查或验证研究数据以及审查或复制研究结果？	16
	A2 访问限制	是否规定允许出于法律、伦理、隐私、合同或保密原因，限制其他科研人员访问某些特定数据集，但要求应公开提供此类数据集的元数据？	12
R 数据重用	R2 使用协议	是否要求其他研究人员签订数据使用协议（data use agreements，DUAs）或许可协议（license agreement），以对研究数据的重复利用加以适当限制（来防止数据被不当或非法使用）？	4
D 数据归档	D1 长期保存	是否要求项目负责人在科研项目完成后（或在保存期限结束后）将具有历史或存档价值的研究数据和原始资料进行归档保存？	9
	D4 数据移交	是否要求科研人员在科研项目完成后（或在离开科研机构时），将研究数据和原始资料的所有权和保管权转让至科研机构（允许其获取研究数据和原始资料的副本）？	8
	D5 数据备份	是否要求根据相关研究领域的最佳实践定期备份与异地保存，以防止研究数据和原始资料的丢失和研究完成的延误？	6
	D6 数据销毁	是否要求在资助机构规定的保存期限结束后，处置、删除或销毁研究数据和研究记录，并考虑到所有必要的伦理、合同、监管或法律义务？	16

表 4-9 展示了 16 个国外科研机构发布的开放科学数据政策依据表 4-8 所示的政策文本分析类目体系进行编码的部分文本编码片段。

表 4-9　16 个国外科研机构发布的开放科学数据政策的文本编码片段示例

一级类目	二级类目	编码片段
C 数据创建	C4 权责机制	"在任何研究项目或计划期间，通过健全的数据管理计划进行研究数据管理的责任主要由项目负责人承担，尽管所有在大学内从事研究的员工和学生都有责任有效管理其研究数据"（伯明翰大学）
		"研究项目的项目负责人对适当开展研究和及时传播项目结果负有最终责任"（德蒙福特大学）
		"项目负责人是大学的研究数据的保管人，为大学保管原始研究数据，并负责根据本政策维护和保留研究数据"（纽约大学）
		"项目负责人负责收集、管理和保留研究数据；项目负责人应采用有序的数据组织系统，并应将选定的系统传达给研究团队的所有成员和适用的管理人员"（俄亥俄州立大学）
		"项目负责人需要确保在研究期间获得的研究数据和原始资料按照本指南的规定进行管理"（澳大利亚纽卡斯尔大学）
		"虽然所有研究人员都负责数据和资料管理，但研究项目的项目负责人负责确保为该项目正确管理数据和资料"（格里菲斯大学）

续表

一级类目	二级类目	编码片段
S 数据存储	S2 保存要求	"在研究项目结束时,研究人员应评估应该保留哪些研究数据,同时考虑英国研究理事会或其后续机构关于研究数据管理最佳实践的指导"(伯明翰大学)
		"大学要求其研究人员保留选定的研究数据集,并在资助机构规定的情况下,将其保存至适当的国家或国际存储库、数据服务或学科知识库以及大学存储库中"(德蒙福特大学)
		"应保留资助项目产生的研究数据以及任何相关记录,只要其对研究人员和更广泛的研究社群具有持续价值,并且只要资助机构、专利法、法律和其他监管要求规定"(威尔士大学圣三一学院)
		"大学必须保留足够详细的原始研究数据,并务必保留足够的时间,以便对有关研究的准确性、真实性、首要性和遵守有关研究的法律法规关切做出适当回应"(纽约大学)
		"项目负责人必须确保保留足够的研究数据和原始资料,以证明研究结果的合理性,并在受到质疑时为其辩护"(悉尼大学)
		"在停止使用研究数据的日期到要求的保存期限结束之间,研究人员必须确保安全地存储适当的研究数据"(格里菲斯大学)
D 数据归档	D6 数据销毁	"当不再需要保存数据时(如在资助机构规定的保存期限结束时),可以根据删除数据时的科学数据管理最佳实践删除或销毁数据,并考虑到所有必要的合同、伦理、监管或法律义务"(德蒙福特大学)
		"在规定的保存期限期满后销毁或以其他方式处置研究记录时,研究人员应设法确保销毁的安全性和完整性,并应考虑生物安全、放射安全以及人类受试者信息的隐私和保密性"(哈佛大学)
		"超出此处规定的保存期限或其他适用的保存期限之后,研究记录的销毁由项目负责人及其部门或实验室自行确定,任何研究数据的销毁都应由部门或实验室记录"(纽约大学)
		"项目负责人或研究主管和学校负责人必须咨询大学档案和记录管理处(Archives and Records Management Section,ARMS),就处置或销毁研究数据、记录和材料的适当方式提供咨询建议"(悉尼大学)
		"在适当的保存期限结束后处置研究数据,应遵守要求的安全和环境标准,并符合法律、保密和其他要求,以确保数据不能以未经授权的方式重复使用"(迪肯大学)
		"一旦数据保存期限结束后,伦理要求规定数据必须销毁,或数据不再可能对他人有价值时,就应按照大学的记录管理政策进行安全、永久处置"(伍伦贡大学)

4.2.3　政策评估分析

4.2.3.1　政策评估结果

针对国外科研机构发布的开放科学数据目标政策进行政策评估分析,将表 4-8 所示的科研机构开放共享政策文本分析类目转换为评估类目,利用 NVivo 12 软件对 16 个国外科研机构发布的开放科学数据政策文本进行矩阵编码查询,则有上述

16 个开放科学数据政策文本的矩阵编码查询结果可作为政策评估结果（表 4-10）。从针对国外科研机构发布的开放科学数据政策构建的分析类目体系与评估分析结果来看（表 4-8、表 4-10），国外科研机构制定的开放科学数据政策侧重于数据创建（C）、数据存储（S）和数据归档（D）三个数据生命周期阶段的相关政策内容。

表 4-10　国外科研机构发布的开放科学数据目标政策评估分析结果

政策主体	评估类目														
	C 数据创建	C2 伦理批准	C4 权责机制	C5 数据规划	C6 数据产权	A 数据访问	A1 开放获取	A2 访问限制	R 数据重用	R2 使用协议	D 数据归档	D1 长期保存	D4 数据移交	D5 数据备份	D6 数据销毁
伯明翰大学	3	0	1	1	1	2	1	1	0	0	1	0	0	0	1
南安普敦大学	2	0	0	1	1	2	1	1	0	0	2	0	0	1	1
德蒙福特大学	3	0	1	1	1	2	1	1	0	0	2	0	0	1	1
威尔士大学圣三一学院	4	1	1	1	1	1	1	0	1	1	1	0	0	0	1
哈佛大学	2	1	1	0	0	2	1	1	1	1	3	1	1	0	1
纽约大学	2	0	1	1	1	1	1	0	0	0	2	0	1	0	1
华盛顿大学	3	1	1	1	1	1	0	1	0	0	2	0	1	0	1
俄亥俄州立大学	2	0	1	1	1	1	1	0	0	0	2	0	1	0	1
阿尔伯塔大学	1	0	1	1	1	1	1	0	0	0	2	0	1	0	0
悉尼大学	2	0	0	1	1	1	1	1	0	0	3	1	1	0	1
澳大利亚纽卡斯尔大学	4	1	1	1	1	1	1	1	0	0	3	1	1	0	1
格里菲斯大学	2	0	1	0	1	1	1	0	0	0	2	1	1	0	1
阿德莱德大学	3	0	1	1	1	1	1	1	0	0	3	1	1	0	1
迪肯大学	3	0	1	1	1	1	1	1	0	0	2	0	1	0	1
伍伦贡大学	3	1	0	1	1	1	1	1	1	1	4	1	1	0	1
塔斯马尼亚大学	2	0	0	1	1	2	1	1	0	0	3	1	0	1	1

政策主体	评估类目														
	S 数据存储	S5 优先利用	S2 保存要求	S4 知情同意	S7 数据范围	S9 数据类型	S10 数据格式	S11 数据标准	S19 存储地点	S20 存储位置	S18 保存期限	S22 数据安全	P 数据发布	P1 伦理法规	P6 访问声明
伯明翰大学	8	1	1	1	1	0	0	0	1	1	1	1	0	0	0
南安普敦大学	7	0	1	1	1	0	0	0	1	1	1	1	1	2	1
德蒙福特大学	9	1	1	0	1	1	1	0	1	1	1	1	1	0	1
威尔士大学圣三一学院	10	1	1	1	1	1	0	1	1	1	1	1	1	2	1
哈佛大学	7	0	1	0	1	1	1	1	1	1	0	1	0	1	0
纽约大学	3	0	1	0	0	0	0	0	0	0	0	1	0	0	0

续表

政策主体	评估类目														
	S 数据 存储	S5 优先 利用	S2 保存 要求	S4 知情 同意	S7 数据 范围	S9 数据 类型	S10 数据 格式	S11 数据 标准	S19 存储 地点	S20 存储 位置	S18 保存 期限	S22 数据 安全	P 数据 发布	P1 伦理 法规	P6 访问 声明
华盛顿大学	3	0	0	0	0	0	0	0	1	0	1	1	1	1	0
俄亥俄州立大学	4	0	1	0	0	0	0	0	1	0	1	1	1	1	0
阿尔伯塔大学	3	0	0	0	0	0	1	1	1	0	0	0	1	1	0
悉尼大学	7	0	1	1	1	1	0	0	1	0	1	1	1	1	0
澳大利亚纽卡斯尔大学	7	0	1	0	1	1	0	1	0	1	1	1	1	1	0
格里菲斯大学	8	0	1	1	1	1	0	1	0	1	1	1	1	1	0
阿德莱德大学	5	0	0	0	0	0	0	1	1	1	1	1	1	1	0
迪肯大学	5	0	1	0	1	0	0	1	0	0	0	1	1	1	0
伍伦贡大学	9	0	1	1	1	1	1	0	1	1	1	1	1	1	0
塔斯马尼亚大学	8	0	1	1	0	0	1	1	1	1	1	1	1	1	0

4.2.3.2　归纳政策要素

依据表 4-10 展示的针对国外科研机构发布的开放科学数据政策评估分析结果，结合图 4-5 展示的国外科研机构依据编码参考点数排序后的部分政策文本编码结果，本书将值得国内科研机构参考与借鉴的政策要素依据数据生命周期阶段概括如下。

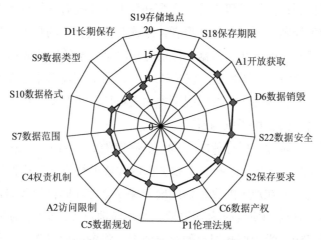

图 4-5　16 个国外科研机构发布的开放科学数据政策文本编码结果（部分）

（1）数据创建阶段：权责机制（C4）、数据规划（C5）和数据产权（C6）。①权责机制（C4）：国外科研机构通常规定在科研项目期间主要由项目负责人通过制订数据管理计划负责收集、管理和保留科学数据和原始资料。纽约大学规定项目负责人的职责包括：作为大学的数据保管人确认、收集、管理和保留科学数据；确保在其研究计划的所有方面都保留足够的记录，以记录实验方法和数据收集的准确性，以及数据解释的方法和准确性；采用有序的、最新的数据组织系统；向研究团队的所有成员（包括适当的管理人员），传达本政策和选定的数据组织系统；确保在项目负责人离开大学的情况下，研究团队的任何成员能够依据研究团队认可的大学条款访问数据；协助针对指控的调查，如科研不端行为或利益冲突；遵守资助机构关于数据访问和保留的要求；建立和维护保护基本记录的规程（尤其是在长期研究项目中），在发生自然灾害或其他紧急情况时确保基本记录的安全；如果数据与发明或有形研究财产有关，并且大学希望通过许可或其他方式商业化，确保大学可以主张对基础数据（underlying data）的所有权（New York University，2010）。②数据规划（C5）：通常建议所有科研人员在规划科研项目和其他研究活动时，在项目启动前制订数据管理计划，该计划明确涉及数据所有权、数据创建、数据存储、数据保留（data retention）、数据访问和数据处置。国外资助机构通常要求科研人员在申请科研项目时（或在资助项目启动时）必须制订数据管理计划。伍伦贡大学指出，"从项目启动阶段就制订数据管理计划有助于：确定所需资源和服务的可用性；将意外丢失、破坏或窃取数据的风险降至最低；提高数据的安全性和完整性；确保数据适合在适当情况下供他人重用；保护研究参与者的权利；保护科研人员、大学和商业伙伴拥有的知识产权。需要特别详尽的数据管理计划的项目涉及：患者记录或与健康相关的数据；与儿童有关的数据；具有民族文化敏感性的数据；被认为对国家安全敏感的数据"（University of Wulungong，2019）。③数据产权（C6）：科研机构通常主张在不违反任何适用法律或与第三方达成的协议的情况下，由其科研人员收集、创建或生成的科学数据和原始资料应归属科研机构所有。

（2）数据存储阶段：保存要求（S2）、存储地点（S19）、保存期限（S18）和数据安全（S22）。①保存要求（S2）：通常要求科研人员应保留足够的科学数据和原始资料，并在规定的保存期限内确保安全地存储科学数据，以证明研究结果的合理性并在受到质疑时为其辩护。②存储地点（S19）：通常要求科研人员应遵守资助机构或学术期刊规定的存储要求，将资助项目产生的科学数据保存至可公开访问的数据知识库中，或将与已核准的出版物相关的科学数据保存至指定的数据知识库中。③保存期限（S18）：通常要求科研人员确保在规定期限内保留收集或创建的科学数据和原始资料，并且必须遵守专业标准、资助条件或其他合同安排适用的更长的保存期限。例如，伯明翰大学规定"所有保留的科学数据通常应保存和访问 10 年，但对于临床或重大社会、环境或遗产项目，则应保存和访问 20 年或更长时间"（University of Birmingham，2018）。德蒙福特大学指出"保存期限"可以是：只要数据被认为对其创建者或更广泛的研究社群具有持续价值的期限；资助机构、法律法规或其他监管要求规定的期限。如果没有规定此类期限，该大学要求其科研人员在研究成果发表后，应将科学数据和研究记录保留至少 5 年（De Montfort University，2016）。迪肯大学制定的"科学数据保存期限表"较为具体和详尽（表 4-11）。④数据安全（S22）：通常要求科研人员在规定的保存期限内安全地保存科学数据和原始资料，以防止数据盗用、误用、丢失或损坏以及未经授权的访问和修改，并确保在保存期限内遵守相关的法律、法规、合同和其他义务。伍伦贡大学鼓励科研人员在数据收集之前选择适当的存储解决方案，依据所要收集的科学数据的性质确定拟采用的适当的存储解决方案，以确保数据的正确管理并避免潜在的数据丢失或机密数据的安全漏洞（University of Wulungong，2019）。

表 4-11 迪肯大学的科学数据保存期限表

数据类型说明	最短保存期限
作为机构内研究活动的一部分而创建的数据的简要记录，包括有关数据的性质和类型、主要研究人员或调查人员、数据保留多长时间以及访问或重用数据的任何条件的信息	永久
与研究项目管理有关的记录，不包括原始资料，包括制定研究方法与协议、资源分配、委员会以外的伦理批准，以及安排与外部组织建立非正式合作研究联系，还包括所需的许可协议	7 年
作为机构内研究活动的一部分，从临床试验中创建的数据	15 年
作为机构内涉及未成年人的研究活动的一部分而创建的数据	儿童年满 18 岁后 7 年
作为机构内研究活动的一部分而创建的数据，不包括为适用其他监管要求的特定研究活动而创建的数据，包括临床试验、基因治疗和涉及儿童的研究	5 年
作为机构内研究活动的一部分而创建的具有监管或社群意义的数据，包括：①基因研究的一部分，包括基因治疗；②有争议或具有很高的公众利益；③成本高昂或无法复制；④首次使用创新技术；⑤对国家或民族具有重大社群或遗产价值；⑥资助要求	永久

资料来源：（Deakin University，2016）

（3）数据发布阶段：伦理法规（P1）。通常要求科研人员在科研项目期间或之后共享敏感或机密数据，如共享的科学数据或原始资料中包含可识别的个人信息时，应确保符合伦理、隐私、保密要求以及法律、合同和监管要求。哈佛大学规定"联邦和州的法律以及哈佛大学的政策，特别是哈佛大学的科学数据安全政策，要求在科研项目期间收集的敏感的、个人可识别的、机密的或私人的科学数据，必须受到保护以防止未经授权的访问和意外泄漏"（Harvard University，2017）。迪肯大学规定"存储和管理可能识别个人的科学数据必须遵守 1973 年《公共记录法》（Public Records Act）、2014 年《隐私与数据保护法》（Privacy and Data Protection Act）、1988 年《隐私法》（Privacy Act）和 2001 年《健康记录法》（Health Records Act），并务必考虑到专业标准和合同安排，包括与研究参与者签订的协议"[①]。

（4）数据访问阶段：开放获取（A1）和访问限制（A2）。①开放获取（A1）：通常要求项目负责人在保护期限结束后应公开提供科学数据、原始资料和研究记录，以使其他研究人员能够检查或验证科学数据以及审查或复制研究结果，除非受到伦理、隐私、合同或保密事项以及法律、法规或政策的限制。伯明翰大学要求项目负责人应与适当的专业服务人员协商，对保留的科学数据进行进一步审查，以确定是否应不受限制地公开提供数据（University of Birmingham，2018）。②访问限制（A2）：通常规定允许科研人员出于法律、伦理、隐私、合同或保密等原因，限制其他科研人员访问某些特定数据集，但要求科研人员应公开提供此类数据集的元数据。德蒙福特大学认为，开放获取其科学数据能够显著提高大学的学术形象，尽管在某些情况下可能需要限制对特定科学数据的访问，如出于国家安全或为了在研究中保持人类参与者的匿名性（De Montfort University，2016）。阿德莱德大学规定"大学致力于开放获取其学术成果，如果大学是科学数据的所有者，将根据 CC-BY 4.0 许可协议提供科学数据集，除非：受到法律法规、大学政策或伦理批准以及伦理、文化、合同或保密义务的要求限制；科学数据由无法适当地去识别化或处于禁锢状态的敏感数据组成"（University of Adelaide，2021）。塔斯马尼亚大学要求"对科学数据和原始资料的访问必须通过适当的安全措施加以控制，以防止：未经授权的访问；滥用数据；违反商业和合同协议"（University of Tasmania，2021）。

（5）数据归档阶段：长期保存（D1）、数据移交（D4）和数据销毁（D6）。①长期保存（D1）：通常规定当重要的或有价值的科学数据在其保存期限结束后，并且不再被原始科研人员积极利用时，可以将其存档以确保长期保留数据。阿德莱德大学指出，与科研项目相关的数据存储通常分为两个阶段。首先，在科研项

---

① Deakin University. Research Data and Primary Materials Management Procedure[EB/OL]. https://policy.deakin.edu.au/document/view-current.php?id=23&version=1[2022-10-27].

目的项目生命周期内，"活跃"数据由项目负责人负责维护，以供其科研团队使用，并且需要存储在安全的、可访问和可识别的位置；其次，在科研项目完成后，需要适当存档最终数据（University of Adelaide，2021）。塔斯马尼亚大学要求在研究活跃阶段结束后，或者无须在组织单位内保留科学数据和/或原始资料时，必须将数据安全地存储至长期存档设施中，并且必须制订计划以持续保存和管理数据（University of Tasmania，2021）。②数据移交（D4）：通常要求项目负责人在科研项目结束后（或在离开科研机构时）移交科学数据、原始资料和研究记录。当参与科研项目的科研人员在离开科研机构时，经项目负责人许可并符合合理的学术规范后，可以获取其收集或创建的科学数据和原始资料的副本。纽约大学规定"如果项目负责人离开大学，并将科研项目转移到另一个机构，则原始科学数据可经批准后转移，并经项目负责人的新机构的书面同意保证：接受数据的保管责任；大学可在必要时访问数据"（New York University，2010）。迪肯大学规定在保存期限内离开大学的科研人员，可将材料或数据的副本转移到新的安全存储位置供自己使用，在这种情况下必须有书面协议，如果合同或知识产权限制另有规定，则不得进行转让①。③数据销毁（D6）：通常要求科研人员在规定的保存期限结束后，应处置、删除或销毁科学数据、原始资料和研究记录，并按照要求的安全和环境标准以及符合法律、保密和其他要求，以确保数据不能以未经授权的方式重复使用。塔斯马尼亚大学规定，尚未转移到存储库或档案馆的科学数据和原始资料在规定的保存期限期满时，科研人员应审查计划销毁的数据和/或材料以确认其：不具有档案价值或符合公众利益，不需要永久保留；不再需要执行组织单位的业务；不受任何未解决的法律或伦理要求、对研究结果的质疑或违反《澳大利亚负责任研究行为准则》的指控的约束（University of Tasmania，2021）。

4.2.3.3　提出政策建议

本书根据针对 16 个国外科研机构展开的开放科学数据政策评估分析结果，针对我国科研机构制定与完善开放科学数据政策提出如下三个方面的政策建议。

（1）国内科研机构制定与发布的开放科学数据政策目前仍比较有限，仅有北京大学、兰州大学、厦门大学等国内大学发布了开放科学数据政策，建议参考与借鉴美国、英国、澳大利亚等国外科研机构的先进政策实践，尽快制定与完善国

---

① Deakin University. Research Data and Primary Materials Management Procedure[EB/OL]. https://policy.deakin. edu.au/document/view-current.php?id=23&version=1[2022-10-27].

内科研机构的开放科学数据政策。根据针对国外科研机构发布的开放科学数据政策构建的分析类目体系与评估分析结果（表 4-9、表 4-11），国内科研机构数据可参考其数据创建阶段的权责机制（C4）、数据规划（C5）和数据产权（C6），数据存储阶段的存储地点（S19）、保存期限（S18）和数据安全（S22），数据发布阶段的伦理法规（P1），数据访问阶段的开放获取（A1）和访问限制（A2），数据归档阶段的长期保存（D1）、数据移交（D4）和数据销毁（D6）等相关政策内容调整与完善本机构的开放科学数据政策。

（2）英国、美国、澳大利亚、加拿大等国外资助机构发布的开放科学数据政策，均明确要求获得其研究资助的科研机构和科研人员应遵守其科学数据管理要求。国内资助机构近年来已经制定了国家和行业层面的开放科学数据政策，如科技部于 2003 年发布的《国家科技计划项目科学数据汇交暂行办法（草案）》、国务院办公厅于 2018 年发布的《科学数据管理办法》和中国科学院于 2019 年发布的《中国科学院科学数据管理与开放共享办法（试行）》，建议参考与借鉴国外资助机构最新发布的开放科学数据政策，制定、调整与完善国内科研机构的开放科学数据政策，并与图书馆、信息中心、咨询公司等信息服务机构积极合作，指导与协助科研人员对资助项目产生的科学数据进行有效管理。

（3）英国、美国、澳大利亚、加拿大等已建立起国家政府、资助机构和科研机构三个层面之间协调一致的开放科学数据政策体系，如美国白宫科技政策办公室发布的"提升联邦资助科学研究成果的可获得性"备忘录从宏观层面上向资助机构提出开放共享科学数据的强制性政策要求，美国国立卫生研究院、美国国家科学基金会、美国国家航空航天局、美国能源部等资助机构通过发布科研资助政策向科研机构和科研人员提出科学数据开放共享要求，科研机构通过制定与发布科学数据管理政策从微观层面上对科研人员开放共享科学数据提供详细、具体的指导。建议国内科研机构在制定与完善开放科学数据政策时也应注重与相关政策法规的政策协同问题。

4.3 学术期刊开放科学数据政策分析

4.3.1 选取目标政策

从国外学术期刊、学术出版商以及学术组织发布的学术期刊开放科学数据政策中，选取具有代表性、规范性和指导性的开放科学数据政策文本作为本节的目标政策（表4-12）。

表 4-12　国外学术期刊发布的开放科学数据目标政策

编号	期刊名称	出版机构	政策文件
1	*Science*	美国科学促进会	《编辑政策》[①]
2	*Nature*	施普林格·自然出版集团	《数据、材料、代码和协议的报告标准与可用性》[②]
3	*Proceedings of the National Academy of Sciences*	美国国家科学院	《编辑与期刊政策》[③]
4	*PLOS ONE*	美国科学公共图书馆	《数据可用性》[④]
5	*BioMed Central*	施普林格·自然出版集团	《编辑政策》[⑤]
6	施普林格·自然出版集团期刊	施普林格·自然出版集团	《科学数据政策》[⑥]
7	爱思唯尔出版集团期刊	爱思唯尔出版集团	《科学数据》[⑦]
8	约翰·威利父子出版公司期刊	约翰·威利父子出版公司	《Wiley 数据共享政策》[⑧]
9	美国地球物理联合会期刊（23 种）	美国地球物理联合会	《数据与软件作者指南》[⑨]
10	美国地质学会期刊（53 种）	美国地质学会	《GSA 数据出版政策》[⑩]
11	美国化学学会期刊（95 种）	美国化学学会	《作者指南》[⑪]
12	英国皇家化学学会期刊（53 种）	英国皇家化学学会	《数据共享》[⑫]

注：本表中学术期刊及政策文件的检索时间为 2022 年 12 月

---

① Science Journals. Editorial Policies [EB/OL]. https://www.science.org/content/page/science-journals-editorial-policies[2022-12-18].

② Nature. Reporting Standards and Availability of Data, Materials, Code and Protocols [EB/OL]. https://www.nature.com/nature/editorial-policies/reporting-standards[2022-12-15].

③ PNAS.Editorial and Journal Policies [EB/OL].https://www.pnas.org/author-center/editorial-and-journal-policies [2022-12-18].

④ PLOS ONE. Data Availability [EB/OL]. https://journals.plos.org/plosone/s/data-availability[2022-12-15].

⑤ BioMed Central. Editorial Policies [EB/OL]. https://www.biomedcentral.com/getpublished/editorial-policies [2022-12-18].

⑥ Springer Nature. Research Data Policies [EB/OL]. https://www.springernature.com/gp/authors/research-data-policy[2022-12-18].

⑦ Elsevier.Research Data [EB/OL]. https://www.elsevier.com/about/policies/research-data[2022-12-18].

⑧ Wiley. Wiley's Data Sharing Policies [EB/OL]. https://authorservices.wiley.com/author-resources/Journal-Authors/open-access/data-sharing-citation/data-sharing-policy.html[2022-12-15].

⑨ American Geophysical Union.Data & Software for Authors[EB/OL]. https://www.agu.org/Publish-with-AGU/Publish/Author-Resources/Data-and-Software-for-Authors [2022-12-19].

⑩ Geological Society of America.GSA Data Policy for Publications [EB/OL]. https://www.geosociety.org/gsa/pubs/datapolicy.aspx[2022-12-19].

⑪ ACS Publications. Author Guidelines [EB/OL]. https://publish.acs.org/publish/author_guidelines?coden=jacsat [2022-12-19].

⑫ Royal Society of Chemistry. Data Sharing[EB/OL]. https://www.rsc.org/journals-books-databases/author-and-reviewer-hub/authors-information/prepare-and-format/data-sharing/[2022-12-19].

　　将表 4-12 中 12 个国外学术期刊发布的开放科学数据政策文本导入 NVivo 12 软件生成高频词云图（图 4-6）。在图 4-6 所示的词云图中，依据高频词在政策文本中出现的词频高低排列词频较高的高频词包括 data'、researchers'、policy、journals'、authors'、publicly、available、sharing、publishing、sciences、informed、opens、using、article、accession 等。

图 4-6　12 个国外学术期刊发布的开放科学数据政策文本高频词云图

4.3.2　构建分析类目

　　本章构建学术期刊开放科学数据政策文本分析类目体系的分析过程如下：首先，依据学术期刊涉及的全部数据生命周期阶段构建 5 个一级类目；其次，依据学术期刊在各个数据生命周期阶段的政策观测要点构建 19 个二级类目。利用 NVivo 12 软件构建学术期刊开放科学数据政策文本分析类目体系，如表 4-13 所示。

表 4-13 学术期刊开放科学数据政策文本分析类目体系

一级类目	二级类目	类目描述	编码参考点/个
C 数据创建	C2 伦理批准	是否要求提交涉及人类参与者的研究论文时提供研究伦理委员会或机构审查委员会的批准声明？	5
	C3 知情同意	是否要求提交涉及人类参与者的研究论文时提供所有参与者的知情同意的声明？	5
	C5 数据规划	是否要求论文作者在进行研究之前准备并在同行评议之前解释数据管理计划？	3
S 数据存储	S1 强制存缴	是否要求论文作者将研究结论所依据的所有研究数据集存储至公共存储库中以共享其研究数据？	12
	S7 数据范围	是否要求在提交研究论文时提供理解和验证研究结果所需的所有研究数据集？	8
	S9 数据类型	是否规定论文作者应提交的研究数据的具体类型（如表格、软件、算法、材料、标本、图像、音频、视频、原始和/或已处理数据等）？	10
	S10 数据格式	是否要求论文作者以可获取和可重用的文件格式提交其研究数据集以最大化数据的可访问性和可重用性（如.jpg、.txt、.doc、.csv、.xls、.tsv、.avi、.img等）？	5
	S12 数据审查	是否规定在同行评议过程中审查论文作者提交的研究数据，以确保期刊论文中提出的研究结论是有效的并且可以复制？	9
	S19 存储地点	是否要求论文作者将其研究数据提交至学科特定的、社群认可的学科知识库，也可提交至接受所有类型的研究数据的通用知识库（如 Dryad、figshare 或 Zenodo）？	12
	S20 存储位置	是否规定在提交研究论文之前将研究数据集存储至公共存储库中并在研究论文中提供数字对象标识符、登录号（accession number）或访问链接（如统一资源定位符）？	12
	S23 可用性声明	是否要求提交的研究论文中包括"数据可用性声明"以说明在何处可以找到支撑论文研究结果的研究数据及其存储位置（如数字对象标识符或统一资源定位符）？	8
	S24 数据标识符	是否要求与期刊论文关联的研究数据集提供登录号、数字对象标识符、唯一资源标识符（unique resource identifier, URI）或其他持久性标识符以促进研究数据集的可发现性和可重用性？	11
P 数据发布	P1 伦理法规	如果出于共享数据会侵犯个人隐私、伦理标准或法律要求等原因而无法共享数据，是否允许论文作者在"数据可用性声明"中对数据可用性进行合理限制？	9
	P2 知情同意	是否要求论文作者在共享人类参与者的研究数据之前获得研究参与者的书面知情同意并将其附在研究论文中？	3
	P3 发布期限	是否规定在期刊论文发表时必须公开发布论文研究结果所依据的研究数据以使其他科研人员能够公开查阅数据？	11

续表

一级类目	二级类目	类目描述	编码参考点/个
A 数据访问	A1 开放获取	是否要求论文作者必须提供研究论文相关数据、材料、代码和协议以使其他科研人员能够复制和检验论文研究结果？	11
	A2 访问限制	是否允许论文作者出于个人隐私、机密信息或国家安全等原因对数据、材料或代码可用性进行合理限制并且必须在提交论文时向期刊编辑披露？	10
R 数据重用	R3 许可协议	是否允许论文作者确定其研究数据的数据许可协议[如支持数据开放和自由使用的知识共享协议（Creative Commons, CC）CC0、CC-BY 或 CC-BY-NC]？	7
	R5 引用规范	是否要求论文作者在其研究论文的参考文献中通过持久性标识符（如数字对象标识符）引用已存储至公共存储库的研究数据集？	8

　　表 4-14 展示了 12 个国外学术期刊发布的开放科学数据政策依据表 4-13 所示的政策文本分析类目体系进行编码的部分文本编码片段。

表 4-14　12 个国外学术期刊发布的开放科学数据政策的文本编码片段示例

一级类目	二级类目	编码片段
S 数据存储	S24 数据标识符	"所有数据、程序代码和其他方法都必须使用数字对象标识符、期刊引文或其他持久性标识符进行适当引用"（*Science*）
		"在研究出版物发表之前（或同时）发布到公共存储库的数据集应已获得数字对象标识符"（*Nature*）
		"'数据可用性声明'必须列出存储库的名称、数字对象标识符、登录号或其他所有相关数据的持久性标识符"（*PLOS ONE*）
		"为支持资源识别倡议（resource identification initiative，RII），鼓励作者在其手稿中使用唯一资源标识符来标识其模式生物、抗体或工具"（*BioMed Central*）
		"通过为数据集分配唯一的数字对象标识符，可以将其与您发表的文章分开。这意味着其他研究人员不仅可以引用您的文章，还可以确保您为收集和记录数据所做的工作得到认可"（爱思唯尔出版集团期刊）
		"与手稿一起提交的任何补充信息将自动分配到一个数字对象标识符，并存储至 figshare，以促进开放数据的可发现性以及研究成果的利用"（美国化学学会期刊）
P 数据发布	P1 伦理法规	"对敏感数据（如电子医疗记录、法医数据和来自脆弱群体的个人数据）的数据访问的任何限制都需要解释限制的性质和原因，以及访问或重用数据的条件的详细信息"（*Nature*）
		"美国科学公共图书馆认识到，在某些情况下，出于法律或伦理原因，作者可能无法公开其基础数据集。本数据政策并不反对当地法规、立法或伦理框架。如果这些框架阻止或限制数据发布，作者必须在提交数据时在'数据可用性声明'中明确说明这些限制"（*PLOS ONE*）

续表

一级类目	二级类目	编码片段
P 数据发布	P1 伦理法规	"对于包含临床数据的数据集，作者负有尊重参与者隐私权和保护其身份的伦理和法律责任。在理想情况下，作者应在招募参与者时就获得其对发布数据集的知情同意。如果这是不可能的，作者必须证明发布此类数据不会损害匿名性或机密性，也不会违反当地数据保护法，以便考虑发布数据集"（*BioMed Central*）
		"这些政策适用于所有支持出版物的研究，但允许对数据可用性进行合理限制，以保护人类隐私、生物安全或尊重根据第三方许可获得的数据的合理使用条款"（施普林格·自然出版集团期刊）
		"如果共享数据会损害人类数据的隐私、伦理标准或法律要求，可由编辑酌情确定例外情况。如果作者无法共享数据（例如，如果共享数据违反了伦理标准或法律要求），则不要求作者共享数据，必须在其'数据可用性声明'中说明限制"（约翰·威利父子出版公司期刊）
		"当研究涉及使用活体动物或人类受试者时，作者必须在手稿的'方法/实验'部分声明，所有实验都是按照作者所在科研机构的动物使用和伦理政策进行的；在可能的情况下，应包括遵守国家或国际法律或准则的详细情况"（英国皇家化学学会期刊）
A 数据访问	A1 开放获取	"发表后，任何 *Science* 的读者都必须能够获得理解、评估和扩展手稿结论所需的所有数据和材料。发表后，必须满足对数据、代码或材料的所有合理请求"（*Science*）
		"为了允许其他人复制和扩展在 *Proceedings of the National Academy of Sciences* 上发表的工作，作者必须向读者提供材料、数据和相关协议，包括代码和脚本"（*Proceedings of the National Academy of Sciences*）
		"向 *BioMed Central* 提交手稿意味着手稿中描述的材料，包括所有相关的原始数据，将免费提供给任何希望将其用于非商业目的的科学家，而不会违反参与者的保密性"（*BioMed Central*）
		"在爱思唯尔出版集团期刊上发表时，研究人员能够使他们的研究数据可自由访问，例如通过将研究数据存储在 Mendeley Data 中，这些数据将根据您选择的重用许可协议进行发布，并链接到您的期刊文章。还可以将您的文章链接到存储在特定的学科知识库中的数据集"（爱思唯尔出版集团期刊）
		"作者必须提供'数据可用性声明'，包括指向他们使用的存储库的链接，并引用他们共享的数据。在可能的情况下，用于生成论文中所述分析的脚本和其他人工制品也应公开存档"（约翰·威利父子出版公司期刊）
		"英国皇家化学学会认为，在可能的情况下，与手稿中研究相关的所有数据应以可获取和可重用的格式免费提供，以使其他研究人员能够复制和扩展该研究。因此，除了提供提交手稿所需的数据之外，鼓励作者尽可能多地提交与其文章中的研究相关的数据"（英国皇家化学学会期刊）

4.3.3　政策评估分析

4.3.3.1　政策评估结果

针对国外学术期刊发布的开放科学数据目标政策进行政策评估分析，将

表 4-13 所示的学术期刊开放科学数据政策文本分析类目转换为评估类目，利用 NVivo 12 软件对 12 个国外学术期刊发布的开放科学数据政策文本进行矩阵编码查询，则有上述 12 个开放科学数据政策文本的矩阵编码查询结果可作为政策评估结果（表 4-15）。从针对国外学术期刊发布的开放科学数据政策构建的分析类目体系与评估分析结果来看（表 4-13、表 4-15），国外学术期刊制定的开放科学数据政策侧重于数据存储（S）、数据发布（P）和数据访问（A）三个数据生命周期阶段的相关政策内容。

表 4-15 国外学术期刊发布的开放科学数据目标政策评估分析结果

政策主体	评估类目										
	C 数据创建	C2 伦理批准	C3 知情同意	C5 数据规划	P 数据发布	P1 伦理法规	P2 知情同意	P3 发布期限	A 数据访问	A1 开放获取	A2 访问限制
Science	2	1	1	0	2	1	0	1	2	1	1
Nature	1	0	0	1	2	1	0	1	2	1	1
Proceedings of the National Academy of Sciences	2	1	1	0	1	0	0	1	2	1	1
PLOS ONE	3	1	1	1	3	1	1	1	2	1	1
BioMed Central	2	1	1	0	2	1	1	0	2	1	1
施普林格·自然出版集团期刊	0	0	0	0	2	1	0	1	1	0	1
爱思唯尔出版集团期刊	0	0	0	0	1	0	0	1	1	1	1
约翰·威利父子出版公司期刊	0	0	0	0	3	1	1	1	2	1	1
美国地球物理联合会期刊	1	0	0	1	2	1	0	1	2	1	1
美国地质学会期刊	0	0	0	0	2	1	0	1	1	1	1
美国化学学会期刊	0	0	0	0	1	0	0	1	1	1	0
英国皇家化学学会期刊	2	1	1	0	2	1	0	1	1	1	0

政策主体	评估类目												
	S 数据存储	S1 强制存缴	S7 数据范围	S9 数据类型	S10 数据格式	S12 数据审查	S19 存储地点	S20 存储位置	S23 可用性声明	S24 数据标识符	R 数据重用	R3 许可协议	R5 引用规范
Science	6	1	0	1	0	1	1	1	0	1	2	1	1
Nature	7	1	0	1	0	1	1	1	1	1	1	1	0
Proceedings of the National Academy of Sciences	7	1	0	1	0	1	1	1	1	1	1	0	1

续表

政策主体	评估类目												
	S 数据存储	S1 强制存缴	S7 数据范围	S9 数据类型	S10 数据格式	S12 数据审查	S19 存储地点	S20 存储位置	S23 可用性声明	S24 数据标识符	R 数据重用	R3 许可协议	R5 引用规范
PLOS ONE	8	1	1	0	1	1	1	1			2	1	1
BioMed Central	6		0	0	1	0	1	1	1	1	0	0	0
施普林格·自然出版集团期刊	7	1	1	1	0	0	1	1			2	1	1
爱思唯尔出版集团期刊	8	1	1	1	0	1	1	1			2	1	1
约翰·威利父子出版公司期刊	8	1	1	1	0	1	1	1			2	1	1
美国地球物理联合会期刊	8	1	1	1	0	1	1	1			2	1	1
美国地质学会期刊	7	1	1	1	1	0	1	1	0		0	0	0
美国化学学会期刊	8	1	1	1	1	1	1	1	0		1	0	1
英国皇家化学学会期刊	7	1	1	1	1	0	1	1	0	0	0	0	0

4.3.3.2　归纳政策要素

依据表 4-15 展示的针对国外学术期刊发布的开放科学数据目标政策评估分析结果，结合图 4-7 展示的国外学术期刊依据编码参考点数排序后的部分政策文本编码结果，本书将值得国内学术期刊参考与借鉴的政策要素依据数据生命周期阶段概括如下。

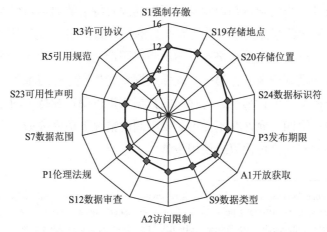

图 4-7　12 个国外学术期刊发布的开放科学数据政策文本编码结果（部分）

1）数据存储阶段

数据存储阶段包括强制存缴（S1）、数据审查（S12）、存储位置（S20）、存储地点（S19）、可用性声明（S23）和数据标识符（S24）。

（1）强制存缴（S1）：国外学术期刊通常要求论文作者在提交研究论文时，提供理解和验证论文研究结果所需的所有数据集，并存储至适当的公共存储库中且在其参考文献中引用相关数据集。科学数据联盟认为论文作者应提交的科学数据包括：论文作者所创建的"一手数据"（primary data）；论文作者重复使用或分析的"二手数据"（secondary data）；来自实验或观察的其他数据，如未处理的原始数据或论文中未报告的时间点的数据；复制结果可能需要的任何其他材料（Hrynaszkiewicz et al.，2020）。英国医学杂志为确保实现数据重用和增强可重复性，要求所有数据都应以最初生成数据的源文件形式提交，例如：图像应以.png、.jpg、.eps 等格式提交；文本文件应以.txt、.doc、.rft 等格式提交；电子表格应以.csv、.xls、.tsv 等格式提交；视频应以.mp4、.avi、.wav 等格式提交；成像和扫描文件应以.img、.dcm、.hdr 等格式提交[①]。

（2）数据审查（S12）：国外学术期刊通常在同行评议过程中或提交论文被接受发表之前，由编辑和审稿人审查论文作者提交的研究结论所依据的科学数据，以确保期刊论文中提出的研究结论是有效的并且可以复制。国外学术期刊期望与科学界密切合作建立数据审查实践，以确保已发布的科学数据有效、记录正确并且可以重用[②]。

（3）存储地点（S19）：通常要求论文作者尽可能将其科学数据提交至学科特定的、社群认可的学科知识库（可查阅目标期刊推荐的数据知识库列表），在没有适当的公开可用的学科知识库或目标期刊没有特定的数据知识库建议的情况下，也可将其科学数据提交至接受所有类型的科学数据的通用知识库（如 Dryad、figshare 或 Zenodo）。施普林格·自然出版集团期刊认为支持同行评议出版物的数据知识库应满足五个条件：第一，确保数据集的长期保存与维护；第二，被研究社群或研究机构认可；第三，为存储的数据集提供稳定和持久的标识符，如数字对象标识符；第四，允许在不受不必要限制的情况下访问数据；第五，为存储的数据集提供明确的许可协议或使用条款[③]。

---

① BMJ. BMJ Policy on Data Sharing[EB/OL]. https:// www.bmj.com/content/340/bmj.c564[2022-12-18].

② Elsevier. Research Data [EB/OL]. https://www.elsevier.com/about/policies/research-data[2022-12-18].

③ Springer Nature. Research Data Policies [EB/OL]. https://www.springernature.com/gp/authors/research-data-policy[2022-12-18].

（4）存储位置（S20）：通常要求论文作者在提交研究论文之前或在期刊论文发表之前，将其科学数据存储至公共存储库中并在发表论文中提供登录号、数字对象标识符或访问链接（如统一资源定位符）。例如，*Science* 要求"在论文发表之前，作者必须将大型数据集（包括微阵列数据、蛋白质或 DNA 序列、分子和大分子结构的原子坐标或电子显微镜图以及气象数据）存储至经核准的数据库中，并且必须在发表的论文中包括登录号或特定的访问地址"[①]。施普林格·自然出版集团期刊要求如表 4-16 所示类型的数据集，必须提交至社群认可的学科知识库，并且必须在期刊论文中提供登录号[②]。

表 4-16　施普林格·自然出版集团期刊强制存缴的数据类型及推荐的数据知识库列表

强制存缴的数据类型	推荐的数据知识库
蛋白质序列	Uniprot
DNA 和 RNA 序列	GenBank、DNA DataBank of Japan（DDBJ）、EMBL Nucleotide Sequence Database（ENA）
DNA 和 RNA 测序数据	NCBI Trace Archive、NCBI Sequence Read Archive（SRA）
遗传多态性	dbSNP、dbVar、European Variation Archive（EVA）
基因型与表型关联数据	dbGAP、The European Genome-phenome Archive
大分子结构	Worldwide Protein Data Bank（wwPDB）、Biological Magnetic Resonance Data Bank（BMRB）、Electron Microscopy Data Bank
微阵列数据［必须符合微阵列实验最小信息（mininal information about a microarray experiment，MIAME）标准］	Gene Expression Omnibus（GEO）、ArrayExpress
小分子晶体学数据	Cambridge Structural Database
蛋白质组学数据	PRIDE

（5）可用性声明（S23）：通常要求论文作者必须在提交的研究论文中包括"数据可用性声明"，以说明在何处可以找到支持论文研究结果的科学数据集，并在其研究论文的参考文献中适当引用数据集的数字对象标识符或统一资源定位符；要求不希望共享数据的作者必须声明不会共享数据并说明原因。*Science* 指出，

---

① PNAS.Editorial and Journal Policies [EB/OL]. https://www.pnas.org/author-center/editorial-and-journal-policies [2022-12-18].

② Nature. Reporting Standards and Availability of Data, Materials, Code and Protocols [EB/OL]. https://www.nature.com/nature/editorial-policies/reporting-standards[2022-12-15].

"数据可用性声明"应该提供关于最小数据集（minimal dataset）可用性的声明，最小数据集是理解、复制和扩展期刊论文中报告的方法或发现所必需的[①]。*Proceedings of the National Academy of Sciences* 期刊明确指出，"未显示的科学数据和个人通信不能用于支持期刊论文的研究结论"[②]。"数据可用性声明"将作为被接受发表的期刊论文的一部分发表。部分资助机构要求在学术出版物中包括"数据可用性声明"，论文作者必须确认遵守资助机构的任何特定的数据管理要求。*BioMed Central* 具体规定了"数据与材料可用性声明"的七种常用格式（在需要多个数据集时可结合采用几种格式）：①本研究中生成和/或分析的数据集可在[名称]存储库中获取，[数据集的永久性网页链接]；②本研究中使用和/或分析的数据集可依据合理请求从通信作者处获取；③本研究中生成或分析的所有数据均包含在本文[及其补充信息文件]中；④本研究中生成和/或分析的数据集不公开[数据不公开原因]，但可依据合理请求从通信作者处获取；⑤本研究未生成或分析数据集，因此数据共享不适用于本文；⑥本研究结果的支撑数据可从[第三方名称]获取，但这些数据的可用性受到限制，仅可在本研究的许可下使用，因此无法公开获取，但依据合理请求，并经[第三方名称]许可，则可从作者处获取；⑦不适用（如果论文中不包含任何数据，请在本部分中注明"不适用"）[③]。

（6）数据标识符（S24）：通常要求所有与期刊论文关联的科学数据集都必须提供其公共存储库的登录号、数字对象标识符、唯一资源标识符或其他持久性标识符。美国地质学会期刊要求尽可能使用数字对象标识符，以促进已发表论文和外部存储库之间的数据交叉引用[④]。爱思唯尔出版集团期刊鼓励和支持使用永久标准标识符（permanent standard identifier）双向链接相关数据集和学术出版物[⑤]。

2）数据发布阶段

数据发布阶段包括伦理法规（P1）和发布期限（P3）。

（1）伦理法规（P1）：如果出于共享数据会损害人类隐私、伦理标准或法律

① Science Journals. Editorial Policies [EB/OL]. https://www.science.org/content/page/science-journals-editorial-policies [2022-12-18].

② PNAS. Editorial and Journal Policies [EB/OL]. https://www.pnas.org/author-center/editorial-and-journal-policies [2022-12-18].

③ BioMed Central. Editorial Policies [EB/OL]. https://www.biomedcentral.com/getpublished/editorial-policies [2022-12-18].

④ Geological Society of America.GSA Data Policy for Publications [EB/OL]. https://www.geosociety.org/gsa/pubs/datapolicy.aspx[2022-12-19].

⑤ Elsevier.Research Data [EB/OL]. https://www.elsevier.com/about/policies/research-data[2022-12-18].

要求等原因而无法共享，通常允许论文作者在提交数据时在"数据可用性声明"中对数据可用性进行合理限制。*PLOS ONE* 规定不应公开共享人类参与者的个人身份数据；未直接识别的数据也可能不适合共享，因为将其组合起来就会成为识别数据。例如，如果涉及可能危及研究参与者身份的间接标识符（如姓名、种族、地址等），则不应共享从一小群参与者、弱势群体或私人群体收集的数据[①]。

（2）发布期限（P3）：通常要求在期刊论文发表后论文作者必须公开发布论文研究结果所依据的科学数据。*Nature* 要求在提交论文时必须将科学数据存储至公共存储库中，并且必须将公共存储库的可访问性指定为"在发表时立即发布"[②]。英国皇家化学学会期刊要求"新的大分子结构、新报告的核酸或蛋白质序列和微阵列数据必须存储至适当的公共存储库中；在提供相关的登录号之前将不会发表期刊论文"[③]。*PLOS ONE* 在发表后会将与期刊论文相关的所有支撑信息（supporting information，SI）文件上传到 figshare 通用知识库中[④]。

3）数据访问阶段

数据访问阶段包括开放获取（A1）和访问限制（A2）。

（1）开放获取（A1）：通常要求论文作者必须公开提供研究论文相关数据、材料、代码和协议，以使其他科研人员能够不受限制地复制和检验论文研究结果。例如，*PLOS ONE* 要求论文作者在发表时无限制地公开复制其研究结果所需的所有数据[⑤]。

（2）访问限制（A2）：通常允许论文作者出于个人隐私、机密信息、国家安全或尊重根据第三方许可获得的数据的合理使用条款等原因对数据、材料或代码可用性进行合理限制，并且必须在提交论文时向期刊编辑披露对数据、材料或代码可用性的任何限制，以及在提交论文的"数据可用性声明"中必须声明将不会共享数据并说明原因。

4）数据重用阶段

数据重用阶段包括许可协议（R3）和引用规范（R5）。

（1）许可协议（R3）：国外学术期刊通常允许论文作者确定其科学数据的数

① PLOS ONE. Data Availability [EB/OL]. https://journals.plos.org/plosone/s/data-availability[2022-12-15].

② Nature. Reporting Standards and Availability of Data, Materials, Code and Protocols [EB/OL]. https://www.nature.com/nature/editorial-policies/reporting-standards[2022-12-15].

③ Royal Society of Chemistry. Data Sharing[EB/OL]. https://www.rsc.org/journals-books-databases/author-and-reviewer-hub/authors-information/prepare-and-format/data-sharing/[2022-12-19].

④ PLOS ONE. Data Availability [EB/OL]. https://journals.plos.org/plosone/s/data-availability[2022-12-15].

⑤ PLOS ONE. Data Availability [EB/OL]. https://journals.plos.org/plosone/s/data-availability[2022-12-15].

据许可协议（如知识共享协议 CC0、CC-BY 或 CC-BY-NC）。施普林格·自然出版集团期刊指出：如果科学数据保存在公共存储库中，则需要遵循公共存储库的许可条款；如果科学数据可以在线免费获取，则应首选能够最大限度重用的知识共享协议（如 CC0）[①]。*Science* 要求作者从两个知识共享协议中选择其中之一，其中每个协议都允许读者以特定的方式重用已发表的论文：CC-BY-NC 协议允许读者出于非商业目的分发、改编或重用论文，而商业重用则需要获得许可；CC-BY 协议允许读者分发、改编或重用论文，包括用于商业目的[②]。*PLOS ONE* 指出，如果作者使用具有明确许可条款的公共存储库，则其许可条款不应比 CC-BY 协议更具限制性[③]。

（2）引用规范（R5）：通常要求论文作者将其科学数据集存储至公共存储库中，并通过为科学数据集分配的唯一的持久性标识符（如数字对象标识符），在其研究论文的参考文献中引用任何公开的科学数据集。*Science* 要求所有科学数据、程序代码和其他方法都必须使用数字对象标识符、期刊引文或其他持久性标识符进行适当引用[④]。*Proceedings of the National Academy of Sciences* 要求论文作者应将尽可能多的科学数据存储至社群认可的公共存储库中，并尽可能遵循 FORCE11（Future of Research Communications and e-Schorlarship）的《数据引用原则联合声明》（"Joint Declaration of Data Citation Principles"）的指导原则；在无法存储科学数据的情况下，论文作者可以使用支撑信息来显示所有必要的数据；应在参考文献中引用科学数据集[⑤]。施普林格·自然出版集团期刊要求论文作者在参考文献中正式引用公共存储库分配的数字对象标识符，并且数据引文应包括 DataCite 建议的最低信息（创建者、数据集标题、出版年、存储库名称、标识符）以及符合期刊格式要求[⑥]。约翰·威利父子出版公司期刊具体规定了科学数据集的引用格式：[数据集]创建者、出版年、数据集标题、数据知识库名称、

① Springer Nature. Research Data Policies [EB/OL]. https://www.springernature.com/gp/authors/research-data-policy[2022-12-18].

② Science Journals. Editorial Policies [EB/OL]. https://www.science.org/content/page/science-journals-editorial-policies[2022-12-18].

③ PLOS ONE. Data Availability [EB/OL]. https://journals.plos.org/plosone/s/data-availability[2022-12-15].

④ Science Journals. Editorial Policies [EB/OL]. https://www.science.org/content/page/science-journals-editorial-policies[2022-12-18].

⑤ PNAS. Editorial and Journal Policies [EB/OL]. https://www.pnas.org/author-center/editorial-and-journal-policies [2022-12-18].

⑥ Springer Nature. Research Data Policies [EB/OL]. https://www.springernature.com/gp/authors/research-data-policy[2022-12-18].

版本（如果有）、持久性标识符（如数字对象标识符）。在数据引文前面添加［数据集］，可以将其正确标识为数据引文；［数据集］标识符将在发表前删除，不会显示在发表的期刊论文中[①]。*PLOS ONE* 建议的数据引文示例（遵循 DataCite 引用标准）如下[②]：

Andrikou C, Thiel D, Ruiz-Santiesteban JA, Hejnol A. Active mode of excretion across
创建者数据集标题

digestive tissues predates the origin of excretory organs. 2019. Dryad DigitalRepository.
出版年存储库名称

https://doi.org/10.5061/dryad.bq068jr。
持久性标识符

4.3.3.3　提出政策建议

本书根据针对 12 个国外学术期刊展开的开放科学数据政策评估分析结果，针对我国学术期刊制定与完善开放科学数据政策提出如下三个方面的政策建议。

（1）国内学术期刊制定与发布的开放科学数据政策目前仍比较有限，建议参考与借鉴 *Science*、*Nature*、*Proceedings of the National Academy of Sciences*、*PLOS ONE*、*BioMed Central* 等国外学术期刊的先进政策实践，并参照国际科学数据联盟制定的学术期刊科学数据政策框架与模板，尽快制定与完善国内学术期刊的开放科学数据政策。根据针对国外学术期刊发布的开放科学数据政策构建的分析类目体系与评估分析结果（表 4-13、表 4-15），国内学术期刊可参考其数据存储阶段的强制存缴（S1）、数据审查（S12）、存储地点（S19）、存储位置（S20）、可用性声明（S23）和数据标识符（S24），数据发布阶段的伦理法规（P1）和发布期限（P3），数据访问阶段的开放获取（A1）和访问限制（A2），数据重用阶段的许可协议（R3）和引用规范（R5）等相关政策内容调整与完善其开放科学数据政策。

（2）国内学术期刊发布的开放科学数据政策可从如下五个方面进行补充、调整与完善：①强制性要求论文作者在提交研究论文之前将论文研究结果所依据的科学数据存储至指定的数据知识库以供同行评议和检验可重复性；②要求论文作者

---

① Wiley. Wiley's Data Sharing Policies [EB/OL]. https://authorservices.wiley.com/author-resources/Journal-Authors/open-access/data-sharing-citation/data-sharing-policy.html[2022-12-15].

② PLOS ONE. Data Availability [EB/OL]. https://journals.plos.org/plosone/s/data-availability[2022-12-15].

以可获取和可重用的数据格式提交其科学数据集以最大化科学数据集的可访问性和可重用性；③要求论文作者在提交的研究论文中包括"数据可用性声明"以说明支撑论文研究结果的科学数据集的存储地点及其访问条件；④要求论文作者提供科学数据集的登录号、数字对象标识符、唯一资源标识符或其他持久性标识符并在其研究论文的参考文献中引用科学数据集；⑤如果出于个人隐私、机密信息或国家安全等原因而无法共享数据，允许论文作者在"数据可用性声明"中对数据可用性进行合理限制。

（3）国外学术期刊以及学术出版商制定的开放科学数据政策较为注重与参与开放科学数据的其他利益相关者发布的科学数据政策之间的政策协同问题，如施普林格·自然出版集团在"科学数据政策"中指出"包括英国研究理事会在内的若干科研资助机构，要求在学术出版物中包括'数据可用性声明'，施普林格·自然出版集团科学数据政策支持遵守这些政策要求"[①]；约翰·威利父子出版公司在《Wiley 数据共享政策》中指出"如果论文作者将其科学数据保存在数据知识库中，许可协议的选择将由数据知识库的许可条款确定；若干资助机构也有特定的科学数据许可协议要求，论文作者负责在论文提交过程中审查许可协议"[②]。建议我国学术期刊制定与完善科学数据政策也应注重与其他利益相关者（尤其是资助机构和数据知识库）发布的科学数据政策之间的政策协同问题。

4.4 数据期刊开放科学数据政策分析

4.4.1 选取目标政策

从国外数据期刊、学术出版商以及学术组织发布的数据期刊开放科学数据政策中，选取具有代表性、规范性和指导性的开放科学数据政策文本作为本节的目标政策，其中 *Scientific Data*、*Journal of Open Psychology Data*、*Biodiversity Data Journal*、*Data in Brief*、*Geoscience Data Journal* 和 *Journal of Chemical & Engineering Data* 六种期刊是纯数据期刊，*Big Earth Data*、*Ecology*、*GigaScience* 和 *Neuroinformatics* 四种期刊是混合型数据期刊（表 4-17）。

---

① Springer Nature. Research Data Policies [EB/OL]. https://www.springernature.com/gp/authors/research-data-policy[2022-12-18].

② Wiley. Wiley's Data Sharing Policies [EB/OL]. https://authorservices.wiley.com/author-resources/Journal-Authors/open-access/data-sharing-citation/data-sharing-policy.html[2022-12-15].

表 4-17　国外数据期刊发布的开放科学数据目标政策

编号	期刊名称	出版机构	政策文件
1	*Scientific Data*	施普林格·自然出版集团	《数据政策》[①]
2	*Journal of Open Psychology Data*	Ubiquity 出版社	《编辑政策》[②]
3	*Biodiversity Data Journal*	Pensoft 出版社	《作者指南》[③]
4	*Data in Brief*	爱思唯尔出版集团	《作者指南》[④]
5	*Big Earth Data*	泰勒·弗朗西斯出版集团	《作者指南》[⑤]
6	*Ecology*	美国生态学会	《作者指南》[⑥]
7	*Geoscience Data Journal*	英国皇家气象学会	《作者指南》[⑦]
8	*Journal of Chemical & Engineering Data*	美国化学学会	《作者指南》[⑧]
9	*GigaScience*	牛津大学出版社	《作者指南》[⑨]
10	*Neuroinformatics*	施普林格·自然出版集团	《作者指南》[⑩]

　　将表 4-17 中 10 个国外数据期刊发布的开放科学数据政策文本导入 NVivo 12 软件生成高频词云图（图 4-8）。在图 4-8 所示的词云图中，依据高频词在政策文本中出现的词频高低排列词频较高的高频词包括 data、authors'、journals'、researchers'、publicly、publishing、articles、review、using、manuscripts、paper、include、informed、repository 等。

① Scientific Data. Data Policies [EB/OL]. https://www.nature.com/sdata/policies/data-policies [2022-12-15].

② Journal of Open Psychology Data. Editorial Policies [EB/OL]. https://openpsychologydata.metajnl.com/about/editorialpolicies/ [2022-12-22].

③ Biodiversity Data Journal. Guidelines for Authors [EB/OL]. https://bdj.pensoft.net/about#For-authors [2022-12-22].

④ Data in Brief. Author Information [EB/OL]. https://www.data-in-brief.com/content/authorinfo [2022-12-22].

⑤ Big Earth Data. Instructions for Authors [EB/OL]. https://www.tandfonline.com/action/authorSubmission?show=instructions&journalCode=tbed20 [2022-12-22].

⑥ Ecology. Author Guidelines [EB/OL]. https://www.esa.org/publications/be-an-author/ [2022-12-22].

⑦ Geoscience Data Journal. Author Guidelines [EB/OL]. https://rmets.onlinelibrary.wiley.com/hub/journal/20496060/about/author-guidelines [2022-12-22].

⑧ Journal of Chemical & Engineering Data. Author Guidelines [EB/OL]. https://publish.acs.org/publish/author_guidelines?coden=jceaax [2022-12-22].

⑨ GigaScience. Instructions for Authors [EB/OL]. https://academic.oup.com/gigascience/pages/instructions_to_authors [2022-12-22].

⑩ Neuroinformatics. Instructions for Authors [EB/OL]. https://www.springer.com/journal/12021/submission-guidelines#: ~: text=Instructions [2022-12-22].

图 4-8   10 个国外数据期刊发布的开放科学数据政策文本高频词云图

4.4.2   构建分析类目

本章构建数据期刊开放科学数据政策文本分析类目体系的分析过程如下：首先，依据数据期刊涉及的全部数据生命周期阶段构建 6 个一级类目；其次，依据数据期刊在各个数据生命周期阶段的政策观测要点构建 22 个二级类目。利用 NVivo 12 软件构建数据期刊开放科学数据政策文本分析类目体系，如表 4-18 所示。

表 4-18   数据期刊开放科学数据政策文本分析类目体系

一级类目	二级类目	类目描述	编码参考点/个
C 数据创建	C1 创建规范	是否规定必须依据《赫尔辛基宣言》（*Declaration of Helsinki*）进行涉及人类主体、人类材料（human material）和人类数据（human data）的研究？	2
	C2 伦理批准	是否要求提交涉及人类和/或动物研究的数据论文时提供研究伦理委员会或机构审查委员会的批准声明？	3
	C3 知情同意	是否要求涉及人类参与者的研究从人类参与者（或其法定监护人）处获得参与研究的书面知情同意并将其附在数据论文中？	4

续表

一级类目	二级类目	类目描述	编码参考点/个
S 数据存储	S1 强制存缴	是否要求论文作者将与数据论文关联的所有数据、代码或协议存储至公共存储库中以确保数据可查找、可访问和可重用?	8
	S7 数据范围	是否要求在提交数据论文时提供与其关联的所有研究数据集(包括计算或整理数据以及实验或观察数据)以促进数据可发现、可重复和可重用?	8
	S9 数据类型	是否规定论文作者应提交的研究数据的具体类型(如案例研究数据、计算机模拟数据、访谈和调查数据、神经成像数据、生态观测数据)?	7
	S10 数据格式	是否要求论文作者以标准文件格式提交与数据论文关联的研究数据集以确保数据可访问和可理解(如.xls、.txt、.pdf、.csv、.eps、.tif、.png、.bmp、.cdx)?	7
	S12 数据审查	是否规定在同行评议过程中审查与评估论文作者提交的研究数据,以确保数据论文正确描述研究数据以及按照最佳实践将其公开存档?	7
	S11 数据标准	是否要求论文作者提交的研究数据集是完整的、不易更改的并且包括足够的元数据,以确保数据可发现、可理解、可重用和可追溯?	3
	S19 存储地点	是否要求论文作者将数据论文所描述的研究数据集存储至适当的、可信任的学科知识库或通用知识库(如 Dryad、figshare、Zenodo 或 HarvardDataverse)?	10
	S20 存储位置	是否要求提交的数据论文中应包括与其关联的研究数据集的存储位置,如永久标识符、登录号或持久性超链接(persistent hyperlink)?	5
	S15 版本控制	是否规定存储研究数据集的数据知识库具有良好的版本控制机制以确保研究数据集能够更新并保持稳定版本?	3
	S24 数据标识符	是否要求与数据论文关联的研究数据集提供数字对象标识符或其他类型的持久性标识符以促进研究数据集的可发现性和可重用性?	9
P 数据发布	P1 伦理法规	是否要求发布和共享涉及人类参与者的研究数据与研究材料确保符合可能适用的所有伦理标准和法律要求?	5
	P3 发布期限	是否规定与数据论文关联的研究数据集在数据论文录用之后和发表之前保存至公共存储库中并与数据论文同时公开发布?	4
	P5 去识别化	是否要求将涉及人类参与者的研究数据集提交至公共存储库之前尽可能匿名化(anonymization)?	2
A 数据访问	A1 开放获取	是否要求论文作者不受限制地公开提供与其数据论文关联的所有研究数据集?	8
	A2 访问限制	是否要求在提交数据论文时具体说明访问或重用与其关联的研究数据的任何控制或限制条件(共同作者或研究合作不应成为数据访问的先决条件)?	2

续表

一级类目	二级类目	类目描述	编码参考点/个
A 数据访问	A5 匿名访问	是否允许审稿人以匿名或保密方式（如提供审稿人统一资源定位符）访问与数据论文关联的研究数据集和支持元数据（即使数据集无法完全向公众发布）？	3
R 数据重用	R3 许可协议	是否规定与数据论文关联的研究数据的数据许可协议（如 CC0 或 CC-BY）以使其他科研人员能够以最少的限制查阅和重用研究数据？	6
	R5 引用规范	是否要求论文作者在其数据论文中通过持久性标识符（如数字对象标识符）公开、完整、准确地引用已存储至公共存储库的研究数据集？	8
D 数据归档	D1 长期保存	是否要求论文作者将其研究数据集保存至能够确保数据长期保存并提供持久性标识符（如数字对象标识符或澳大利亚研究理事会）的公共存储库？	5

表 4-19 展示了 10 个国外数据期刊发布的开放科学数据政策依据表 4-18 所示的政策文本分析类目体系进行编码的部分文本编码片段。

表 4-19　10 个国外数据期刊发布的开放科学数据政策的文本编码片段示例

一级类目	二级类目	编码片段
S 数据存储	S1 强制存缴	"作为手稿提交过程的一部分，作者必须将数据保存至核准的数据知识库，否则手稿将不会发送审阅。如果数据尚未上传到数据知识库，在提交数据论文手稿时，作者也可通过 *Scientific Data* 集成提交系统将文件上传至 figshare 或 Dryad 通用知识库"（*Scientific Data*）
		"*Biodiversity Data Journal* 力求最大限度地提高发表的研究结果的可复制性。因此，作者必须共享支持其文章中所报告的研究结果的所有数据、代码或协议。例外情况是允许的，但必须在文章附随的书面公开声明中说明理由"（*Biodiversity Data Journal*）
		"*Data in Brief* 只发布本刊文章中的数据，这些文章描述了您通过存储库或直接在文章中公开提供的研究数据。这些文章确保您的数据（通常隐藏在补充材料中）经过同行评议、组织、格式化、标引、分配数字对象标识符并在发布时公开提供给所有人"（*Data in Brief*）
		"提交到 *Big Earth Data* 的数据论文中描述的所有数据都必须公开提供，并且应保存至公认的数据知识库"（*Big Earth Data*）
		"要在 *Geoscience Data Journal* 上发表数据论文，所描述的数据集（以及支持元数据）必须在与本刊相关的存储库或数据中心中公开存档，并且最好已分配数字对象标识符或其他类型的持久性标识符"（*Geoscience Data Journal*）
	S9 数据类型	"作者应以'最原始'形式提供其数据以允许最大化重用。在多个级别发布某些类型的数据以实现最广泛的重用可能是有利的，如蛋白质组学数据最好作为'原始'光谱以及更多处理的肽或蛋白质级数据发布。作者也可以提交补充信息文件，包括代码、模型、工作流和摘要表，但原始数据不应作为补充信息提交"（*Scientific Data*）

续表

一级类目	二级类目	编码片段
	S9 数据类型	"*Journal of Open Psychology Data* 可以发布各种类型的数据，尤其是可能具有重用潜力或验证研究所需的数据。许多研究成果符合这些要求，如案例研究数据、计算机模拟数据、实验数据、访谈和调查数据、神经成像数据等"（*Journal of Open Psychology Data*）
		"支持信息可以包括但不限于原始和派生数据集、仿真模型的源代码以及用于异常统计分析的详细信息和软件"（*Ecology*）
		"文章应包含新的实验方法、实验数据，或者包含物理、热力学或传输特性的计算结果。*Journal of Chemical & Engineering Data* 鼓励通过量子化学、统计力学或分子模拟从分子模型中计算热物理特性和相平衡的手稿，尤其是在与实验数据进行比较时"（*Journal of Chemical & Engineering Data*）
S 数据存储		"*GigaScience* 在出版界是独一无二的，因为本刊发布所有研究对象（数据、软件工具、源代码、工作流、生物箱以及与文章中支持其发现的工作相关的其他要素）。*GigaScience* 在各种文章类型的上下文中执行此操作，包括研究论文、数据论文、技术说明、综述和评论"（*GigaScience*）
	S19 存储地点	"尽管 *Scientific Data* 要求发布附随手稿的数据集，但并不托管数据，而是鼓励尽可能将数据提交至社群认可的数据知识库。如果没有可用的社群资源，建议将数据保存至通用知识库。如果最适当的学科知识库不支持机密同行评议，*Scientific Data* 可以帮助作者将数据临时托管至本刊的集成通用知识库"（*Scientific Data*）
		"最佳实践准则是将数据集和软件保存并永久存档至适当的、可信的、通用的或特定于学科的数据知识库（如 BioSharing、GitHub 或 GitLab）"（*Biodiversity Data Journal*）
		"作者需要将数据集保存至公认的数据知识库，其可以创建持久性标识符，最好是数字对象标识符，并认可长期保存规划"（*Big Earth Data*）
		"强烈鼓励作者将手稿的支撑数据保存至 figshare 或 Dryad 通用知识库，两者都为各种数字数据提供了灵活的平台。其他永久性存储库包括 DNA 序列的 GenBank、生物地球化学数据的橡树岭国家实验室分布式数据中心（Oak Ridge National Laboratory Distributed Active Archieve Center，ORNL-DAAC）、生物复杂性知识网络（Knowledge Network for Biocomplexity, KNB）和环境数据倡议（Environmental Data Initiative, EDI），以及伊利诺伊大学等机构知识库"（*Ecology*）
		"*GigaScience* 要求作者将支持提交手稿中报告的研究结果的科学数据集保存至可公开访问的数据知识库（如 GigaDB）"（*GigaScience*）

4.4.3 政策评估分析

4.4.3.1 政策评估结果

针对国外数据期刊发布的开放科学数据目标政策进行政策评估分析，将表 4-18 所示的数据期刊开放科学数据政策文本分析类目转换为评估类目，利用 NVivo 12 软件对 10 个国外数据期刊发布的开放科学数据政策文本进行矩阵编码查询,则有上述 10 个开放科学数据政策文本的矩阵编码查询结果可作为政策评估结果(表 4-20)。从针对国外数据期刊发布的开放科学数据政策构建的分析类目体系与评估分析结果来看(表 4-18、表 4-20),国外数据期刊制定的开放科学数据政策侧重于数据存储(S)、数据访问(A)和数据重用(R)三个数据生命周期阶段的相关政策内容。

表 4-20　国外数据期刊发布的开放科学数据目标政策评估分析结果

政策主体	评估类目													
	C 数据 创建	C1 创建 规范	C2 伦理 批准	C3 知情 同意	P 数据 发布	P1 伦理 法规	P3 发布 期限	P5 去识 别化	A 数据 访问	A1 开放 获取	A2 访问 限制	A5 匿名 访问	D 数据 归档	D1 长期 保存
Scientific Data	2	0	1	1	2	1	0	1	3	1	1	1	1	1
Journal of Open Psychology Data	3	1	1	1	2	1	0	1	2	1		0	1	1
Biodiversity Data Journal	0	0	0	0	2	1	0	0	1	1	0	0	1	1
Data in Brief	2	1	0	1	1	0	1	0	0	0	0	0	0	0
Big Earth Data	0	0	0	0	1	1	0	0	2	1	0	1	1	1
Ecology	0	0	0	0	1	0	1	0	0	0	0	0	0	0
Geoscience Data Journal	0	0	0	0	0	0	0	0	2	1	0	1	1	1
Journal of Chemical & Engineering Data	0	0	0	0	0	0	0	0	1	1	0	0	0	0
GigaScience	0	0	0	0	1	0	1	0	1	0	0	0	0	0
Neuroinformatics	2	0	1	1	1	1	0	0	1	1	0	0	0	0

政策主体	评估类目													
	S 数据 存储	S1 强制 存缴	S7 数据 范围	S9 数据 类型	S10 数据 格式	S12 数据 审查	S11 数据 标准	S19 存储 地点	S20 存储 位置	S15 版本 控制	S24 数据 标识 符	R 数据 重用	R3 许可 协议	R5 引用 规范
Scientific Data	7	1	1	1	0	1	0	1	0	1	1	2	1	1
Journal of Open Psychology Data	7	1	1	1	1	1	0	1	0	0	1	2	1	1
Biodiversity Data Journal	9	1	1	1	1	1	1	1	1	0	1	2	1	1
Data in Brief	7	1	1	0	1	1	0	1	0	1	0	1	0	1
Big Earth Data	6	1	0	1	0	1	0	1	0	1	1	2	1	1
Ecology	8	1	1	0	1	1	1	1	0	1	0	1	0	1
Geoscience Data Journal	8	1	1	0	1	1	1	1	1	0	1	2	1	1
Journal of Chemical & Engineering Data	5	1	1	0	0	0	0	1	0	0	0	1	0	0
GigaScience	7	0	0	1	1	0	1	1	1	1	1	2	1	1
Neuroinformatics	3	0	0	0	0	0	0	1	0	1	0	0	0	0

4.4.3.2　归纳政策要素

依据表 4-20 展示的针对国外数据期刊发布的开放科学数据目标政策评估分析结果，结合图 4-9 展示的国外数据期刊依据编码参考点数排序后的部分政策文本编码结果，本书将值得国内数据期刊参考与借鉴的政策要素依据数据生命周期阶段概括如下。

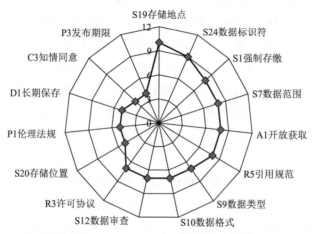

图 4-9　10 个国外数据期刊发布的开放科学数据政策文本编码结果（部分）

1）数据存储阶段

数据存储阶段包括强制存缴（S1）、数据范围（S7）、数据类型（S9）、数据格式（S10）、数据审查（S12）、存储地点（S19）和数据标识符（S24）。

（1）强制存缴（S1）：国外数据期刊通常要求论文作者应将与数据论文关联的所有数据、材料、方法、代码或协议存储至公认的公共存储库以确保数据可查找、可访问和可重用。

（2）数据范围（S7）：通常要求论文作者在提交数据论文时应提供与其关联的所有科学数据集，包括观测数据、实验数据、计算数据等采用科学方法获取或收集的数据。例如，*Journal of Chemical & Engineering Data* 专门发表从实验和计算中获得的数据，并且是美国化学学会出版的唯一一本数据期刊[①]。

（3）数据类型（S9）：国外数据期刊通常根据学科特点规定论文作者应提交的科学数据的具体类型。例如，*Journal of Open Psychology Data* 可以发表的数据

---

① Journal of Chemical & Engineering Data. Author Guidelines [EB/OL]. https://publish.acs.org/publish/author_guidelines?coden=jceaax [2022-12-22].

类型包括案例研究数据、计算机模拟数据、实验数据、访谈和调查数据、神经成像数据等[①]。

（4）数据格式（S10）：通常要求论文作者以标准文件格式（而不是专有文件格式）提交与其数据论文关联的科学数据集，以确保其在可预见的将来能够被每个平台上的每个用户访问、理解和重用。*Biodiversity Data Journal* 要求论文作者必须以机器可读形式（数据库、数据集、数据表）提交与其数据论文关联的科学数据[②]。*Journal of Open Psychology Data* 要求提交的数据必须是可操作的，如果其需要特定的脚本或软件来解释，则也应将脚本或软件存档并可供访问[③]。*Ecology* 要求论文作者应避免以专有文件格式提交科学数据；Excel 电子表格应转换为纯文本格式（如.csv 或.txt）；软件应以源代码和编译（可执行）代码形式提交[④]。*GigaScience* 明确规定了图形文件格式：.eps、.pdf、.doc 和.ppt 适用于图表和/或图像；.tiff、.png 和.bmp 适用于图像；.jpg 适合摄影图像，不太适合图形图像；.cdx 适用于分子结构[⑤]。

（5）数据审查（S12）：通常规定在同行评议过程中编辑和审稿人应审查和评估论文作者提交的科学数据，以确保每篇数据论文正确描述科学数据并已将科学数据存档至适当的公共存储库。*Journal of Open Psychology Data* 指出，数据集本身并非依据有效性或重要性进行审查；负面结果可能对其他科研人员是有用的，甚至不准确的数据（已知的或未知的）也可以帮助他人更好地理解研究结论[⑥]。*Biodiversity Data Journal* 要求编辑和审稿人应评估手稿文本、相关数据集、模型、软件或工作流及其描述（元数据）的完整性和质量，以及数据、模型、软件或工作流的发布价值，这可能包括所用方法的适用性和有效性，在数据收集、管理和整理过程中遵循适用标准，以及在数据资源的描述（description）中遵循适当的元数据标准[⑦]。*Data in Brief* 要求审稿人依据如下标准审阅数据论

① Journal of Open Psychology Data. Editorial Policies [EB/OL]. https://openpsychologydata.metajnl.com/about/editorialpolicies/ [2022-12-22].

② Biodiversity Data Journal. Guidelines for Authors [EB/OL]. https://bdj.pensoft.net/about#For-authors [2022-12-22].

③ Journal of Open Psychology Data. Editorial Policies [EB/OL]. https://openpsychologydata.metajnl.com/about/editorialpolicies/ [2022-12-22].

④ Ecology. Author Guidelines [EB/OL]. https://www.esa.org/publications/be-an-author/ [2022-12-22].

⑤ GigaScience. Instructions for Authors [EB/OL]. https://academic.oup.com/gigascience/pages/instructions_to_authors[2022-12-22].

⑥ Journal of Open Psychology Data. Editorial Policies [EB/OL]. https://openpsychologydata.metajnl.com/about/editorialpolicies/ [2022-12-22].

⑦ Biodiversity Data Journal. Guidelines for Authors [EB/OL]. https://bdj.pensoft.net/about#For-authors [2022-12-22].

文[1]：描述和数据是否有意义？作者是否向社会充分解释其效用？生成数据的协议/引用是否足够？数据格式是否为标准格式以及是否可供重用？数据是否有充分的记录？

（6）存储地点（S19）：通常要求论文作者将数据论文所描述的科学数据集保存并永久存档至适当的、可信的学科知识库（如 Uniprot、GenBank 或 ArrayExpress），如果没有适当的学科知识库则保存至通用知识库（如 Dryad、figshare、Zenodo 或 HarvardDataverse）。*Geoscience Data Journal* 认为数据知识库至少应满足如下五个条件：为数据集分配数字对象标识符或其他持久性标识符；为数据集提供足够长的保存期限，与公众发现其在科学上有益的时间相匹配；跨不同的计算平台以易于读取的格式存储数据文件；允许审稿人方便地（对数据集作者匿名）访问数据集和支持元数据；在成功地审查和发表相关数据论文之后，向广大公众用户社群提供开放访问[2]。*Scientific Data* 要求编辑和审稿人在同行评议过程中评估论文作者选择的数据知识库是否适当，并且编辑和审稿人可能认为论文作者有必要在数据论文发表前将其科学数据集存档至其他数据知识库[3]。*Journal of Open Psychology Data* 推荐的符合其同行评议要求的数据知识库如表4-21所示[4]。*Ecology* 认为论文作者将其科学数据存储至永久性存储库具有如下五个优势：可见性，即使数据联机可用（并将其链接到出版物）为他人了解研究提供了新的途径；可读性，即保存的所有数据都将分配到持久的、可解析的标识符，并可将其用于引文以及列入简历中；减少工作量，即如果收到单独的数据请求，只需将其定位到存储库中的数据文件；长期保存，即数据文件将被永久、安全地存档；影响力，即将通过数据重用获得引用[5]。

（7）数据标识符（S24）：通常要求与数据论文关联的科学数据集应提供数字对象标识符或其他类型的持久性标识符。例如，*Big Earth Data* 要求论文作者在提交数据论文时应提供与其所描述的科学数据集关联的数字对象标识符、预注册数字对象标识符、超链接或其他持久性标识符[6]。

① Data in Brief. Author Information [EB/OL]. https://www.data-in-brief.com/content/authorinfo [2022-12-22].

② Geoscience Data Journal. Author Guidelines [EB/OL]. https://rmets.onlinelibrary.wiley.com/hub/journal/2049600/about/author-guidelines [2022-12-22].

③ Scientific Data. Data Policies [EB/OL]. https://www.nature.com/sdata/policies/data-policies [2022-12-15].

④ Journal of Open Psychology Data. Editorial Policies [EB/OL]. https://openpsychologydata.metajnl.com/about/editorialpolicies/ [2022-12-22].

⑤ Ecology. Author Guidelines [EB/OL]. https://www.esa.org/publications/be-an-author/ [2022-12-22].

⑥ Big Earth Data. Instructions for Authors [EB/OL]. https://www.tandfonline.com/action/authorSubmission?show=instructions&journalCode=tbed20 [2022-12-22].

表 4-21 *Journal of Open Psychology Data* 推荐的数据知识库列表

国际知识库	国家知识库	国家	机构知识库
Journal of Open Psychology Data Dataverse	DANS	荷兰	
Dryad	Gesis	德国	
figshare	FORS	瑞士	
OpenfMRI	Odum	美国	UCL Discovery
Zenodo	瑞典国家数据服务（Swidish National Data Service，SND）	瑞典	
Open Science Framework	—	—	

2）数据发布阶段

数据发布阶段包括伦理法规（P1）和发布期限（P3）。

（1）伦理法规（P1）：国外数据期刊通常要求论文作者发布和共享涉及人类参与者的科学数据和研究材料应确保符合可能适用的所有伦理标准和法律要求（如国际公认的伦理准则）。*Big Earth Data* 指出，只有在不违反对人类受试者的保护或其他有效的伦理、隐私或安全考虑的情况下才应共享数据[①]。*Journal of Open Psychology Data* 要求涉及人类受试者的研究应遵守资助机构的当地伦理标准，并遵守美国心理学会（American Psychological Association，APA）的《心理学家伦理原则和行为准则》（Ethical Principles of Psychologists and Code of Conduct）[②]。

（2）发布期限（P3）：通常规定论文作者应将与数据论文关联的科学数据集在数据论文录用之后和发表之前保存至公共存储库，国外数据期刊通常会将与数据论文关联的科学数据集与数据论文同时公开发布。例如，*Biodiversity Data Journal* 要求任何大型数据集（如环境数据、生态观测数据、形态学数据和其他数据类型）都应在数据论文录用之前或录用之时保存至 Dryad、Zenodo 或 HarvardDataverse 通用知识库，也可以使用能够提供唯一标识符和长期保存的其他专用数据知识库[③]。

---

① Big Earth Data. Instructions for Authors [EB/OL]. https://www.tandfonline.com/action/authorSubmission?show=instructions&journalCode=tbed20 [2022-12-22].

② Journal of Open Psychology Data. Editorial Policies [EB/OL]. https://openpsychologydata.metajnl.com/about/editorialpolicies/ [2022-12-22].

③ Biodiversity Data Journal. Guidelines for Authors [EB/OL]. https://bdj.pensoft.net/about#For-authors [2022-12-22].

3）数据访问阶段

数据访问阶段包括开放获取（A1）和匿名访问（A5）。

（1）开放获取（A1）：国外数据期刊通常要求论文作者应不受限制地公开提供与其数据论文关联的所有数据、代码、软件和材料。例如，*Journal of Open Psychology Data* 强烈建议论文作者根据 FAIR 原则公开提供与其提交论文相关的所有数据[①]。

（2）匿名访问（A5）：通常允许审稿人以匿名或保密方式访问与数据论文关联的科学数据集和支持元数据（即使数据集无法完全向公众发布）。例如，*Big Earth Data* 要求选择提交预注册数字对象标识符的论文作者应为审稿人提供与其数据集关联的审稿人统一资源定位符[②]；*Geoscience Data Journal* 允许审稿人以对数据集作者匿名的方式访问科学数据集和支持元数据[③]。

4）数据重用阶段

数据重用阶段包括许可协议（R3）和引用规范（R5）。

（1）许可协议（R3）：国外数据期刊通常规定与数据论文关联的科学数据的数据许可协议。例如，*Journal of Open Psychology Data* 要求科学数据必须保存在允许无限制访问的开放许可协议下（如 CC0、CC-BY），仅当存在有效理由（如合法理由）时，才应使用限制性更大的许可协议。*Journal of Open Psychology Data* 建议的许可协议包括 CC0、ODC-PDDL、CC-BY 和 ODC-By[④]。*Big Earth Data* 要求将 CC0、CC-BY 或等效许可协议应用于任何科学数据集，以允许任何第三方出于任何合法目的重复使用[⑤]。

（2）引用规范（R5）：通常要求论文作者在其数据论文中通过持久性标识符（如数字对象标识符）公开引用已存储至公共存储库的科学数据集。例如，*Scientific Data* 要求作者必须正式引用在其论文中提及的外部存储库中的任何数据集，包括

---

① Journal of Open Psychology Data. Editorial Policies [EB/OL]. https://openpsychologydata.metajnl.com/about/editorialpolicies/ [2022-12-22].

② Big Earth Data. Instructions for Authors [EB/OL]. https://www.tandfonline.com/action/authorSubmission?show=instructions&journalCode=tbed20 [2022-12-22].

③ Geoscience Data Journal. Author Guidelines [EB/OL]. https://rmets.onlinelibrary.wiley.com/hub/journal/20496060/about/author-guidelines [2022-12-22].

④ Journal of Open Psychology Data. Editorial Policies [EB/OL]. https://openpsychologydata.metajnl.com/about/editorialpolicies/ [2022-12-22].

⑤ Big Earth Data. Instructions for Authors [EB/OL]. https://www.tandfonline.com/action/authorSubmission?show=instructions&journalCode=tbed20 [2022-12-22].

提交论文所描述的主要数据集以及论文中使用的任何其他数据集，对于以前发布的数据集则要求作者引用相关的研究论文和数据集本身[①]。*Data in Brief* 鼓励论文作者在其数据论文中引用数据集并在参考文献中包含数据引文，数据引文应包括以下要素：创建者、数据集标题、数据知识库名称、版本（如果有）、出版年和持久性标识符[②]。*Journal of Open Psychology Data* 要求首先引用描述数据集的数据论文，然后引用保存至数据知识库的数据集本身，数据引文必须包含在参考文献中并包含数字对象标识符（或数据知识库可能使用的其他标识符）[③]。*GigaScience* 要求论文作者在其数据论文中引用数据集并列入参考文献中，如果数据集已分配数字对象标识符，则应始终使用数字对象标识符而不是不太稳定的统一资源定位符引用数据集。*GigaScience* 建议的数据引用格式如下：支撑本文研究结果的数据集在[存储库名称]存储库中可用，[引用唯一的持久性标识符][④]。

5）数据归档阶段

数据归档阶段包括长期保存（D1）。国外数据期刊通常要求论文作者将其科学数据集保存至能够确保数据长期保存并提供持久性标识符（如数字对象标识符）的公共存储库，例如，*Big Earth Data* 要求论文作者将其科学数据集存储至公认的数据知识库，其可以创建持久性数据标识符（最好是数字对象标识符）并认可长期保存规划[⑤]。*Geoscience Data Journal* 认为数据知识库应提供足够长的数据保存期限，并应与公众发现数据集在科学上有益的时间相匹配[⑥]。*Scientific Data* 指出，科研人员、资助机构、数据期刊和数据知识库对确保数据长期保存负有共同责任，*Scientific Data* 鼓励论文作者选择考虑数据长期保存目标的数据知识库[⑦]。

4.4.3.3 提出政策建议

本书根据针对 10 个国外数据期刊展开的开放科学数据政策评估分析结果，针

---

① Scientific Data. Data Policies [EB/OL]. https://www.nature.com/sdata/policies/data-policies [2022-12-15].

② Data in Brief. Author Information [EB/OL]. https://www.data-in-brief.com/content/authorinfo [2022-12-22].

③ Journal of Open Psychology Data. Editorial Policies [EB/OL]. https://openpsychologydata.metajnl.com/about/editorialpolicies/ [2022-12-22].

④ GigaScience. Instructions for Authors [EB/OL]. https://academic.oup.com/gigascience/pages/instructions_to_authors[2022-12-22].

⑤ Big Earth Data. Instructions for Authors [EB/OL]. https://www.tandfonline.com/action/authorSubmission?show=instructions&journalCode=tbed20 [2022-12-22].

⑥ Geoscience Data Journal. Author Guidelines [EB/OL]. https://rmets.onlinelibrary.wiley.com/hub/journal/20496060/about/author-guidelines [2022-12-22].

⑦ Scientific Data. Data Policies [EB/OL]. https://www.nature.com/sdata/policies/data-policies [2022-12-15].

对我国数据期刊制定与完善开放科学数据政策提出如下三个方面的政策建议。

（1）目前，数据期刊作为一种新兴出版业态在国内还处于概念探讨与实践探索的发展阶段。2014 年，中国科学院与中国地理学会合办的《全球变化数据学报》（*Journal of Global Change Data & Discovery*）是国内第一本数据期刊。2016 年，中国科学院与国际数据委员会（Committee on Data for Science and Technology，CODATA）中国委员会合办的《中国科学数据》（*China Scientific Data*）是国内第一本综合性数据期刊。此外，中国科学院与中国植物学会合办的《植物生态学报》（*Chinese Journal of Plant Ecology*）、《生物多样性》（*Biodiversity Science*）等期刊也开设了数据论文专栏。国内数据期刊发布的科学数据共享政策与国外数据期刊相比不够全面、具体和细化，例如，《地理学报》（中、英文版）编辑部和《全球变化科学研究数据出版系统》编辑部（2015）联合发布的《关于"论文关联原创数据"出版（试行）的通知》仅涉及了数据存储阶段的强制存缴（S1）、数据范围（S7）、数据审查（S12）和数据标识符（S24），数据发布阶段的伦理法规（P1），数据访问阶段的开放获取（A1）等相关政策内容，因此国内数据期刊在开放科学数据政策的制定与完善方面还有较大的提升空间。

（2）国内数据期刊制定与发布的开放科学数据政策目前仍比较有限，建议参考与借鉴 *Scientific Data*、*Journal of Open Psychology Data*、*Biodiversity Data Journal*、*Data in Brief*、*Geoscience Data Journal* 等国外纯数据期刊的先进政策实践，尽快结合学科特点制定与完善其开放科学数据政策。根据针对国外数据期刊发布的开放科学数据政策构建的分析类目体系与评估分析结果（表 4-18、表 4-20），国内数据期刊可参考其数据存储阶段的强制存缴（S1）、数据范围（S7）、数据类型（S9）、数据格式（S10）、数据审查（S12）、存储地点（S19）和数据标识符（S24），数据发布阶段的伦理法规（P1）和发布期限（P3），数据访问阶段的开放获取（A1）和匿名访问（A5），数据重用阶段的许可协议（R3）和引用规范（R5），数据归档阶段的长期保存（D1）等相关政策内容调整与完善其开放科学数据政策。

（3）国内数据期刊发布的开放科学数据政策可从如下五个方面进行补充、调整与完善：①强制性要求论文作者在提交数据论文之前将与其关联的所有科学数据集保存至推荐的数据知识库中以促进科学数据集的可发现、可重复和可重用；②要求论文作者以标准文件格式（而不是专有文件格式）提交与数据论文关联的科学数据集以确保科学数据集的可访问和可理解；③要求论文作者在提交的数据论文中包括与其关联的科学数据集的持久性标识符（最好是数字对象标识符）；④允许审稿人以匿名或保密方式访问与数据论文关联的科学数据集和支持元数据，要求提交预注册数字对象标识符的论文作者为审稿人提供与其科学数据集关联的审稿人统一资源定位符；⑤要求论文作者在提交数据论文时详细说明访问或重用与其关联的科学数据集的任何限制条件（共同作者或研究合作不应成为数据访问的先决条件）。

4.5 数据知识库开放科学数据政策分析

4.5.1 选取目标政策

从国外通用知识库、学科知识库和机构知识库发布的数据知识库开放科学数据政策中，选取具有代表性、规范性和指导性的开放科学数据政策文本作为本节的目标政策（表 4-22）。

表 4-22 国外数据知识库发布的开放科学数据目标政策

编号	发布主体	国家或地区	知识库类型	政策文件
1	Dryad	美国	通用知识库	《服务条款》(Dryad, 2019)
2	figshare	英国	通用知识库	《常见问题》①
3	Zenodo	欧洲	通用知识库	《常见问题》②
4	GenBank	美国	学科知识库	《GenBank 概览》③
5	ArrayExpress	英国	学科知识库	《使用指南》④
6	Global Biodiversity Information Facility	国际	学科知识库	《使用指南》⑤
7	The European Genome-phenome Archive	欧洲	学科知识库	《投稿指南》⑥
8	dbVar	美国	学科知识库	《dbVar 常见问题》⑦
9	Harvard Dataverse	美国	机构知识库	《最佳实践》⑧
10	Edinburgh DataShare	英国	机构知识库	《信息服务》⑨

---

① figshare.FAQs [EB/OL]. https://help.figshare.com/section/faqs [2022-12-22].

② Zenodo. Frequently Asked Questions [EB/OL]. https://help.zenodo.org [2022-12-22].

③ GenBank. GenBank Overview [EB/OL]. https://www.ncbi.nlm.nih.gov/genbank/ [2022-12-22].

④ ArrayExpress. Help [EB/OL]. https://www.ebi.ac.uk/biostudies/arrayexpress/help [2022-12-22].

⑤ GBIF. How-to [EB/OL].https://www.gbif.org/ [2022-12-22].

⑥ EGA. Submission FAQ [EB/OL]. https://ega-archive.org/submission/FAQ/ [2022-12-22].

⑦ dbVar. dbVar FAQs [EB/OL]. https://www.ncbi.nlm.nih.gov/dbvar/content/faq/ [2022-12-22].

⑧ Harvard Dataverse. Best Practices [EB/OL].https://dataverse.org [2022-12-22].

⑨ Edinburgh DataShare. Information Services [EB/OL].https://datashare.ed.ac.uk [2022-12-22].

　　将表4-22中10个国外数据知识库发布的开放科学数据政策文本导入NVivo 12软件生成高频词云图（图4-10）。在图4-10所示的词云图中，依据高频词在政策文本中出现的词频高低排列词频较高的高频词包括data'、using、files、researchers、access、informed、experiments、publicly、terms、users、dataset、submissions、include、publishing等。

图4-10　10个国外数据知识库发布的开放科学数据政策文本高频词云图

4.5.2　构建分析类目

　　本章构建数据知识库开放科学数据政策文本分析类目体系的分析过程如下：首先，依据数据知识库涉及的全部数据生命周期阶段构建5个一级类目；其次，依据数据知识库在各个数据生命周期阶段的政策观测要点构建23个二级类目。利用NVivo 12软件构建数据知识库开放科学数据政策文本分析类目体系，如表4-23所示。

表 4-23　数据知识库开放科学数据政策文本分析类目体系

一级类目	二级类目	类目描述	编码参考点/个
S 数据存储	S3 伦理法规	是否要求提交涉及人类参与者的研究数据时确保不会侵犯个人隐私或知识产权并符合所有适用的法律法规、机构政策和合同限制？	7
	S4 知情同意	是否要求提交涉及人类参与者的研究数据时获得研究参与者明确的知情同意[如已签署"知情同意书"（informed consent form）]？	6
	S6 提交权限	是否要求数据提交者应声明并确保其是所提交数据的数据持有者或已获得所有数据持有者的授权许可？	4
	S7 数据范围	是否规定可提交的研究数据的明确范围（如与同行评议文档相关联的研究数据、对其他科研人员具有潜在用途的数据）？	9
	S8 数据规模	是否规定可提交的研究数据集的规模限制（如要求每个文件或项目不得超过规定的最大规模）？	4
	S9 数据类型	是否规定可提交的研究数据的具体类型[如 GenBank 接受由提交者直接确定的 mRNA 或基因组序列数据；ArrayExpress 接受使用高通量测序（high-throughput sequencing，HTS）分析生成的功能基因组学数据]？	5
	S10 数据格式	是否要求以非专有的、面向未来的文件格式提交研究数据集（如.csv、.txt、.xml、.tiff、.mp4、.jp2、.pdf 等）？	8
	S12 数据审查	是否规定对所提交数据的数据格式、数据质量和数据标准等进行审查以确保数据可互操作并符合最低标准？	4
	S11 数据标准	是否要求数据提交者提供足够的元数据以确保数据可理解、可复制和可重用？	6
	S13 数据更新	是否允许数据提交者更正或更新已发布的研究数据集及其元数据？	7
	S14 数据删除	是否允许数据提交者删除或撤回已发布的研究数据集（可要求保留研究数据集的数字对象标识符和统一资源定位符）？	7
	S15 版本控制	是否允许对所提交的研究数据集进行版本控制（如在数据知识库中应包括数据集的最新版本，同时保留并允许访问先前发布的所有版本）？	4
	S24 数据标识符	是否规定为提交至数据知识库的研究数据集分配登录号、数字对象标识符或其他持久性标识符？	10
P 数据发布	P3 发布期限	是否允许数据提交者指定其研究数据集的发布日期（如在与数据集关联的出版物发表时、在与数据集关联的实验公布时）？	4
	P4 禁锢期限	是否允许数据提交者指定其研究数据集的禁锢期以限制在此期限内对研究数据集的公开访问？	5

续表

一级类目	二级类目	类目描述	编码参考点/个
A 数据访问	A1 开放获取	是否允许数据使用者不受限制地公开访问、重用和传播数据提交者提交至数据知识库的研究数据集？	9
	A2 访问限制	是否允许数据提交者具体说明访问和获取其研究数据集的任何控制或限制条件（如必须获得数据提交者准许之后才能访问和共享其研究数据集）？	7
	A5 匿名访问	是否规定在研究数据集发布之前可为数据提交者提供私有存储和可供审稿人访问的私有链接？	3
R 数据重用	R3 许可协议	是否规定提交至数据知识库的研究数据集的数据许可协议（如 CC0 或 CC-BY）？	6
	R5 引用规范	是否要求利用保存至数据知识库的研究数据集创建的任何出版物应通过数据知识库分配的持久性标识符（如数字对象标识符）公开引用研究数据集？	8
D 数据归档	D1 长期保存	是否承诺长期保留保存至数据知识库的研究数据集并确保长期维护研究数据集的完整性、可用性和可重用性？	7
	D3 数据安全	是否承诺保持研究数据集的安全性和稳定性以确保数据可供当前和未来利用（如在数据知识库关闭时确保将所有数据迁移至其他数据知识库）？	7
	D5 数据备份	是否规定将研究数据集及其元数据定期备份至多个异地副本中并在发现研究数据集损坏时从已知完好的副本中还原？	5

　　表 4-24 展示了 10 个国外数据知识库发布的开放科学数据政策依据表 4-23 所示的政策文本分析类目体系进行编码的部分文本编码片段。

表 4-24　10 个国外数据知识库发布的开放科学数据政策的文本编码片段示例

一级类目	二级类目	编码片段
S 数据存储	S7 数据范围	"内容必须符合研究数据的定义并采用数字格式；研究数据以外的内容可能会提交到数据知识库，前提是相关文档的出版商政策允许此类内容；Dryad 数据知识库中的大多数数据集都与同行评议文档相关联；接受与非同行评议文档相关的研究数据，以及与文档无关的研究数据"（Dryad）
		"ArrayExpress 接受从微阵列或下一代测序（next generation sequencing，NGS）平台生成的所有功能基因组学数据。常用的实验类型包括转录分析（mRNA 和 miRNA）、单核苷酸多态性（single nucleotide polymorphism，SNP）基因分型、染色质免疫沉淀（chromatin immunoprecipitation，ChIP）和比较基因组杂交"（ArrayExpress）
		"Global Biodiversity Information Facility 发布的事件数据集具有足够一致的详细信息，以提供有关单个生物体在时间和空间上的位置信息，即提供了某一物种（或其他分类单元）在特定日期出现在特定地点的证据，示例包括自然历史标本和化石、实地研究人员和公民科学家的观测以及从相机捕捉器或遥感卫星收集的证据"（Global Biodiversity Information Facility）

续表

一级类目	二级类目	编码片段
S 数据存储	S7 数据范围	"dbVar 是一个结构变异数据库，用于存储≥1 碱基对的 DNA 变异数据；建议向 dbVar 提交>50 碱基对的变异数据，向 dbSNP 提交≤50 碱基对的变异数据；可以接受不同类型的事件，包括反转、插入和移位；不鼓励提交体细胞和癌症相关的变异，因为它们通常很复杂且特定于样本，并且更适合存储在自定义数据库中"（dbVar） "已经创建了与现有或即将出版的出版物相关的研究数据，或者对其他研究人员具有潜在用途的研究数据的爱丁堡大学研究人员，将会被邀请上传其数据集以便共享和保管"（Edinburgh DataShare）
R 数据重用	R3 许可协议	"内容只能由声明并保证其是内容的创建者和所有者或以其他方式具有足够权限的个人提交，以便能够根据 CC0 弃权声明（CC0 waiver）提供内容；Dryad 可自行确定是否允许根据其他许可条款提供原有内容"（Dryad） "所有公开存储的研究成果都根据知识共享协议存储；除数据集以外，所有对象都根据 CC-BY 协议获得许可，CC0 协议对于数据更为合适"（figshare） "数据发布者必须为任何事件数据集分配三个知识共享协议之一：①CC0，用于无任何限制的任何可用数据；②CC-BY，用于任何具有适当归因的数据；③CC-BY-NC，用于任何具有适当归因的非商业用途的数据，注意 CC-BY-NC 对数据的可重用性有重大影响。Global Biodiversity Information Facility 鼓励数据发布者尽可能选择最开放的许可协议"（Global Biodiversity Information Facility） "Harvard Dataverse 针对所有上传材料的默认数据许可协议是 CC0 公共领域贡献弃权声明（CC0 Public Domain Dedication Waiver）"（Harvard Dataverse） "Edinburgh DataShare 建议使用 CC-BY 4.0 协议，因为只要用户确认您提交的数据集，就允许所有用户利用您的数据集；CC-BY 4.0 是专为数据库/数据集而不是创造性表达编制的"（Edinburgh DataShare）
D 数据归档	D3 数据安全	"定期验证存储的内容有无损坏；为每个提交的数据文件计算和记录 MD5 校验；完整性检查每晚运行；如果发现数据对象已损坏，将根据需要从已知完好的副本中还原受影响的数据"（Dryad） "figshare 托管在 Amazon S3 网络服务上，以确保研究数据的最高安全性和稳定性；Amazon S3 存储信息的多个冗余副本，因此您不必担心丢失主副本；Amazon S3 提供身份验证机制，以确保数据不受未经授权的访问"（figshare） "您的数据存储在欧洲核子研究中心（European Organization for Nuclear Research，CERN）数据中心；欧洲核子研究中心承诺在未来 20 年内维护该数据中心；数据文件和元数据都保存在多个联机独立副本中；在 Zenodo 必须关闭运行的情况下，Zenodo 保证将所有内容迁移到其他合适的数据知识库"（Zenodo） "Global Biodiversity Information Facility 通过全球分布的国家、专题和项目基础设施网络发布生物多样性数据索引；数据发布者必须确保其共享的数据在这个互联系统中具有持久、稳定的访问站点"（Global Biodiversity Information Facility） "哈佛大学致力于最佳存档实践，以确保存档的所有材料都可用：①保留以前保存的材料版本；②仅在法律强制的情况下撤回（删除）数据集；③保持公众查阅材料；④定期审查材料风险；⑤根据需要更改材料格式，并尽可能避免格式过时"（Harvard Dataverse）

4.5.3 政策评估分析

4.5.3.1 政策评估结果

针对国外数据知识库发布的开放科学数据目标政策进行政策评估分析，将表4-23 所示的数据知识库开放科学数据政策文本分析类目转换为评估类目，利用 NVivo 12 软件对 10 个国外数据知识库发布的开放科学数据政策文本进行矩阵编码查询，则有上述 10 个开放科学数据政策文本的矩阵编码查询结果可作为政策评估结果（表 4-25）。从针对国外数据知识库发布的开放科学数据政策构建的分析类目体系与评估分析结果来看（表 4-23、表 4-25），国外数据知识库制定的开放科学数据政策侧重于数据存储（S）、数据访问（A）和数据归档（D）三个数据生命周期阶段的相关政策内容。

表 4-25　国外数据知识库发布的开放科学数据目标政策评估分析结果

政策主体	S 数据存储	S3 伦理法规	S4 知情同意	S6 提交权限	S7 数据范围	S8 数据规模	S9 数据类型	S10 数据格式	S12 数据审查	S11 数据标准	S13 数据更新	S14 数据删除	S15 版本控制	S24 数据标识符
Dryad	11	1	0	1	1	1	0	1	1	1	1	1	1	1
figshare	7	1	0	0	1	0	0	1	0	0	1	1	1	1
Zenodo	10	1	0	1	1	1	0	1	0	1	1	1	1	1
GenBank	8	1	1	0	1	0	1	0	0	0	1	0	1	1
ArrayExpress	10	1	1	0	1	0	1	1	1	1	1	1	0	1
Global Biodiversity Information Facility	6	0	0	0	1	0	1	1	1	1	0	0	0	1
The European Genome-phenome Archive	5	0	1	0	1	0	0	1	0	0	1	1	1	1
dbVar	8	0	1	0	1	0	0	1	0	1	1	0	0	1
Harvard Dataverse	6	1	1	0	0	0	0	1	0	1	1	1	0	1
Edinburgh DataShare	10	1	1	1	1	0	0	1	1	1	1	1	0	1

政策主体	P 数据发布	P3 发布期限	P4 禁锢期限	A 数据访问	A1 开放获取	A2 访问限制	A5 匿名访问	R 数据重用	R3 许可协议	R5 引用规范	D 数据归档	D1 长期保存	D3 数据安全	D5 数据备份
Dryad	1	0	1	2	1	1	0	2	1	1	3	1	1	1
figshare	0	0	0	2	1	0	1	2	1	1	3	1	1	1
Zenodo	2	1	1	2	1	1	0	1	1	0	3	1	1	1

续表

政策主体	评估类目													
	P 数据 发布	P3 发布 期限	P4 禁锢 期限	A 数据 访问	A1 开放 获取	A2 访问 限制	A5 匿名 访问	R 数据 重用	R3 许可 协议	R5 引用 规范	D 数据 归档	D1 长期 保存	D3 数据 安全	D5 数据 备份
GenBank	2	1	1	1	1	0	0	1	0	1	0	0	0	0
ArrayExpress	2	1	1	2	0	1	1	1	0	1	0	0	0	0
Global Biodiversity Information Facility	0	0	0	1	1	0	0	2	1	1	2	1	1	0
The European Genome-phenome Archive	0	0	0	3	1	1	1	1	0	1	2	1		0
dbVar	1	1	2	1	0	1		1	0	1	0	0	0	0
Harvard Dataverse	0	0	0	2	1	1	0	2	1	1	3	1	1	1
Edinburgh DataShare	1	0	1	2	1	1	0	1	1	0	3	1	1	1

4.5.3.2　归纳政策要素

依据表 4-25 展示的针对国外数据知识库发布的开放科学数据政策评估分析结果，结合图 4-11 展示的国外数据知识库依据编码参考点数排序后的部分政策文本编码结果，本书将值得国内数据知识库参考与借鉴的政策要素依据数据生命周期阶段概括如下。

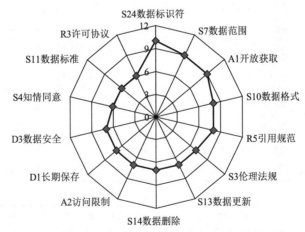

图 4-11　10 个国外数据知识库发布的开放科学数据政策文本编码结果（部分）

1）数据存储阶段

数据存储阶段包括知情同意（S4）、数据范围（S7）、数据规模（S8）、数据格式（S10）、数据更新（S13）、数据删除（S14）、版本控制（S15）和数据标识符（S24）。

（1）知情同意（S4）：通常要求数据提交者向数据知识库提交涉及人类参与者的科学数据时应获得研究参与者明确的知情同意。例如，GenBank 学科知识库要求提交的人类基因组序列不得包括任何可能泄露来源的个人身份的数据，并假设数据提交者在提交序列之前已经获得所需的任何必要的知情同意授权[①]。Harvard Dataverse 机构知识库有以下几点要求。①用户上传的所有可识别信息必须是无效的，以确保从上传的所有材料或数据集获得的合并信息中无法重新识别任何主体。②用户上传的内容不能包含社会保险号码、信用卡号码、医疗记录号码、健康计划号码、其他个人账号或生物识别符（指纹、视网膜、声纹、DNA 等）。③允许识别身份信息的唯一例外情况是：信息之前已向公众发布；信息描述公众人物，其中数据与其公共角色或其他非敏感主体相关；自收集信息以来已经过了足够长的时间；所有已查明的受试者都已给予明确的知情同意，允许公开发布数据集中的信息；所有已识别的主体都已死亡，并且联邦法规没有明确限制数据发布[②]。

（2）数据范围（S7）：国外数据知识库通常规定可接受的科学数据的明确范围。例如，GenBank、DNA DataBank of Japan 和 EMBL Nucleotide Sequence Database 学科知识库接受 DNA 和 RNA 序列数据；dbVar、dbSNP 和 European Variation Archive 学科知识库接受遗传多态性数据；Gene Expression Omnibus 和 ArrayExpress 学科知识库接受微阵列数据；Worldwide Protein Data Bank、Biological Magnetic Resonance Data Bank 和 Electron Microscopy Data Bank 学科知识库接受大分子结构数据；PRIDE 学科知识库接受蛋白质组学数据（表 4-16）。The European Genome-phenome Archive 学科知识库只接受原始同意协议要求必须接受受控访问的科学数据，原始同意协议允许完全公开访问的科学数据建议提交至 ArrayExpress、EMBL Nucleotide Sequence Database 和 DGVa 学科知识库[③]。dbVar 学科知识库接受 ≥1 碱基对的 DNA 变异数据，建议向 dbVar 学科知识库提交 >50 碱基对的变异数据，向 dbSNP 学科知识库提交 ≤50 碱基对的变异数据[④]。

（3）数据规模（S8）：国外数据知识库通常规定可提交的科学数据集的规模

---

① GenBank. GenBank Overview [EB/OL]. https://www.ncbi.nlm.nih.gov/genbank/ [2022-12-22].

② Harvard Dataverse. Best Practices [EB/OL]. https://dataverse.org [2022-12-22].

③ EGA. Submission FAQ [EB/OL]. https://ega-archive.org/submission/FAQ/ [2022-12-22].

④ dbVar. dbVar FAQs [EB/OL]. https://www.ncbi.nlm.nih.gov/dbvar/content/faq/ [2022-12-22].

限制。例如，Dryad 通用知识库规定每个数据集（与同一数字对象标识符关联的所有文件）不得超过 300 千兆字节；Zenodo 通用知识库规定每个数据集不得超过 50 千兆字节；Edinburgh DataShare 机构知识库规定每个文件或项目不得超过 100 千兆字节。

（4）数据格式（S10）：通常要求数据提交者以非专有的、面向未来的文件格式提交科学数据集。Edinburgh DataShare 机构知识库指出，"将科学数据文件从专有或软件相关格式转换为标准存储格式有助于避免将来打开文件时遇到困难；通过使用标准存储格式可以最大限度地提高未来大多数潜在数据使用者能够打开文件的可能性"[1]。Dryad（2019）通用知识库要求首选非专有的、公开记录的文件格式以确保科学数据集的重用潜力，并可能会保存已转换为首选格式的科学数据集的其他版本。Harvard Dataverse 机构知识库要求选择特定学科首选或常用的文件格式，并确保从科学数据集中删除必须保密的信息[2]。Edinburgh DataShare 机构知识库要求选择不依赖于专有软件的文件格式，建议的文件格式包括.csv、.txt、.xml、.tiff、.mp4、.jp2 和.pdf，并允许以多个文件格式保存同一个科学数据集（如一个专有文件格式、一个学科特定格式和一个标准保存版本）[3]。dbVar 学科知识库要求选择 Excel 和 VCF 两种文件格式[4]。

（5）数据更新（S13）：国外数据知识库通常允许数据提交者更改或更正已发布的科学数据集及其元数据。例如，Dryad（2019）通用知识库允许数据提交者更新已发布数据集的元数据，并将新的或更新的元数据文件提交到已发布的数据集，而无须支付额外的数据发布费用（可能仍会收取额外的数据存储费用）；Zenodo 通用知识库仅允许在特殊情况下对最新发布（少于 1 周）的数据文件进行少量修改，如发现拼写错误、意外遗漏重要文件以及包含隐藏文件或机密文件并希望予以更正[5]；GenBank 学科知识库允许数据提交者随时对 GenBank 条目进行修订或更新，并确保在标题行中包含拟更新的序列的登录号[6]。

（6）数据删除（S14）：国外数据知识库通常允许数据提交者删除或撤回已发布的科学数据集。例如，figshare 通用知识库允许更改或删除任何私有存储的科

① Edinburgh DataShare. Information Services [EB/OL].https://datashare.ed.ac.uk [2022-12-22].

② Harvard Dataverse. Best Practices [EB/OL].https://dataverse.org [2022-12-22].

③ Edinburgh DataShare. Information Services [EB/OL].https://datashare.ed.ac.uk [2022-12-22].

④ dbVar. dbVar FAQs [EB/OL]. https://www.ncbi.nlm.nih.gov/dbvar/content/faq/ [2022-12-22].

⑤ Zenodo. Frequently Asked Questions [EB/OL]. https://help.zenodo.org [2022-12-22].

⑥ GenBank. GenBank Overview [EB/OL]. https://www.ncbi.nlm.nih.gov/genbank/ [2022-12-22].

学数据集,并支持所有公开可用的科学数据集的版本控制①;Zenodo 通用知识库允许撤回所有上传的研究对象,通常应由原始上传者提出请求并充分说明理由,Zenodo 将会注明撤回的原因并保留原始对象的数字对象标识符和统一资源定位符②;ArrayExpress 学科知识库允许删除并更正错误的数据文件,如样本注释错误或样本数据文件关联错误③。

(7)版本控制(S15):国外数据知识库通常允许数据提交者对所提交的科学数据集进行版本控制。例如,Dryad 通用知识库允许对数据文件进行版本控制以更正存档文件中的错误,或提供与相关文档中报告的分析相关联的其他数据文件。Dryad(2019)通用知识库的版本控制包括:①应在 Dryad 通用知识库中包含更新的数据文件,同时保留并允许访问原始文件和所有先前的发布版本;②数据集的元数据将被更新,以包含有关版本顺序的信息;③数据集数字对象标识符和搜索结果指向数据集的最新版本,该版本显示允许用户导航到早期版本的历史记录;④数据集的旧版本还显示版本历史记录和指出其并非当前版本的显著警告信息;⑤版本历史记录包括版本控制原因的简要说明和版本控制事件的时间戳(timestamps);⑥Dryad 数据管理员可以根据作者或期刊的要求创建新版本。Zenodo 通用知识库的"数字对象标识符版本控制"允许编辑或更新已发布的记录文件,以及引用记录文件的特定版本或所有版本。首次在 Zenodo 上发布上传文件时,Zenodo 将会为其注册两个数字对象标识符:一个数字对象标识符表示记录文件的特定版本,另一个数字对象标识符表示记录文件的所有版本。之后将会为上传的每个新版本注册一个数字对象标识符④。

(8)数据标识符(S24):通常规定为提交至数据知识库的科学数据集分配持久性标识符,如登录号、数字对象标识符和唯一资源标识符等。GenBank 学科知识库通常在两个工作日内为提交的序列提供登录号,以作为提交序列的标识符并允许学术社群在阅读期刊论文时检索序列⑤。The European Genome-phenome Archive 学科知识库为每个研究都分配一个稳定且唯一的登录号并可在未来的出版物中引用⑥。Harvard Dataverse 机构知识库建议使用持久性标识符代替可能会频

① figshare.FAQs [EB/OL]. https://help.figshare.com/section/faqs [2022-12-22].

② Zenodo. Frequently Asked Questions [EB/OL]. https://help.zenodo.org [2022-12-22].

③ ArrayExpress. Help [EB/OL]. https://www.ebi.ac.uk/biostudies/arrayexpress/help [2022-12-22].

④ Zenodo. Frequently Asked Questions [EB/OL]. https://help.zenodo.org [2022-12-22].

⑤ GenBank. GenBank Overview [EB/OL]. https://www.ncbi.nlm.nih.gov/genbank/ [2022-12-22].

⑥ EGA. Submission FAQ [EB/OL]. https://ega-archive.org/submission/FAQ/ [2022-12-22].

繁更改的统一资源定位符，如使用通用数字指纹（universal numerical fingerprint，UNF）可以向学术界保证：未来的科研人员将能够验证检索到的数据与几十年前出版物中使用的数据是相同的，即使数据的存储介质、操作系统、硬件以及统计程序格式已经发生了改变[①]。

2）数据发布阶段

数据发布阶段包括发布期限（P3）和禁锢期限（P4）。

（1）发布期限（P3）：国外数据知识库通常允许数据提交者指定其科学数据集的发布日期。例如，ArrayExpress 学科知识库在如下三种情况下公开发布科学数据集：①已到达数据提交者指定的发布日期；②数据提交者发送电子邮件通知可以发布数据（通常是在相关出版物被接受或发表时）；③确定包含 ArrayExpress 登录号的出版物已发表[②]。

（2）禁锢期限（P4）：国外数据知识库通常允许数据提交者指定其科学数据集的禁锢期。例如，Zenodo 通用知识库允许数据提交者以禁锢状态存储其科学数据集并指定禁锢结束日期，在禁锢期结束之前将限制访问科学数据集并在禁锢期结束之后自动公开发布科学数据集[③]。GenBank 学科知识库指出，数据提交者可能会担心他们的数据在发表前出现在 GenBank 中会危及他们的工作，GenBank 将应要求在指定时间内拒绝发布新提交的数据；如果登录号或序列数据在指定日期之前以纸质或在线形式出现，则 GenBank 将会发布数据提交者的序列数据[④]。ArrayExpress 学科知识库允许数据提交者以"公开"和"私有"（通常用于预发布和同行评议）两种状态存储微阵列数据；在数据提交者指定的发布日期之前，或在包含微阵列登录号的相关论文发表之前，提交的微阵列数据将保持私有状态；在将微阵列数据上传至 ArrayExpress 学科知识库之后，可以通过 ArrayExpress 创建的提交者和审稿人登录账号访问私有数据[⑤]。

3）数据访问阶段

数据访问阶段包括开放获取（A1）和访问限制（A2）。

（1）开放获取（A1）：国外数据知识库通常允许数据使用者不受限制地公开访问、重用和传播数据提交者提交至数据知识库的科学数据集。例如，Zenodo 通

[①] Harvard Dataverse. Best Practices [EB/OL].https://dataverse.org [2022-12-22].

[②] ArrayExpress. Help [EB/OL]. https://www.ebi.ac.uk/biostudies/arrayexpress/help [2022-12-22].

[③] Zenodo. Frequently Asked Questions [EB/OL]. https://help.zenodo.org [2022-12-22].

[④] ArrayExpress. Help [EB/OL]. https://www.ebi.ac.uk/biostudies/arrayexpress/help [2022-12-22].

[⑤] ArrayExpress. Help [EB/OL]. https://www.ebi.ac.uk/biostudies/arrayexpress/help [2022-12-22].

用知识库支持各种形式的开放数据（即任何人都可以自由使用、重用和传播的数据），并采取激励措施鼓励数据提交者选择开放许可协议存储其科学数据集[①]；GenBank 学科知识库支持科学界获得最新和全面的 DNA 序列数据，因此对 GenBank 数据的使用、复制或传播没有任何限制[②]。

（2）访问限制（A2）：通常允许数据提交者具体说明访问和获取其科学数据集的任何控制或限制条件。例如，Zenodo 通用知识库允许数据提交者存储能够与他人共享访问权限的受限文件；受限文件不会公开发布并且必须获得原始文件的提交者准许之后才能访问与共享[③]。

4）数据重用阶段

数据重用阶段包括许可协议（R3）和引用规范（R5）。

（1）许可协议（R3）：国外数据知识库通常规定提交至数据知识库的科学数据集的数据许可协议（如 CC0 或 CC-BY）。

（2）引用规范（R5）：通常要求数据使用者利用保存至数据知识库的科学数据集创建的任何出版物，应通过数据知识库分配的持久性标识符（如数字对象标识符）公开引用科学数据集。例如，Global Biodiversity Information Facility 学科知识库的 "数据用户协议" 要求下载科学数据集并在研究中使用科学数据集的用户同意使用数字对象标识符引用科学数据集[④]；Harvard Dataverse 机构知识库要求使用、引用或以其他方式利用提交数据集（全部或部分）创建的任何出版物（图书、期刊论文、会议论文、学位论文和报告等）都应引用 Harvard Dataverse 生成的科学数据集的数据引文（包括数据作者、数据标识符和符合《数据引用原则联合声明》的其他信息）[⑤]。

5）数据归档阶段

数据归档阶段包括长期保存（D1）和数据备份（D5）。

（1）长期保存（D1）：国外数据知识库通常承诺长期保留和维护保存至数据知识库的科学数据集。例如，Dryad 通用知识库承诺长期维护其科学数据集的完整性、可用性和可重用性（Dryad，2019）；The European Genome-phenome Archive 学科知识库承诺为数据提交者提供一个完全免费、安全和永久的存档解决方案以

① Zenodo. Frequently Asked Questions [EB/OL]. https://help.zenodo.org [2022-12-22].

② GenBank. GenBank Overview [EB/OL]. https://www.ncbi.nlm.nih.gov/genbank/ [2022-12-22].

③ Zenodo. Frequently Asked Questions [EB/OL]. https://help.zenodo.org [2022-12-22].

④ GBIF. How-to [EB/OL].https://www.gbif.org/ [2022-12-22].

⑤ Harvard Dataverse. Best Practices [EB/OL].https://dataverse.org [2022-12-22].

用于在全球范围内共享科学数据集[①]；Harvard Dataverse 机构知识库承诺永久保存直接提交至 Harvard Dataverse 的所有材料，此外，所有保存至 Harvard Dataverse 的社会科学数据均由美国社会科学数据管理联盟合作伙伴复制并永久保存[②]。

（2）数据备份（D5）：国外数据知识库通常规定将其科学数据集及其元数据定期备份至多个异地副本中。例如，Dryad 通用知识库将其科学数据集的完整备份副本保存至多个异地安全设施中（Dryad，2019）；Zenodo 通用知识库将其数据文件和元数据都保存至多个联机独立副本中[③]。

4.5.3.3 提出政策建议

本书根据针对 10 个国外数据知识库展开的开放科学数据政策评估分析结果，针对我国数据知识库制定与完善开放科学数据政策提出如下三个方面的政策建议。

（1）国内数据知识库主要包括科学数据中心、科学数据库和机构知识库，但目前均未制定与发布独立的开放科学数据政策。2018 年 2 月，科技部与财政部联合发布了《国家科技资源共享服务平台管理办法》；2019 年 6 月，《科技部财政部关于发布国家科技资源共享服务平台优化调整名单的通知》发布，此次调整优化后共形成国家基因组科学数据中心、国家空间科学数据中心、国家人口健康科学数据中心等 20 个国家科学数据中心（科技部和财政部，2019）。目前，我国已建成气象灾害专题数据库、天文科学主题数据库、人类尿蛋白质组数据库等一大批科学数据库。2016 年 9 月，中国高校机构知识库联盟（Confederation of China Academic Institutional Repository，CHAIR）成立，目前已有 50 个成员机构（截至2020 年 6 月 30 日），其中兰州大学机构知识库、中国人民大学机构知识库、西安交通大学机构知识门户等成员机构均已发布机构知识库开放获取政策，但仅有清华大学机构知识库、北京大学机构知识库、厦门大学学术典藏库等少数成员机构发布的机构知识库开放获取政策明确说明可以接受科学数据集。因此，国内数据知识库在开放科学数据政策的制定与完善方面还有较大的提升空间。

（2）国内数据知识库制定与发布的开放科学数据政策目前仍比较有限，建议参考与借鉴 Dryad、figshare、Zenodo、Harvard Dataverse、Edinburgh DataShare 等国外数据知识库的先进政策实践，尽快结合学科特点制定与完善国内数据知识

① EGA. Submission FAQ [EB/OL]. https://ega-archive.org/submission/FAQ/ [2022-12-22].

② Harvard Dataverse. Best Practices [EB/OL].https://dataverse.org [2022-12-22].

③ Zenodo. Frequently Asked Questions [EB/OL]. https://help.zenodo.org [2022-12-22].

库的开放科学数据政策。根据针对国外数据知识库发布的开放科学数据政策构建的分析类目体系与评估分析结果（表4-23、表4-25），国内数据知识库可参考其数据存储阶段的数据范围（S7）、数据格式（S10）、数据更新（S13）、数据删除（S14）、版本控制（S15）和数据标识符（S24），数据发布阶段的发布期限（P3）和禁锢期限（P4），数据访问阶段的开放获取（A1）、访问限制（A2）和匿名访问（A5），数据重用阶段的许可协议（R3）和引用规范（R5），数据归档阶段的长期保存（D1）、数据安全（D3）和数据备份（D5）等相关政策内容调整与完善其开放科学数据政策。

（3）国内数据知识库发布的开放科学数据政策可从如下六个方面进行补充、调整与完善：①要求数据提交者以非专有的、面向未来的文件格式提交其科学数据集以确保科学数据集的重用潜力；②允许数据提交者更正或删除已发布的科学数据集并且能够对所提交的科学数据集实行版本控制机制；③规定为提交至数据知识库的科学数据集分配持久性标识符，如登录号、数字对象标识符、唯一资源标识符等；④允许数据提交者具体说明访问和获取其科学数据集的任何控制或限制条件（如必须在获得数据提交者准许之后才能访问和共享其科学数据集）；⑤规定提交至数据知识的科学数据集的数据许可协议，并要求数据提交者尽可能选择最开放的许可协议（如 CC0 或 CC-BY）；⑥承诺长期保存提交至数据知识库的科学数据集并保持科学数据集的安全性和稳定性以确保数据可供当前和未来利用。

第5章

开放科学数据政策群内部的政策协同研究

本章从数据生命周期各阶段涉及的利益相关者之间的关系视角探索利益相关者之间的政策协同观测要点,利用质性文本分析法构建利益相关者之间政策协同观测的政策文本分析类目体系,为从质性文本分析的研究视角进行利益相关者之间的政策协同评估提供实证分析框架。第1章将政策协同的对象划分为如下两种类型。第一,同一政策群内部的政策协同,可进一步划分为两种类型:①不同类型政策主体之间的政策协同,如本章探讨的不同利益相关者发布的开放科学数据政策之间的政策协同;②同一类型政策主体内部的政策协同,如第4章探讨的不同资助机构发布的开放科学数据政策之间的政策协同。第二,不同政策群之间的政策协同,如第6章探讨的开放科学数据政策与个人数据保护政策之间的政策协同。

本章首先分别探讨各个利益相关者发布的开放科学数据相关政策法规,然后从利益相关者的关系视角展开开放科学数据政策内部的政策协同研究,具体分析过程如下:首先,从各个利益相关者发布的开放科学数据政策中选取若干目标政策(参见第4章);其次,针对开放科学数据目标政策分析与提炼利益相关者之间的政策协同观测要点;再次,通过质性文本分析法构建利益相关者之间政策协同观测的政策文本分析类目体系;然后,针对各个利益相关者开放科学数据目标政策进行利益相关者之间的政策协同评估;最后,依据政策协同评估结果针对利益相关者制定与完善开放科学数据政策提出政策建议。本章的研究思路如图 5-1所示。

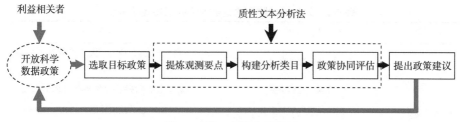

图 5-1 第 5 章研究思路图

5.1 开放科学数据政策群涉及的相关政策法规

参与制定开放科学数据政策的各个利益相关者目前均已制定与发布了开放科学数据政策。欧盟、英国、美国、澳大利亚和加拿大等国家和组织的许多重要的资助机构提出了开放科学数据政策指南，如欧洲研究理事会、英国研究理事会、美国国家科学基金会、美国国立卫生研究院和澳大利亚研究理事会等，要求所有获得研究资助的科研项目提交科学数据的开放共享计划。英国、美国、澳大利亚、加拿大和新西兰等国家的为数众多的科研机构，如牛津大学、剑桥大学、伯明翰大学、斯坦福大学和悉尼大学等，以科学数据管理政策的形式促进科研人员对科学数据的保存、共享与重用。以英国国家数据档案馆、英国数字保存中心、美国校际政治与社会研究联盟、美国社会科学数据管理联盟和澳大利亚科学数据联盟（Australian Research Data Commons，ARDC）为代表的数据中心以科学数据管理框架的形式，与国家政府、资助机构和科研机构进行合作，提供科学数据的提交、存储、访问、共享与重用的数据平台。以 Dryad、figshare、Zenodo、GenBank、PubChem 为代表的数据知识库以服务条款、使用条款和使用指南等形式与学术期刊、数据期刊相结合，要求科研人员将科学数据在数据知识库上保存、发布与共享。以 *Science*、*Nature*、*Proceedings of the National Academy of Sciences*、*Cell*、*The Lancet* 等为代表的传统学术期刊和以 *PLOS ONE*、*BioMed Central*、*Scientific Reports* 等为代表的开放获取期刊以数据政策、编辑政策、作者指南等形式，要求科研人员将与科学论文相关联的科学数据进行存储与共享，并允许学术期刊在使用许可的条件下对科学数据进行发布与重用。以 *Scientific Data*、*Earth System Science Data*、*Journal of Open Psychology Data*、*Data in Brief*、*Geoscience Data Journal* 等为代表的数据期刊以数据政策、编辑政策、投稿指南和作者指南等多种形式，要求科研人员对数据论文所描述的科学数据进行提交、存储与重用。表 5-1 列举了各个利益相关者中若干有代表性的政策主体发布的开放科学数据相关政策法规。

表 5-1　开放科学数据政策群涉及的相关政策法规

利益相关者	发布主体	政策法规
资助机构	欧洲研究理事会	《科学出版物与科学数据开放获取实施指南》（ERC，2017）
	英国研究理事会	《科学数据管理最佳实践指南》（RCUK，2018）
	美国国家科学基金会	《NSF 公共获取计划》（NSF，2015）
	美国国立卫生研究院	《NIH 数据管理与共享政策》（NIH，2020）
	美国教育科学研究院	《公共获取科学数据实施指南》[①]
	澳大利亚研究理事会	《开放获取政策》（ARC，2019）
科研机构	牛津大学	《支持研究成果的数据管理政策》（University of Oxford，2018）
	剑桥大学	《科学数据管理政策框架》（University of Cambridge，2021）
	伯明翰大学	《科学数据管理政策》（University of Birmingham，2018）
	哈佛大学	《科学记录与数据保存与维护指南》（Harvard University，2017）
	悉尼大学	《科学数据管理政策》（University of Sydney，2021）
	墨尔本大学	《科学数据管理政策》（University of Melbourne，2002）
数据中心	英国数字保存中心	《数据管理计划检查表》（DCC，2013）
	美国校际政治与社会研究联盟	《ICPSR 数字保存政策框架》（ICPSR，2018）
	澳大利亚科学数据联盟	《项目产生数据 FAIR 指南》（ARDC，2020）
数据知识库	Dryad	《服务条款》（Dryad，2019）
	figshare	《常见问题》[②]
	Zenodo	《常见问题》[③]
	The European Genome-phenome Archive	《投稿指南》[④]
	Global Biodiversity Information Facility	《使用指南》[⑤]
	ArrayExpress	《使用指南》[⑥]

---

① IES. Implementation Guide for Public Access to Research Data [EB/OL]. https://ies.ed.gov/funding/datasharing_ https://ies.ed.gov/funding/datasharing_ implementation.asp[2022-09-04].

② figshare.FAQs [EB/OL]. https://help.figshare.com/section/faqs [2022-12-22].

③ Zenodo. Frequently Asked Questions [EB/OL]. https://help.zenodo.org [2022-12-22].

④ EGA.SubmissionFAQ [EB/OL]. https://ega-archive.org/submission/FAQ/ [2022-12-22].

⑤ GBIF. How-to[EB/OL]. https://www.gbif.org/[2022-12-22].

⑥ ArrayExpress. Help [EB/OL]. https://www.ebi.ac.uk/biostudies/arrayexpress/help [2022-12-22].

续表

利益相关者	发布主体	政策法规
学术期刊	*Science*	《编辑政策》①
	Nature	《数据、材料、代码和协议的报告标准与可用性》②
	Proceedings of the National Academy of Sciences	《编辑与期刊政策》③
	PLOS ONE	《数据可用性》④
	BioMed Central	《编辑政策》⑤
	The Lancet	《作者指南》⑥
数据期刊	*Scientific Data*	《数据政策》⑦
	Earth System Science Data	《数据政策》⑧
	Open Health Data	《编辑政策》⑨
	Journal of Open Psychology Data	《编辑政策》⑩
	Data in Brief	《作者指南》⑪
	Geoscience Data Journal	《作者指南》⑫

① Science Journals. Editorial Policies [EB/OL].https://www.science.org/content/page/science-journals-editorial-policies[2022-12-18].

② Nature. Reporting Standards and Availability of Data, Materials, Code and Protocols [EB/OL]. https://www.nature.com/nature/editorial-policies/reporting-standards[2022-12-15].

③ PNAS.Editorial and Journal Policies [EB/OL].https://www.pnas.org/author-center/editorial-and-journal-policies [2022-12-18].

④ PLOS ONE. Data Availability [EB/OL]. https://journals.plos.org/plosone/s/data-availability[2022-12-15].

⑤ BioMed Central. Editorial Policies [EB/OL]. https://www.biomedcentral.com/getpublished/editorial-policies [2022-12-18].

⑥ The Lancet. Instructions for Authors [EB/OL]. https://thelancet.com/pb/assets/raw/Lancet/authors/tl-info-for-authors.pdf[2022-12-18].

⑦ Scientific Data. Data Policies [EB/OL]. https://www.nature.com/sdata/policies/data-policies[2022-12-15].

⑧ Earth System Science Data. Data Policy [EB/OL]. https://www.earth-system-science-data.net/policies/data_policy.html [2022-12-22].

⑨ Open Health Data. Editorial Policies [EB/OL]. https://openhealthdata.metajnl.com/about/editorialpolicies [2023-07-02].

⑩ Journal of Open Psychology Data. Editorial Policies [EB/OL]. https://openpsychologydata.metajnl.com/about/editorialpolicies/[2022-12-22].

⑪ Data in Brief. Author Information[EB/OL]. https://www.data-in-brief.com/content/authorinfo[2022-12-22].

⑫ Geoscience Data Journal. Author Guidelines [EB/OL]. https://rmets.onlinelibrary.wiley.com/hub/journal/20496060/about/author-guidelines[2022-12-22].

5.2 利益相关者之间政策协同的必要性

本书从如下三个层面阐述参与制定开放科学数据政策的多个利益相关者之间政策协同的必要性。

5.2.1 不同类型政策主体之间的政策协同

从参与开放科学数据的多个利益相关者的分析维度来看，各个利益相关者发布的开放科学数据政策之间应保持协调一致。开放科学数据需要资助机构、科研机构、学术期刊、数据期刊、数据中心、数据知识库等利益相关者在政策制定层面相互配合与协调一致。例如：资助机构在其开放科学数据政策中要求申请研究资助的科研人员提交数据管理计划，科研机构在其科学数据管理政策中指导获得研究资助的科研人员制订数据管理计划；资助机构在其开放科学数据政策中要求资助研究产生的科学出版物应包含"数据可用性声明"，学术期刊在其开放科学数据政策中要求提交研究论文应包含其支撑数据的"数据可用性声明"。美国国家科学基金会在《NSF 公共获取计划》中指出，在科学交流过程中不同利益相关者之间需要持续进行沟通和协调，以减少受资助者、科研人员以及社会公众的困惑和负担，并尽量减少资源浪费和不必要的冗余，提高公共资金对科学研究的投资价值（NSF，2015）。爱思唯尔出版集团在《科学数据》中指出，实现科学数据的有效重用是一个共同目标，所有利益相关者应共同努力追求这一目标，以提高研究效率并避免重复研究①。

5.2.2 同一类型政策主体内部的政策协同

从各个利益相关者涵盖的多个政策主体的分析维度来看，各个政策主体发布的开放科学数据政策之间也应保持协调一致，如美国国家科学基金会希望通过与其他联邦机构进行协调，使各研究机构新发布的标准、指南以及政策之间能够协调一致，从而减少要求不一致的可能性以及与此相关的混乱和受资助者的负担。目前，已有利益相关者关注到不同政策主体之间的政策协同问题，如本书在第 4 章中探讨的不同资助机构之间的政策协同，并已在其制定与发布的开放科学数据政

---

① Elsevier. Research Data [EB/OL]. https://www.elsevier.com/about/policies/research-data[2022-12-18].

策中做出相应规定。例如，伍伦贡大学指出，"对于涉及多个科研机构的研究项目，建议在项目启动之前制定书面协议，概述数据管理安排（包括所有权规定）；除非在研究资助协议中另有规定，或在项目启动前项目参与各方另有书面协议，科学数据及其相关知识产权归该大学所有"（University of Wulungong，2019）。纽约大学指出，"对于涉及多个资助机构共同资助的研究项目，其研究资助协议可能会规定不同的保存期限（通常要求在最终项目结束后保留六年）；科研人员需要阅读和理解资助条款和条件，以确定符合特定资助研究项目的所有要求"（New York University，2010）。

5.2.3　所涉不同类型政策之间的政策协同

从各个利益相关者涉及的多种政策法规的分析维度来看，所涉及的不同类型的相关政策法规之间势必应保持协调一致，如涉及数据存储与数据归档两个数据生命周期阶段的相关政策内容应遵守相关档案法律法规。例如，澳大利亚纽卡斯尔大学规定"科学数据和原始资料的保存期限应依据 1998 年《新南威尔士州记录法》（State Records Act）的法律规定以及资助机构或外部机构的政策要求确定"（University of Newcastle，2020）。共享与重用涉及研究参与者的科学数据的相关政策内容应遵守个人数据保护相关法律法规，例如，迪肯大学规定"存储和管理可能识别个人的科学数据必须遵守 1973 年《公共记录法》、2014 年《隐私与数据保护法》、1988 年《隐私法》和 2001 年《健康记录法》"①。本书将在第 6 章中探讨开放科学数据政策和个人数据保护政策两类政策之间的政策协同，在第 7 章中分别针对资助机构和科研机构两类利益相关者探讨两类政策之间的政策协同。

5.3　利益相关者之间的政策协同观测要点

本书第 2 章将数据生命周期阶段划分为六个阶段：数据创建、数据存储、数据发布、数据访问、数据重用和数据归档。将数据生命周期各阶段涉及的利益相关者划分为四种类型：研究参与者、数据生产者、数据提供者和数据使用者。针对参与制定开放科学数据政策的两类利益相关者——数据生产者（资助机构、科研机构）和数据提供者（学术期刊、数据期刊、数据知识库），以各个利益相关

---

① Deakin University. Research Data and Primary Materials Management Procedure[EB/OL]. https://policy.deakin.edu.au/document/view-current.php?id=23&version=1[2022-10-27].

者涉及的全部数据生命周期阶段作为统一的一级类目，分别针对各个利益相关者构建了开放科学数据政策文本分析类目体系（表 5-2）。

表 5-2 利益相关者开放科学数据政策文本分析类目体系

数据生命周期		利益相关者				
		数据生产者		数据提供者		
		资助机构	科研机构	学术期刊	数据期刊	数据知识库
C 数据创建	C1 创建规范				●	
	C2 伦理批准		●	●	●	
	C3 知情同意			●	●	
	C4 权责机制		○			
	C5 数据规划	●	●	○		
	C6 数据产权	●	●			
S 数据存储	S1 强制存缴	●		●	●	
	S2 保存要求		○			
	S3 伦理法规					○
	S4 知情同意		●			●
	S5 优先利用		●			
	S6 提交权限					○
	S7 数据范围	●	●	●	●	●
	S8 数据规模					○
	S9 数据类型	○	○	○	○	○
	S10 数据格式	●	●	●	●	●
	S11 数据标准	●	●		●	●
	S12 数据审查			○	○	○
	S13 数据更新					○
	S14 数据删除					○
	S15 版本控制				●	●
	S16 分类存储	○				
	S17 保护期限	●				
	S18 保存期限	●	●			
	S19 存储地点	●	●	●	●	
	S20 存储位置		○	○	○	

续表

数据生命周期		利益相关者				
		数据生产者		数据提供者		
		资助机构	科研机构	学术期刊	数据期刊	数据知识库
S 数据存储	S21 存储费用	○				
	S22 数据安全		○			
	S23 可用性声明			○		
	S24 数据标识符			●	●	●
P 数据发布	P1 伦理法规	●	●	●	●	
	P2 知情同意			○		
	P3 发布期限	●		●	●	●
	P4 禁锢期限	●				●
	P5 去识别化				○	
	P6 访问声明		○			
A 数据访问	A1 开放获取	●	●	●	●	●
	A2 访问限制	●	●	●	●	●
	A3 访问条件	○				
	A4 访问权限	○				
	A5 匿名访问				●	●
R 数据重用	R1 共享协议	○				
	R2 使用协议		○			
	R3 许可协议			●	●	●
	R4 重用规范	○				
	R5 引用规范			●	●	●
D 数据归档	D1 长期保存	●	●		●	●
	D2 数据评估	○				
	D3 数据安全	●				●
	D4 数据移交		○			
	D5 数据备份		●			●
	D6 数据销毁		○			

注：符号○表示针对所在列的利益相关者构建了所在行的二级分析类目；符号●表示体现不同利益相关者之间的政策协同观测要点的二级分析类目

本书利用社会网络分析软件 Ucinet 6.2 的绘图软件工具 NetDraw 将表 5-2 所示的利益相关者与二级分析类目之间的对应关系通过 2-模网络直观展现出来（图 5-2）。由图 5-2 可见，针对 5 个利益相关者构建了 27 个共同的二级分析类目，可从中归纳与提炼利益相关者之间的政策协同观测要点。

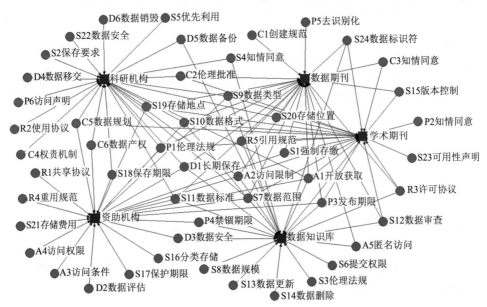

图 5-2　5 个利益相关者与 52 个二级分析类目之间的对应关系

注：节点■代表 5 个利益相关者；节点●代表 52 个二级分析类目；节点之间的连线表示针对节点■代表的利益相关者构建了节点●代表的二级分析类目

本书依据表 5-2 所示的利益相关者开放科学数据政策文本分析类目体系，并结合图 5-2 所示的针对不同的利益相关者所构建的共同的二级分析类目，归纳与提炼数据生命周期各阶段涉及的利益相关者之间的政策协同观测要点（表 5-3）。在表 5-3 中，将表 5-2 中的"S5 优先利用"与"S17 保护期限"两者合并。

表 5-3　数据生命周期各阶段利益相关者之间的政策协同观测要点

数据生命周期	政策协同观测要点
数据创建	（1）**科研机构**是否要求其研究伦理委员会或机构审查委员会在其科研人员启动涉及研究参与者的科研项目之前进行伦理审查以符合**学术期刊**或**数据期刊**的数据提交要求？（C2 伦理批准）
	（2）**科研机构**是否要求其科研人员在进行涉及研究参与者的科学研究之前获得书面知情同意以符合**学术期刊**或**数据期刊**的数据提交要求？（C3 知情同意）
	（3）**科研机构**是否要求获得研究资助的**科研人员**制订数据管理计划以遵守其**资助机构**的数据管理要求？（C5 数据规划）
	（4）是否要求获得研究资助的**科研人员**所在的**科研机构**确定资助项目产生的科学数据的知识产权归属以符合其**资助机构**的科研资助要求？（C6 数据产权）

续表

数据生命周期	政策协同观测要点
数据存储	（1）**科研机构**是否要求获得研究资助的<u>科研人员</u>将资助项目产生的科学数据提交至公共存储库以遵守其**资助机构**的公共获取要求？（S1 强制存缴） （2）**学术期刊**或**数据期刊**是否鼓励或要求科研人员将与其期刊论文关联的科学数据提交至公共存储库以符合其**资助机构**的公共获取要求？（S1 强制存缴） （3）**数据知识库**是否要求科研人员提交涉及研究参与者的科学数据集时应获得书面知情同意以符合**资助机构**或**科研机构**的数据存储要求？（S4 知情同意） （4）**科研机构**是否要求获得研究资助的<u>科研人员</u>保留资助项目产生的科学数据以遵守其**资助机构**的数据管理要求？（S7 数据范围） （5）**数据知识库**是否要求科研人员提交与其期刊论文关联的所有科学数据集以符合**学术期刊**或**数据期刊**的数据提交要求？（S7 数据范围） （6）**数据知识库**是否要求<u>科研人员</u>以非专有的、广泛接受的文件格式提交其科学数据集以符合**资助机构**或**科研机构**或**学术期刊**或**数据期刊**的数据存储要求？（S10 数据格式） （7）**数据知识库**是否要求<u>科研人员</u>提交的科学数据集包括足够的元数据以符合**资助机构**或**科研机构**或**数据期刊**的数据存储要求？（S11 数据标准） （8）**数据知识库**是否承诺为<u>科研人员</u>提交的科学数据集提供版本控制机制以符合**数据期刊**的数据存储要求？（S15 版本控制） （9）**科研机构**是否允许获得研究资助的<u>科研人员</u>在有限期限内排他性地优先利用资助项目产生的科学数据以遵守其**资助机构**的数据管理要求？（S17 保护期限） （10）**科研机构**是否规定获得研究资助的<u>科研人员</u>保留资助项目产生的科学数据的最短期限以遵守其**资助机构**的数据管理要求？（S18 保存期限） （11）**科研机构**是否要求<u>科研人员</u>将其科学数据保存至规定或建议的数据知识库以符合**资助机构**或**学术期刊**或**数据期刊**的数据存储要求？（S19 存储地点） （12）**数据知识库**是否承诺为<u>科研人员</u>提交的科学数据集分配和提供数据标识符以符合**资助机构**或**学术期刊**或**数据期刊**的数据重用要求？（S24 数据标识符）
数据发布	（1）**科研机构**是否规定其科研人员发布和共享涉及<u>研究参与者</u>的科学数据时应确保符合所有适用的伦理标准和法律要求以遵守**资助机构**或**学术期刊**或**数据期刊**的数据发布要求？（P1 伦理法规） （2）**数据知识库**是否允许科研人员指定其提交的科学数据集的发布期限以符合**资助机构**或**学术期刊**或**数据期刊**的开放获取要求？（P3 发布期限） （3）**数据知识库**是否允许<u>科研人员</u>指定其提交的科学数据集的禁锢期以符合其**资助机构**的数据管理要求？（P4 禁锢期限）
数据访问	（1）**数据知识库**是否允许数据使用者不受限制地访问、重用和传播**科研人员**提交至数据知识库的科学数据集以符合**资助机构**或**科研机构**或**学术期刊**或**数据期刊**的开放获取要求？（A1 开放获取） （2）**数据知识库**是否允许<u>科研人员</u>具体说明访问和获取其提交的科学数据集的任何控制或限制条件以符合**资助机构**或**科研机构**或**学术期刊**或**数据期刊**的数据访问要求？（A2 访问限制） （3）**数据知识库**是否允许审稿人匿名访问<u>科研人员</u>提交的与其研究论文关联的科学数据集以符合**学术期刊**或**数据期刊**的数据访问要求？（A5 匿名访问）

续表

数据生命周期	政策协同观测要点
数据重用	（1）**数据知识库**是否规定科研人员提交科学数据集的数据许可协议以符合**资助机构**或**学术期刊**或**数据期刊**的数据重用要求？（R3 许可协议）
	（2）**数据知识库**是否要求科研人员通过数据知识库分配的数据标识符引用保存至数据知识库的科学数据集以符合**资助机构**或**学术期刊**或**数据期刊**的数据引用要求？（R5 引用规范）
数据归档	（1）**数据知识库**是否承诺长期保留与维护科研人员提交的科学数据集以符合**资助机构**或**科研机构**的数据管理要求？（D1 长期保存）
	（2）**数据知识库**是否承诺保持科研人员提交的科学数据集的完整性和安全性以符合**资助机构**或**科研机构**的数据管理要求？（D3 数据安全）
	（3）**数据知识库**是否承诺将科研人员提交的科学数据集定期备份至多个异地副本中以符合**资助机构**或**科研机构**的数据管理要求？（D5 数据备份）

5.4 利益相关者之间的政策协同评估体系

依据表 5-3 所示的数据生命周期各阶段利益相关者之间的政策协同观测要点，构建利益相关者之间政策协同观测的政策文本分析类目体系，如表 5-4 所示。具体分析过程如下：首先，依据参与制定开放科学数据政策的利益相关者类型构建 2 个一级类目，即 E 数据生产者（资助机构、科研机构）和 B 数据提供者（学术期刊、数据期刊、数据知识库）；其次，依据不同类型的利益相关者所涉及的数据生命周期阶段构建 10 个二级类目，即 E1～E5（E1 数据创建、E2 数据存储、E3 数据发布、E4 数据访问、E5 数据归档）和 B1～B5（B1 数据存储、B2 数据发布、B3 数据访问、B4 数据重用、B5 数据归档）；最后，依据各个类型的利益相关者在对应数据生命周期阶段的政策协同观测要点构建 36 个三级类目。各个利益相关者制定的开放科学数据政策均可参照表 5-4 进行政策文本评估分析，针对与其他利益相关者发布的开放科学数据政策之间的政策协同程度进行量化评估。

表 5-4 利益相关者之间政策协同观测的政策文本分析类目体系

一级类目	二级类目	三级类目	类目说明
E 数据生产者	E1 数据创建	E11 伦理批准	是否要求科研人员在启动涉及研究参与者的科研项目之前获得研究伦理委员会或机构审查委员会的批准声明？
		E12 知情同意	是否要求科研人员在进行涉及研究参与者的科学研究之前获得所有参与者的书面知情同意？
		E13 数据规划	是否要求科研人员在申请科研项目时或在资助项目启动时制订数据管理计划？
		E14 数据产权	是否要求获得研究资助的科研人员所在的科研机构确定资助项目产生的科学数据的知识产权归属？

续表

一级类目	二级类目	三级类目	类目说明
E 数据生产者	E2 数据存储	E21 强制存缴	是否要求获得研究资助的科研人员将资助项目产生的科学数据提交至公共存储库？
		E22 知情同意	是否要求科研人员提交涉及研究参与者的科学数据集时应获得所有参与者的书面知情同意？
		E23 数据范围	是否要求获得研究资助的科研人员保存资助项目产生的科学数据？
		E24 数据格式	是否要求科研人员以非专有的、广泛接受的文件格式提交其科学数据集？
		E25 数据标准	是否要求科研人员遵循最低元数据标准记录并保存足够的元数据？
		E26 保护期限	是否允许获得研究资助的科研人员在有限期限内排他性地优先利用资助项目产生的科学数据？
		E27 保存期限	是否规定获得研究资助的科研人员保留资助项目产生的科学数据的最短期限？
		E28 存储地点	是否要求科研人员将应保留的科学数据集保存至规定或建议的存储地点？
	E3 数据发布	E31 伦理法规	是否规定科研人员发布与共享涉及研究参与者的科学数据时确保符合伦理、隐私、保密要求以及法律、合同和监管要求？
		E32 发布期限	是否规定科研人员应在资助项目完成后或在研究成果发表后多长时间内发布或提供其科学数据？
		E33 禁锢期限	是否允许科研人员在有限期限内延迟发布或共享已保存至数据知识库的科学数据？
	E4 数据访问	E41 开放获取	是否要求科研人员公开提供资助项目产生的或与研究成果关联的科学数据集？
		E42 访问限制	是否允许科研人员限制数据使用者访问某些特定的科学数据集？
	E5 数据归档	E51 长期保存	是否要求科研人员将具有历史或存档价值的科学数据和原始资料进行归档保存？
		E52 数据安全	是否要求科研人员在保存期限内安全地存储和保留科学数据和原始资料？
B 数据提供者	B1 数据存储	B11 强制存缴	是否鼓励或要求科研人员将与期刊论文关联的科学数据提交至公共存储库？
		B12 数据范围	是否要求科研人员提交与其研究论文关联的所有科学数据集？

续表

一级类目	二级类目	三级类目	类目说明
B 数据提供者	B1 数据存储	B13 数据格式	是否要求科研人员以标准文件格式提交与其研究论文关联的科学数据集？
		B14 数据标准	是否要求科研人员提交的科学数据集包括足够的元数据？
		B15 版本控制	是否允许科研人员对其提交的科学数据集进行版本控制？
		B16 存储地点	是否要求科研人员将其科学数据保存至规定或建议的数据知识库？
		B17 数据标识符	是否要求科研人员提供与其研究论文关联的科学数据集的数据标识符？
	B2 数据发布	B21 伦理法规	是否规定科研人员发布与共享涉及研究参与者的科学数据时确保符合所有适用的伦理标准和法律要求？
		B22 发布期限	是否要求科研人员在发表期刊论文时公开发布与其关联的科学数据集？
	B3 数据访问	B31 开放获取	是否要求科研人员不受限制地公开提供与其期刊论文关联的科学数据集？
		B32 访问限制	是否允许科研人员在提交期刊论文时具体说明访问或重用与其关联的科学数据集的任何控制或限制条件？
		B33 匿名访问	是否允许审稿人匿名访问科研人员提交的与其研究论文关联的科学数据集？
	B4 数据重用	B41 许可协议	是否允许科研人员决定其提交至数据知识库的科学数据集的数据许可协议？
		B42 引用规范	是否要求科研人员通过数据知识库分配的数据标识符引用保存至数据知识库的科学数据集？
	B5 数据归档	B51 长期保存	是否规定确保长期保留与维护科研人员提交至数据知识库的科学数据集？
		B52 数据安全	是否规定保持科研人员提交至数据知识库的科学数据集的完整性和安全性？
		B53 数据备份	是否规定将科研人员提交的科学数据集定期备份至多个异地副本中？

5.5 利益相关者之间的政策协同评估实践

5.5.1 选取目标政策

本书选取各个利益相关者中具有代表性的政策主体发布的开放科学数据政策进行利益相关者之间的政策协同评估（表 5-5）。

表 5-5 各个利益相关者发布的开放科学数据目标政策

利益相关者	发布主体	政策文件
资助机构	欧洲研究理事会	《科学出版物与科学数据开放获取实施指南》（ERC，2017）
	英国研究理事会	《科学数据管理最佳实践指南》（RCUK，2018）
	英国经济与社会研究理事会	《ESRC 科学数据政策》（ESRC，2014）
	英国生物技术与生物科学研究理事会	《BBSRC 数据共享政策》（BBSRC，2017）
	美国国家科学基金会	《NSF 公共获取计划》（NSF，2015）
	美国国立卫生研究院	《数据共享政策与实施指南》（NIH，2003）
	澳大利亚国家健康与医学研究理事会	《开放获取政策》（NHMRC，2022）
	欧盟委员会	《2020 计划框架下的 FAIR 数据管理指南》（European Commission，2016）
科研机构	伯明翰大学	《科学数据管理政策》（University of Birmingham，2018）
	南安普敦大学	《科学数据管理政策》（University of Southampton，2019）
	哈佛大学	《科学记录与数据保存与维护指南》（Harvard University，2017）
	纽约大学	《科学数据保存与访问政策》（New York University，2010）
	俄亥俄州立大学	《科学数据政策》（Ohio State University，2022）
	悉尼大学	《科学数据管理政策》（University of Sydney，2021）
	澳大利亚纽卡斯尔大学	《科学数据与资料管理指南》（University of Newcastle，2020）
	伍伦贡大学	《科学数据管理政策》（University of Wulungong，2019）
学术期刊	*Nature*	《数据、材料、代码和协议的报告标准与可用性》[①]
	PLOS ONE	《数据可用性》[②]
	施普林格·自然出版集团期刊	《科学数据政策》[③]

① Nature. Reporting Standards and Availability of Data, Materials, Code and Protocols [EB/OL]. https://www.nature.com/nature/editorial-policies/reporting-standards[2022-12-15].

② PLOS ONE. Data Availability [EB/OL]. https://journals.plos.org/plosone/s/data-availability[2022-12-15].

③ Springer Nature. Research Data Policies [EB/OL]. https://www.springernature.com/gp/authors/research-data-policy[2022-12-18].

续表

利益相关者	发布主体	政策文件
学术期刊	爱思唯尔出版集团期刊	《科学数据》①
	约翰·威利父子出版公司期刊	《Wiley 数据共享政策》②
数据期刊	*Scientific Data*	《数据政策》③
	Journal of Open Psychology Data	《编辑政策》④
	Biodiversity Data Journal	《作者指南》⑤
	Data in Brief	《作者指南》⑥
	Geoscience Data Journal	《作者指南》⑦
数据知识库	Dryad	《服务条款》（Dryad，2019）
	figshare	《常见问题》⑧
	The European Genome-phenome Archive	《投稿指南》⑨
	ArrayExpress	《使用指南》⑩
	Harvard Dataverse	《最佳实践》⑪
	Edinburgh DataShare	《信息服务》⑫

5.5.2　政策协同评估

本书针对表 5-5 所示的从各个利益相关者中选取的开放科学数据目标政策，依据表 5-4 所示的利益相关者之间政策协同观测的政策文本分析类目体系，分别

---

① Elsevier.Research Data [EB/OL]. https://www.elsevier.com/about/policies/research-data[2022-12-18].

② Wiley. Wiley's Data Sharing Policies [EB/OL]. htps: //authorservices.wiley.com/author-resources/Journal-Authors/ open-access/data-sharing-citation/data-sharing-policy.html[2022-12-15].

③ Scientific Data. Data Policies [EB/OL]. https://www.nature.com/sdata/policies/data-policies[2022-12-15].

④ Journal of Open Psychology Data. Editorial Policies [EB/OL]. https://openpsychologydata.metajnl.com/about/ editorialpolicies/[2022-12-22].

⑤ Biodiversity Data Journal. Guidelines for Authors [EB/OL]. https://bdj.pensoft.net/about#For-authors[2022-12-22].

⑥ Data in Brief.Author Information[EB/OL]. https://www.data-in-brief.com/content/authorinfo[2022-12-22].

⑦ Geoscience Data Journal. Author Guidelines [EB/OL]. https://rmets.onlinelibrary.wiley.com/hub/journal/ 20496060/about/author-guidelines[2022-12-22].

⑧ figshare.FAQs [EB/OL]. https://help.figshare.com/section/faqs [2022-12-22].

⑨ EGA.SubmissionFAQ [EB/OL]. https://ega-archive.org/submission/FAQ/ [2022-12-22].

⑩ ArrayExpress. Help [EB/OL]. https://www.ebi.ac.uk/biostudies/arrayexpress/help [2022-12-22].

⑪ Harvard Dataverse.Best Practices [EB/OL]. https://dataverse.org [2022-12-22].

⑫ Edinburgh DataShare.Information Services [EB/OL]. https://datashare.ed.ac.uk [2022-12-22].

针对数据生产者（资助机构、科研机构）和数据提供者（数据知识库、学术期刊、数据期刊）进行利益相关者之间的政策协同评估。将表 5-4 所示的利益相关者之间政策协同观测的政策文本分析类目转换为评估类目，即对评估类目进行分级时仅划分"1"（有编码参考点）和"0"（无编码参考点）两个级别，利用 NVivo 12 软件对各个利益相关者发布的开放科学数据政策文本进行矩阵编码查询，则此矩阵编码查询结果可作为利益相关者之间的政策协同评估结果（表 5-6 和表 5-7）。在表 5-6 和表 5-7 中每一单元格中的数字代表所在行（政策文本）与所在列（评估类目）交叉对应的编码参考点的数目。

表 5-6　针对数据生产者进行的利益相关者之间的政策协同评估结果

政策主体		E1 数据创建	E11 伦理批准	E12 知情同意	E13 数据规划	E14 数据产权	E3 数据发布	E31 伦理法规	E32 发布期限	E33 禁锢期限	E4 数据访问	E41 开放获取	E42 访问限制
资助机构	欧洲研究理事会	1	0	0	1	0	0	0	0	0	2	1	1
	英国研究理事会	4	1	1	1	1	2	1	1	0	1	0	1
	英国经济与社会研究理事会	4	1	1	1	1	3	1	1	1	2	1	1
	英国生物技术与生物科学研究理事会	2	0	0	1	1	2	1	0	0	0	0	0
	美国国家科学基金会	1	0	0	0	1	1	1	0	0	2	1	1
	美国国立卫生研究院	3	1	1	1	0	2	1	1	0	2	1	1
	澳大利亚国家健康与医学研究理事会	0	0	0	0	0	1	1	0	0	2	1	1
	欧盟委员会	3	1	1	1	1	2	1	1	0	2	1	1
科研机构	伯明翰大学	3	0	1	1	1	1	0	1	0	2	1	1
	南安普敦大学	2	0	0	0	1	1	0	1	0	2	1	1
	哈佛大学	1	1	0	0	0	1	0	1	0	2	1	1
	纽约大学	1	0	0	0	1	0	0	0	0	1	1	0
	俄亥俄州立大学	1	0	0	0	1	1	0	0	0	1	1	0
	悉尼大学	3	0	1	1	1	1	1	1	0	2	1	1
	澳大利亚纽卡斯尔大学	3	1	0	1	1	1	1	0	0	2	1	1
	伍伦贡大学	4	1	1	1	1	2	1	1	0	2	1	1

续表

政策主体		E2 数据存储	E21 强制存缴	E22 知情同意	E23 数据范围	E24 数据格式	E25 数据标准	E26 保护期限	E27 保存期限	E28 存储地点	E5 数据归档	E51 长期保存	E52 数据安全
资助机构	欧洲研究理事会	2	1	0	1	0	0	0	0	0	0	0	0
	英国研究理事会	8	1	1	1	1	1	1	1	1	2	1	1
	英国经济与社会研究理事会	5	1	1	0	0	1	1	0	1	1	1	0
	英国生物技术与生物科学研究理事会	5	0	0	0	1	0	1	1	1	0	0	0
	美国国家科学基金会	4	1	0	1	0	1	0	0	1	2	1	1
	美国国立卫生研究院	4	0	1	1	0	0	1	1	1	0	0	0
	澳大利亚国家健康与医学研究理事会	2	0	0	1	0	1	0	0	0	0	0	0
	欧盟委员会	6											
科研机构	伯明翰大学	6	1	1	1	0	0	1	1	1	1	1	0
	南安普敦大学	5	1	0	0	1	1	0	1	1	1	0	1
	哈佛大学	6	1	1	0	0	1	0	1	1	1	1	1
	纽约大学	2	1	0	0	0	0	0	1	0	0	0	0
	俄亥俄州立大学	3	1	0	0	0	0	0	1	0	0	0	1
	悉尼大学	5	1	1	0	1	1	0	1	1	1	1	1
	澳大利亚纽卡斯尔大学	5	1	0	1	1	0	0	1	1	2	1	1
	伍伦贡大学	7	1	1	1	1	1	0	1	1	2	1	1

表 5-7　针对数据提供者进行的利益相关者之间的政策协同评估结果

政策主体		B1 数据存储	B11 强制存缴	B12 数据范围	B13 数据格式	B14 数据标准	B15 版本控制	B16 存储地点	B17 数据标识符	B2 数据发布	B21 伦理法规	B22 发布期限
学术期刊	*Nature*	3	1	0	0	0	0	1	1	2	1	1
	PLOS ONE	6	1	1	1	1	0	1	1	2	1	1
	施普林格·自然出版集团期刊	4	1	1	0	0	0	1	1	2	1	1
	爱思唯尔出版集团期刊	4	1	1	0	0	0	1	1	1	0	1
	约翰·威利父子出版公司期刊	5	1	1	0	1	0	1	1	2	1	1

续表

政策主体		评估类目										
		B1 数据存储	B11 强制存缴	B12 数据范围	B13 数据格式	B14 数据标准	B15 版本控制	B16 存储地点	B17 数据标识符	B2 数据发布	B21 伦理法规	B22 发布期限
数据期刊	Scientific Data	5	1	1	0	0	1	1	1	1	1	0
	Journal of Open Psychology Data	5	1	1	1	0	0	1	1	1	1	0
	Biodiversity Data Journal	6	1	1	1	1	0	1	1	2	1	1
	Data in Brief	5	1	1	1	0	0	1	1	1	0	1
	Geoscience Data Journal	6	1	1	1	1	0	1	1	0	0	0
数据知识库	Dryad	5	×	1	1	1	1	×	1	1	0	0
	figshare	4	×	1	1	0	1	×	1	0	0	0
	The European Genome-phenome Archive	2	×	1	0	0	0	×	1	0	0	0
	ArrayExpress	4	×	1	1	1	0	×	1	2	1	1
	Harvard Dataverse	3	×	0	1	1	0	×	1	0	0	0
	Edinburgh DataShare	4	×	1	1	1	0	×	1	0	0	0

政策主体		评估类目										
		B3 数据访问	B31 开放获取	B32 访问限制	B33 匿名访问	B4 数据重用	B41 许可协议	B42 引用规范	B5 数据归档	B51 长期保存	B52 数据安全	B53 数据备份
学术期刊	Nature	3	1	1	1	1	1	0	0	0	0	0
	PLOS ONE	3	1	1	1	2	1	1	1	1	0	0
	施普林格·自然出版集团期刊	1	0	1	0	2	1	1	2	1	1	0
	爱思唯尔出版集团期刊	2	1	1	0	2	1	1	0	0	0	0
	约翰·威利父子出版公司期刊	2	1	1	0	2	1	1	1	1	0	0
数据期刊	Scientific Data	3	1	1	1	2	1	1	1	1	0	0
	Journal of OpenPsychology Data	2	1	1	0	2	1	1	1	1	0	0
	Biodiversity Data Journal	1	1	0	0	2	1	1	1	1	0	0
	Data in Brief	0	0	0	0	1	0	1	0	0	0	0
	Geoscience Data Journal	2	1	0	0	2	1	1	1	1	0	0
数据知识库	Dryad	2	1	1	0	2	1	1	3	1	1	1
	figshare	2	1	0	0	2	1	1	3	1	1	1
	The European Genome-phenome Archive	3	1	1	1	1	0	1	2	1	1	0
	ArrayExpress	2	0	1	1	1	1	1	0	0	0	0
	Harvard Dataverse	2	1	1	0	2	1	1	3	1	1	1
	Edinburgh DataShare	2	1	1	0	1	1	0	3	1	1	1

注：符号 "×" 表示 "B11 强制存缴" 和 "B16 存储地点" 两个三级类目不适用于数据知识库

5.6 利益相关者之间政策协同的政策建议

本书归纳了数据生命周期各阶段涉及的利益相关者之间的政策协同观测要点（表 5-3），利用质性文本分析法构建了利益相关之间政策协同观测的政策文本分析类目体系（表 5-4），选取各个利益相关者发布的开放科学数据目标政策进行了利益相关者之间的政策协同评估（表 5-6、表 5-7），针对利益相关者调整与完善现行开放科学数据政策提出如下三个方面的政策建议。

（1）从表 5-6 和表 5-7 体现的利益相关者之间的政策协同评估结果来看，本书分别针对数据生产者和数据提供者两类利益相关者提出如下政策建议：①从针对国外数据生产者（资助机构、科研机构）进行的利益相关者之间的政策协同评估结果来看，国外数据生产者在其数据存储阶段的数据格式（E24）、数据标准（E25）和保护期限（E26），数据发布阶段的发布期限（E32）和禁锢期限（E33），数据归档阶段的长期保存（E51）等相关政策内容仍需与其他利益相关者持续协调与保持一致，国内数据生产者可参考其数据创建阶段的数据规划（E13）和数据产权（E14），数据存储阶段的强制存缴（E21）、数据范围（E23）、保存期限（E27）和存储地点（E28），数据发布阶段的伦理法规（E31），数据访问阶段的开放获取（E41）和访问限制（E42），数据归档阶段的数据安全（E52）等相关政策内容调整与完善现行开放科学数据政策。②从针对国外数据提供者（学术期刊、数据期刊、数据知识库）进行的利益相关者之间的政策协同评估结果来看，国外数据提供者在其数据存储阶段的数据标准（B14）和版本控制（B15），数据发布阶段的发布期限（B22），数据访问阶段的匿名访问（B33），数据归档阶段的数据安全（B52）和数据备份（B53）等相关政策内容仍需与其他利益相关者持续协调与保持一致，国内数据提供者可参考其数据存储阶段的强制存缴（B11）、数据范围（B12）、存储地点（B16）和数据标识符（B17），数据访问阶段的开放获取（B31）和访问限制（B32），数据重用阶段的许可协议（B41）和引用规范（B42），数据归档阶段的长期保存（B51）等相关政策内容调整与完善现行开放科学数据政策。

（2）目前，美国、英国和澳大利亚等发达国家已经建立起国家政府、资助机构、科研机构、学术期刊、数据知识库等利益相关者相互配合、协调一致的开放科学数据政策体系，例如，英国研究理事会于 2011 年发布了《数据政策通用原则》为英国资助机构的政策制定提供总体指导，英国研究理事会下属的七个研究理事会以及三个非英国研究理事会资助机构均以其作为总体参考框架分别于 2011～ 2013 年制定了开放科学数据政策，以爱丁堡大学、牛津大学、谢菲尔德大学为代表的英国科研机构为遵守上述资助机构的政策要求从 2011 年起相继制定了开放科学数据政策，英国数字保存中心于 2014 年发布的《制定科学数据管理政策五步法》为英国科研机构制定与完善开放科学数据政策提供了具体指导，英格兰高等教育基金委员会（Higher Education Funding Council for England，HEFCE）、英国联合信息系统委员会（Joint Information Systems Committee，JISC）、英国研究理事会、英国大学联盟和英国惠康基金会于 2016 年共同发布的《开放科学数据协议》为英国科研机构制定了科学数据管理最佳实践框架并指导其制定政策的关键方面。建议国内利益相关者制定与完善开放科学数据政策时也应注重各个利益相关者之间的紧密配合与协调一致。

（3）为了使各类政策主体发布的开放科学数据政策之间协调一致、减少冲突和要求不一致，以期减少受资助者、科研人员以及社会公众的困惑和负担，各个利益相关者需要持续调整与完善其开放科学数据政策，例如，美国国家科学基金会为支持美国白宫科技政策办公室发布的"提升联邦资助科学研究成果的可获得性"备忘录制定了《NSF 公共获取计划》，详尽阐述了美国国家科学基金会通过开放、灵活和渐进的方式实现美国白宫科技政策办公室备忘录中规定目标的政策规划（NSF，2015）。伍伦贡大学为支持《澳大利亚负责任研究行为准则》和各类资助机构的数据管理要求多次修订其《科学数据管理政策》，其中与利益相关者之间政策协同相关的修订内容总结如下：①在研究合同条款与数据管理政策冲突时，确认研究合同条款优先于数据管理政策；②为遵守各类资助机构的数据管理要求，增加数据管理计划相关政策内容；③简化保留和处置科学数据的具体规定，并删除相互矛盾的最短保留期限（minimum retention periods）；④阐明了大学对科学数据和相关知识产权的所有权，并建议在大学之外共享或保留所有权应达成事先书面协议；⑤为与科学数据有关的每个利益相关者确定关键职责（University of Wulungong，2019）。

第6章

开放科学数据政策群外部的政策协同研究

开放科学数据政策的政策过程包括政策制定、政策执行、政策评估和政策反馈四个阶段，目前针对其政策过程中重要阶段之一的政策评估研究还处于起步阶段，针对开放科学数据政策与个人数据保护政策之间的政策协同评估研究尚无相关文献发表。伴随近年来欧盟的《通用数据保护条例》和中国的《中华人民共和国个人信息保护法》等多个国家和组织个人数据保护法的相继出台，势必要求对现行开放科学数据政策中的个人数据保护相关政策内容作出相应的调整与完善。本章利用政策文本内容分析法构建两类政策群之间政策协同观测的政策文本内容分析单元，针对开放科学数据政策中的个人数据保护相关政策内容进行两类政策群之间的政策协同评估，以期为在政策反馈阶段依据政策评估结果针对现行开放科学数据政策进行政策调整提供决策依据。

本章首先分别探讨各个利益相关者发布的开放科学数据相关政策法规以及不同国家和组织出台的现行个人数据保护相关政策法规。其次，在此基础上从利益相关者的关系视角展开开放科学数据政策与个人数据保护政策两类政策群之间的政策协同研究。最后，利用政策文本内容分析法从政策文本量化分析的研究视角进行两类政策群之间的政策协同评估，并将政策文本内容分析法对于两类政策群之间的政策协同研究的适用性概括为两个方面：①政策文本内容分析法能够有效地将两类政策群之间的政策协同观测要点解构为具体的政策文本内容分析单元，为从政策文本量化分析的研究视角针对两类政策群之间的政策协同程度进行政策协同评估提供了实证分析框架；②结合对比类推法能够从政策单元的微观层面判断两类政策群之间存在的差异性与空白点，为现行开放科学数据政策依据新出台的个人数据保护法进行调整与完善提供科学合理的政策建议。本章的具体研究问题概括如下。

（1）如何利用政策文本内容分析法分析与提炼两类政策群之间政策协同观测的政策文本内容分析单元？

（2）如何结合对比类推法针对两类政策群之间的政策协同程度进行定量评估？

（3）针对两类政策群之间的政策协同评估结果对现行开放科学数据政策的制定与完善提出哪些政策建议？

6.1　个人数据保护政策群涉及的相关政策法规

目前，中国、欧盟、英国、加拿大、德国、丹麦、爱尔兰、俄罗斯、巴西、南非、日本、韩国、印度和新加坡等多个国家（地区）和组织均已发布个人数据保护相关政策法规，如中国《中华人民共和国个人信息保护法》、欧盟《通用数据保护条例》、英国《数据保护法》（Data Protection Act，DPA）、加拿大《个人信息保护和电子文件法》（Personal Information Protection and Electronic Documents Act，PIPEDA）、巴西《通用数据保护法》（Brazilian General Data Protection Law）、南非《个人信息保护法》（Protection of Personal Information Act，POPIA）、德国《联邦数据保护法》、丹麦《个人数据处理法》、俄罗斯《个人数据保护法》、日本《个人信息保护法》、印度《个人数据保护法（草案）》、新加坡《个人数据保护法》（Personal Data Protection Act，PDPA）等。表 6-1 列举了中国、欧盟、英国、加拿大、德国、俄罗斯和日本等国家（地区）和组织的若干有代表性的个人数据保护相关政策法规。

表 6-1　个人数据保护政策群涉及的相关政策法规

国家（地区）和组织	政策法规	发布时间
中国	《中华人民共和国个人信息保护法》	2021 年
	《中华人民共和国网络安全法》	2016 年
欧盟	《通用数据保护条例》	2016 年
英国	《数据保护法》	2018 年
	《信息自由法》	2000 年
美国	《隐私权法》	1974 年

续表

国家（组织）	政策法规	发布时间
加拿大	《信息自由和隐私保护法》	1990 年
	《个人信息保护和电子文件法》	2015 年
巴西	《通用数据保护法》	2018 年
南非	《个人信息保护法》	2020 年
德国	《联邦数据保护法》	2006 年
俄罗斯	《个人数据保护法》	2016 年
丹麦	《个人数据处理法》	2000 年
挪威	《个人数据法》	2000 年
爱尔兰	《数据保护法》	2018 年
法国	《数据保护法（草案）》	2018 年
日本	《个人信息保护法》	2017 年
韩国	《个人信息保护法》	2011 年
新加坡	《个人数据保护法》	2020 年
马来西亚	《个人数据保护法》	2010 年
印度	《个人数据保护法（草案）》	2018 年
巴基斯坦	《个人信息保护法（草案）》	2020 年
中国台湾	《个人资料保护条例》	2010 年
中国香港	《个人资料（隐私）条例》	1997 年

注：本表中政策法规的发布时间为最后的修订时间

个人数据保护法仅适用于有关可识别、活着的自然人的个人数据。活着的个人必须可以直接或间接地通过标识符进行识别，如姓名、标识号、位置数据和在线标识符［如计算机互联网协议（internet protocol，IP）地址］等。直接可识别是指从信息本身可以识别，如姓名、地址、年龄和电话号码等，或特定于该自然人的身体、生理、遗传、心理、经济、文化或社会认同的一个或多个要素。间接可识别是指从信息本身无法识别，但从信息与另一个容易获得来源的数据相结合可以识别，如录制的研究访谈结合数据库中将录音与姓名联系起来的记录①。

---

① University of Edinburgh. Data Protection Definitions [EB/OL]. https://www.ed.ac.uk/data-protection/data-protection-guidance/definitions[2022-12-31].

6.2　两类政策群之间政策协同的必要性

本书从如下两个方面阐述开放科学数据政策和个人数据保护政策两类政策之间政策协同的必要性。

6.2.1　科学研究中广泛利用研究参与者的个人数据

自然科学和人文社会科学领域的科学研究都需要广泛利用各类研究参与者的数量繁多、类型多样的个人数据。

首先，科学研究过程经常需要多种类型的研究参与者参与研究，而且对研究参与者的范围界定实际上也较为宽泛。例如，英国经济与社会研究理事会将研究参与者的范围界定为"包括活着的人、最近死亡的人（尸体、遗体和身体部位）、胚胎和胎儿、人体组织和体液以及人类数据和记录（但不限于医疗、遗传、财务、人事、刑事或行政记录和考试成绩，包括学习成绩）"（ESRC，2015）；加拿大社会科学与人文研究理事会将研究参与者定义为"其数据、生物材料或者其对研究人员的干预、刺激或问题的反应与回答研究问题相关的个人"（CIHR et al.，2018）。研究参与者主要包括人类受试者和被访者，人类受试者主要指自然科学领域的研究参与者（如临床医学领域、生物医学领域），被访者主要指人文社会科学领域的研究参与者。

其次，科学研究过程经常要求研究参与者以多种方式参与研究，并且需要收集其参与研究所产生的个人数据以进行各类研究，例如，澳大利亚研究理事会界定研究参与者通过如下六种方式"参与研究"：①参与调查、访谈或小组讨论；②经历心理、生理或医学测试或治疗；③被研究人员观察；④研究人员能够获取其个人文件或其他材料；⑤收集和使用其身体器官、组织或体液（如皮肤、血液、尿液、唾液、头发、骨骼、肿瘤和其他活检标本）以及其呼出的气体；⑥访问其个人信息（以个人可识别、可重新识别或无法识别的形式）作为现有的已发布或未发布的原始数据或派生数据（ARC and NHMRC，2018）。

最后，科学研究过程经常需要共享与重用研究参与者的个人数据，部分原因是再次创建类似的研究数据已不再可能或代价高昂。例如，伦敦卫生与热带医学院（London School of Hygiene and Tropical Medicine）将其具有历史价值的艾滋病病毒感染者的相关数据存档，并已成立研究伦理委员会审查并同意在受控条件下共享；英国国家数据档案馆存档了数千个可供科研人员、教师和学生访问与重用的数据集，部分数据是由很难接触的群体、政治家、病人、老年人、被社会排斥者或通常不纳入研究项目的人所提供，招募这类研究参与者进行研究通常极为困难和昂贵，一旦他们参与研究就必须充分利用其所提供的数据[①]。对于无法轻易复制的唯一数据（unique data）的共享与重用尤为重要，美国国立卫生研究院将唯一数据定义为"不易重复的数据"。产生唯一数据的研究实例包括：①过于昂贵而无法复制的大型调查；②独特人群的研究，如百岁老人；③在自然灾害等特殊时期进行的研究；④罕见现象的研究，如罕见代谢性疾病（NIH，2003）。

6.2.2 不断出台的个人数据保护法的相关法律规定

本书将现行个人数据保护法对于涉及研究参与者的个人数据保护的相关法律规定概括为如下三个方面。

（1）研究人员应依法为研究参与者的个人敏感数据提供适度的保障措施，如依据《通用数据保护条例》第89条第1款为科学或历史研究目的或统计目的处理个人数据，应为数据主体的基本权利和利益提供适度的保障措施，这些保障措施应确保采取如下技术和组织措施：①应遵守"数据最小化"（data minimization）原则，即充分、相关以及以处理目的之必要为限度处理个人数据；②如果可以实现处理目的，应将个人数据假名化（pseudonymization）；③如果进一步处理个人数据，应将个人数据匿名化，而不允许或不再允许识别数据主体；④以确保适度安全的方式处理个人数据，防止未经授权或非法处理个人数据。

（2）研究参与者作为数据主体对其个人数据应依法享有数据主体权利，如《通用数据保护条例》第3章研究参与者对其个人数据拥有八项数据主体权利：①知情权；②访问权；③纠正权；④反对权；⑤擦除权（被遗忘权）；⑥可携带权；⑦限制处理权；⑧自动处理与分析的决定权。研究人员应依据《通用数据保护条例》第12条协助研究参与者行使其数据主体权利，并应对研究参与者就行使其数据主体权利的请求采取行动，无论如何应在收到请求后一个月内通知研究参与者所采取的行动（最多可再延长两个月）。

（3）研究人员处理研究参与者的个人数据应具有适当的法律依据，如《通用数据保护条例》有如下三个最适用的法律依据：①同意，依据《通用数据保护条

---

① UKDA. Ethical Issues [EB/OL]. https://ukdataservice.ac.uk/learning-hub/research-data-management/[2022-12-31].

例》第 6 条第 1 款 a 项"数据主体已同意为一个或多个特定目的处理其个人数据";
②公共利益（公共任务），依据《通用数据保护条例》第 89 条第 1 款"为了公共
利益、科学或历史研究目的或统计目的处理个人数据"和《通用数据保护条例》
第 6 条第 1 款 e 项"处理个人数据是执行符合公共利益的任务所必要的"；③合
法利益，依据《通用数据保护条例》第 6 条第 1 款 f 项"处理个人数据是控制者
或第三方为了追求合法利益所必要的"（Council of the European Union，2016）。

此外，并非所有从研究参与者获得的研究数据都属于个人数据，匿名的并且
个人不再可识别的数据不构成"个人数据"，已经死亡的研究参与者的研究数据
也不构成"个人数据"，因此对于这类数据现行个人数据保护法将不再适用[1]。

6.3 两类政策群之间的政策协同观测要点

现行开放科学数据政策中的个人数据保护相关政策内容应根据新出台的个人
数据保护法作出相应的调整与完善。英国数字保存中心在《科学数据管理法律问
题检查表》中指出，现行开放科学数据政策需依据欧盟《通用数据保护条例》做
出 10 个方面的政策调整：①数据控制者（包括高等教育机构）需要获得明确同意
才能处理个人数据；②强制性要求雇员人数超过 250 人的公共机构或组织设置"数
据保护官"（data protection officer，DPO）职位；③有关将个人数据转移至欧洲
经济区（European Economic Area，EEA）以外国家的强制性义务；④数据主体拥
有新增的"被遗忘权"以及删除个人数据的权利；⑤数据主体有权以结构化、常
用的电子格式获得其个人数据；⑥引入"默认隐私原则"和"设计隐私原则"；
⑦在可行的情况下，或在无不当延误的情况下，有义务在 24 小时内通知个人数据
泄露情况；⑧在进行某些处理之前，有义务进行隐私影响评估（privacy impact
assessment，PIA）；⑨对儿童的特殊保护；⑩澄清为历史、统计或科学研究目的
处理个人数据的问题[2]。我国现行开放科学数据政策也应依据《中华人民共和国
个人信息保护法》《中华人民共和国网络安全法》等新出台的个人数据保护相关
法律法规做出相应调整与完善。

部分利益相关者发布的开放科学数据政策中已涵盖个人数据保护的相关内

---

① UKDA. Ethical Issues [EB/OL]. https://ukdataservice.ac.uk/learning-hub/research-data-management/[2022-12-31].

② DCC. Five Things You Need to Know about Research Data Management and the Law: DCC Checklist on Legal Aspects of RDM [EB/OL]. https://www.dcc.ac.uk/guidance/how-guides/rdm-law[2023-01-01].

容，如英国数字保存中心的《数据管理计划检查表》（DCC，2013）和《科学数据管理法律问题检查表》[①]、英国国家数据档案馆的《伦理问题》[②]、爱丁堡大学的《数据保护政策》（University of Edinburgh，2019）、学术期刊 *PLOS ONE* 的《编辑与出版政策》[③]和 *BioMed Central* 的《编辑政策》[④]等，本书针对数据生命周期各阶段从上述政策文本中分析与概括两类政策群之间的政策协同观测要点，如表 6-2 所示。各个利益相关者制定的开放科学数据政策均可参照表 6-2 判断其与个人数据保护政策之间的政策协同程度。

表 6-2　数据生命周期各阶段两类政策群之间的政策协同观测要点

数据生命周期	政策协同观测要点
数据创建	（1）数据生产者对个人数据的收集与处理是否用于特定的、明确的、合法的目的？ （2）数据生产者是否依据《赫尔辛基宣言》进行涉及人类主体、人类材料和人类数据的研究？ （3）数据生产者进行涉及人类参与者的研究是否获得研究伦理委员会的批准？ （4）数据生产者进行涉及人类参与者的研究是否获得研究参与者（或 16 岁以下儿童的父母或法定监护人）对参与研究的知情同意？ （5）数据生产者对个人数据的收集方式是否会引起研究参与者的心理压力、焦虑、屈辱或痛苦？ （6）数据生产者是否与研究参与者签署有关个人数据的版权声明？
数据存储	（1）数据生产者是否以安全、完整、保密的方式保存收集或处理任何个人数据？ （2）数据生产者对个人敏感数据的长期保存是否获得研究参与者的知情同意？ （3）数据生产者对个人机密数据的存储与保护是否符合正式标准（如 ISO 7001）？ （4）数据生产者是否通过保密协议对个人机密数据提供足够的保护？ （5）数据生产者是否将研究数据和与其关联的个人数据分开存储？ （6）数据生产者对于能够识别数据主体的个人数据的存储时间是否超过实现其处理目的所必需的时间？
数据发布	（1）数据生产者提交涉及人类参与者的研究报告是否获得机构审查委员会或研究伦理委员会的事先批准？ （2）数据生产者提交涉及人类参与者的研究报告是否获得研究参与者对参与研究的知情同意？ （3）数据生产者提交涉及人类参与者的研究数据之前是否已进行数据加密？ （4）数据生产者提交涉及人类参与者的研究数据之前是否已进行匿名化处理？

---

① DCC. Five Things You Need to Know about Research Data Management and the Law: DCC Checklist on Legal Aspects of RDM [EB/OL]. https://www.dcc.ac.uk/guidance/how-guides/rdm-law [2023-01-01].

② UKDA. Ethical Issues [EB/OL]. https://ukdataservice.ac.uk/learning-hub/research-data-management/[2022-12-31].

③ PLOS ONE. Editorial and Publishing Policies [EB/OL]. https://journals.plos.org/plosone/s/editorial-and-publishing-policies [2023-01-01].

④ BioMed Central. Editorial Policies [EB/OL]. https://www.biomedcentral.com/getpublished/editorial-policies [2022-12-18].

续表

数据生命周期	政策协同观测要点
数据发布	（5）数据提供者对涉及人类参与者的研究手稿有无获得研究伦理委员会的批准声明（包括研究伦理委员会的名称和参考编号）是否进行审核？ （6）数据提供者对所有包含与个别参与者有关的细节、图像或视频的研究手稿有无获得研究参与者（或 16 岁以下儿童的父母或法定监护人，或已经死亡的研究参与者的近亲属）的书面知情同意是否进行审核？ （7）数据提供者对涉及临床试验的研究手稿有无世界卫生组织（World Health Organization，WHO）国际临床试验注册平台的试验注册号（trial registration number，TRN）和注册日期是否进行审核？ （8）数据提供者在公开发布个人数据之前是否已进行充分地匿名化处理？ （9）数据提供者在公开发布个人数据之前是否已进行披露风险评估（disclosure risk assessment）？
数据访问	（1）数据使用者用于非商业目的是否可以免费获取论文结论所依据的包括个人数据在内的所有数据集？ （2）数据使用者是否可以依据合理请求获取尚未公开的支持论文研究结果的包括个人数据在内的所有数据集？ （3）数据使用者对个人数据的访问与获取是否已获得研究参与者的知情同意？ （4）数据使用者请求访问个人数据是否需要签订"数据共享协议"（通常要求保护研究参与者的隐私和数据机密性）？ （5）数据使用者对个人数据的访问请求是否需要具备访问权限？ （6）数据使用者对个人数据的访问是否需要限制在受控地点（数据飞地）？
数据重用	（1）数据使用者是否以确保安全、完整和保密的方式处理个人数据？ （2）数据使用者是否只为特定目的公平、合法地处理个人数据？ （3）数据使用者对个人数据的共享与重用是否已获得研究参与者的知情同意？ （4）数据使用者对个人数据的处理目的是否仍保持数据生产者收集数据的初始目的？ （5）数据使用者对个人数据的处理方式是否会对任何个人造成实质损害或困扰？ （6）数据使用者对个人数据的处理机制是否进行"数据保护影响评估"（data protection impact assessment，DPIA）？ （7）数据使用者关于个人数据的研究结果或由此产生的任何统计数据是否已进行有效的匿名化处理？
数据归档	（1）数据提供者是否以安全、完整、保密的方式对个人数据进行长期存储？ （2）数据提供者对个人数据进行存档是否已获得研究参与者明确的知情同意？ （3）数据提供者是否为确定已保留的任何个人数据仍需要保留而进行定期评估？ （4）数据提供者是否安全地处置数据主体（或研究参与者）以对其造成重大损害或痛苦为由而有意义地行使其反对处理个人数据的权利？ （5）数据提供者是否确保对不再需要用于特定目的的个人数据进行删除或匿名？

　　数据生产者在数据创建阶段应遵循科学研究的基本伦理道德准则："自愿参与"和"知情同意"。"自愿参与"是指研究参与者完全是出于自愿参加研究（如

回答问题）的，并且可以选择在任何时间退出研究。"知情同意"是指数据生产者以签署"知情同意书"的方式，告知研究参与者自身数据将在何时、何地，以何种方式、目的、范围被收集、存储、处理与利用。在某些特殊情况下研究参与者可以不签署"知情同意书"，如某些隐藏个人身份的田野研究、大规模样本受访者的匿名调查等（林聚任和刘玉安，2008）。数据生产者在数据存储、发布阶段以及数据提供者在数据发布阶段，都应通过匿名化处理、数据加密和访问限制等多种方式避免披露研究参与者的个人敏感数据。欧盟《通用数据保护条例》将"匿名化处理"定义为"采取某种处理方式对个人数据进行处理后，如果没有额外的信息就不能识别数据主体的处理方式"（Council of the European Union，2016）。

6.4 两类政策群之间的政策协同评估体系

目前，参与开放科学数据的各个利益相关者均以声明、指南和政策等多种形式的政策文件发布了开放科学数据相关政策法规。中国、欧盟、英国、加拿大、俄罗斯、爱尔兰、日本、韩国和印度等多个国家和地区均已发布个人数据保护相关政策法规。本章首先从开放科学数据政策和个人数据保护政策两类政策群中选取若干具有代表性、先进性和指导性的标杆政策；其次，通过政策文本内容分析法针对上述标杆政策分析与提炼两类政策群之间政策协同观测的政策文本内容分析单元；再次，通过对比类推法判断目标政策（开放科学数据政策）与标杆政策（开放科学数据政策和个人数据保护政策）的政策单元之间存在的差异性与空白点，进而针对开放科学数据政策与个人数据保护政策两类政策群之间的政策协同程度进行定量评估；最后，通过描述性推论针对两类政策群之间的政策协同评估结果对现行开放科学数据政策的制定与完善提出政策建议。本章的研究思路如图6-1所示。

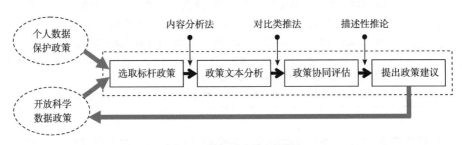

图 6-1　第 6 章研究思路图

6.4.1　选取标杆政策

本书首先分别从开放科学数据政策和个人数据保护政策两类政策群中选取若干具有指导性的标杆政策；然后通过政策文本内容分析法针对标杆政策构建两类政策群之间政策协同观测的政策文本内容分析单元。标杆政策是根据目标政策出台背景、待解决的核心问题等要素选取具有可比性、先进性和示范性并且政策执行效果具有指导性的其他国家或地区的政策（赵筱媛等，2014）。应用对比类推法的前提是能够找到与待研究政策类似的、具有借鉴作用的标杆政策。通过将目标政策与标杆政策进行综合对比分析，可以有效借鉴标杆政策的优势与经验。本书选取迄今最为严厉的个人数据保护法——欧盟《通用数据保护条例》作为个人数据保护政策的标杆政策。英国数字保存中心在《科学数据管理法律问题检查表》中指出，现行开放科学数据政策需依据欧盟《通用数据保护条例》做出 10 个方面的政策调整[①]。由于部分利益相关者制定的开放科学数据政策影响较广、实践较早且较为规范，并且个别利益相关者发布的开放科学数据政策中已涵盖个人数据保护相关政策内容，如英国国家数据档案馆的《伦理问题》[②]、爱丁堡大学的《数据保护政策》（University of Edinburgh，2019）、学术期刊 *PLOS ONE* 的《编辑与出版政策》[③]等，本书从这类利益相关者发布的开放科学数据政策中选取的与个人数据保护相关的标杆政策如表 6-3 所示。由于作为利益相关者之一的数据知识库制定的开放科学数据政策中所提及的"个人数据"通常是指科研人员在数据知识库注册的个人信息，并非本书中所指向的研究参与者的个人数据，因此本书未从数据知识库中选取标杆政策。

表 6-3　各个利益相关者发布的与个人数据保护相关的开放科学数据标杆政策

利益相关者	发布主体	标杆政策
资助机构	澳大利亚研究理事会	《关于人类研究伦理行为的国家声明》（ARC and NHMRC，2018）
科研机构	爱丁堡大学	《数据保护政策》（University of Edinburgh，2019）
数据中心	英国国家数据档案馆	《伦理问题》[④]

---

① DCC. Five Things You Need to Know about Research Data Management and the Law: DCC Checklist on Legal Legal Aspects of RDM [EB/OL]. https://www.dcc.ac.uk/guidance/how-guides/rdm-law[2023-01-01].

② UKDA. Ethical Issues [EB/OL]. https://ukdataservice.ac.uk/learning-hub/research-data-management/[2022-12-31].

③ PLOS ONE. Editorial and Publishing Policies [EB/OL]. https://journals.plos.org/plosone/s/editorial-and-publishing-https://journals.plos.org/plosone/s/editorial-and-publishing- policies [2023-01-01].

④ UKDA. Ethical Issues [EB/OL]. https://ukdataservice.ac.uk/learning-hub/research-data-management/[2022-12-31].

续表

利益相关者	发布主体	标杆政策
学术期刊	*PLOS ONE*	《编辑与出版政策》[①]
	BioMed Central	《编辑政策》[②]
数据期刊	*Scientific Data*	《数据政策》[③]

6.4.2 构建分析单元

本书首先针对各个利益相关者中的代表性主体发布的开放科学数据标杆政策，分析与提炼两类政策群之间政策协同观测的政策文本内容分析单元，然后再根据个人数据保护标杆政策对分析单元进行补充与完善，最终构建两类政策群之间政策协同观测的政策文本内容分析单元编码，如表 6-4 所示。具体分析过程如下：首先，依据参与制定开放科学数据政策的利益相关者类型构建 2 个一级类目，即 E 数据生产者（资助机构、科研机构）和 B 数据提供者（数据中心、学术期刊、数据期刊）；其次，依据不同类型的利益相关者所涉及的数据生命周期阶段构建 7 个二级类目，即 E1～E3（E1 数据创建、E2 数据存储、E3 数据发布）和 B1～B4（B1 数据发布、B2 数据访问、B3 数据重用、B4 数据归档）；最后，依据各个类型的利益相关者在对应数据生命周期阶段的政策协同观测要点构建 39 个三级类目。各个利益相关者制定的开放科学数据政策均可参照表 6-4 进行政策文本内容分析，以此判断其政策单元与标杆政策的政策单元之间存在的差异性与空白点，进而针对其与现行个人数据保护政策之间的政策协同程度进行量化评估分析。政策单元的差异性代表了不同政策文本对于已应用的政策举措在关注度上存在差异；空白点代表了不同政策文本对某一类别政策单元的应用情况存在差异，尤其需要关注标杆政策中已采用，但目标政策尚未采用的政策举措（赵筱媛等，2014）。

---

① PLOS ONE. Editorial and Publishing Policies [EB/OL]. https://journals.plos.org/plosone/s/editorial-and-publishing-policies [2023-01-01].

② BioMed Central. Editorial Policies [EB/OL]. https://www.biomedcentral.com/getpublished/editorial-policies [2022-12-18].

③ Scientific Data. Data Policies [EB/OL]. https://www.nature.com/sdata/policies/data-policies [2022-12-15].

表 6-4　两类政策群之间政策协同观测的政策文本内容分析单元编码表

一级类目	二级类目	三级类目	类目说明
E 数据生产者	E1 数据创建	E11 创建规范	是否依据《赫尔辛基宣言》进行涉及人类主体、人类材料和人类数据的研究？
		E12 伦理批准	涉及人类参与者的研究是否获得研究伦理委员会的批准声明？
		E13 知情同意	涉及人类参与者的研究是否获得研究参与者的知情同意？
		E14 创建目的	收集与处理个人数据是否用于特定的、明确的、合法的目的？
		E15 创建方式	对个人数据的收集方法是否会引起研究参与者的心理压力、焦虑、屈辱或痛苦？
		E16 数据产权	是否与研究参与者签署有关其个人数据的版权声明？
	E2 数据存储	E21 知情同意	对个人数据的长期保存是否获得研究参与者的知情同意？
		E22 存储标准	对个人数据的存储与保护是否符合正式标准（如 ISO 7001）？
		E23 保密限制	是否应通过保密协议对个人数据提供足够的保护？
		E24 存储期限	对个人数据的存储时间是否超过实现其处理目的的所必需的时间？
		E25 存储位置	是否应将研究数据和与其关联的个人数据分开存储？
		E26 数据安全	是否以安全、完整、保密的方式保存收集或处理的任何个人数据？
	E3 数据发布	E31 伦理批准	提交涉及人类参与者的研究报告时是否获得机构审查委员会或研究伦理委员会的批准声明？
		E32 知情同意	提交涉及人类参与者的研究报告时是否获得研究参与者的知情同意？
		E33 数据加密	提交涉及人类参与者的研究数据时是否已进行数据加密？
		E34 去识别化	提交涉及人类参与者的研究数据时是否已进行去识别化处理？
B 数据提供者	B1 数据发布	B11 伦理批准	对于涉及人类参与者的研究手稿是否审核有无获得研究伦理委员会的批准声明？
		B12 知情同意	对于涉及人类参与者的研究手稿是否审核有无获得研究参与者的书面知情同意？
		B13 去识别化	公开发布个人数据之前是否已进行充分地去识别化处理？
		B14 风险评估	公开发布个人数据之前是否已进行披露风险评估？
	B2 数据访问	B21 合理请求	是否允许数据使用者依据合理请求访问与获取个人数据？
		B22 开放获取	用于非商业性目的是否可以获取包括个人数据在内的所有数据集？
		B23 知情同意	是否规定对个人数据的访问与获取需获得研究参与者的知情同意？
		B24 访问权限	是否为数据使用者对个人数据的访问请求设置访问权限？
		B25 访问条款	是否利用"数据共享协议"限制数据使用者访问个人数据？
		B26 访问地点	是否限制数据使用者在受控地点（数据飞地）访问个人数据？

续表

一级类目	二级类目	三级类目	类目说明
B 数据提供者	B3 数据重用	B31 豁免条件	是否明确规定准许使用个人数据的若干豁免情况?
		B32 知情同意	是否规定对个人数据的共享与重用需获得研究参与者的知情同意?
		B33 使用条件	是否规定数据使用者对个人数据的使用条件(如禁止商业使用)?
		B34 使用期限	是否限定数据使用者对个人数据的使用时间?
		B35 处理目的	是否要求数据使用者只能为特定目的公平、合法地处理个人数据?
		B36 处理方式	是否要求数据使用者以确保安全、完整和保密的方式处理个人数据?
		B37 风险评估	是否对数据使用者对个人数据的处理机制进行"数据保护影响评估"?
		B38 去识别化	是否要求数据使用者对个人数据的研究结果或统计数据进行有效地去识别化处理?
	B4 数据归档	B41 知情同意	对个人数据进行存档是否获得研究参与者的明确的知情同意?
		B42 数据权利	是否安全地处置研究参与者行使其反对处理个人数据的权利?
		B43 数据安全	是否以安全、完整、保密的方式对个人数据进行长期保存?
		B44 数据评估	是否为确定仍需保留的(不再或很少使用的)个人数据而进行定期评估?
		B45 数据销毁	是否确保对不再需要用于特定目的的个人数据进行删除或匿名?

6.5 两类政策群之间的政策协同评估实践

本书首先通过对比类推法判断目标政策与标杆政策的政策单元之间存在的差异性与空白点,然后针对开放科学数据政策与个人数据保护政策两类政策群之间的政策协同程度进行定量评估。对比类推法是适用于政策趋势预测的分析方法,通过分析比较不同主体之间的相关政策,如不同国家之间或不同地区之间的类似政策,找到同类政策之间的共性与差异,定性地评估政策措施的优劣,以此预测本国或本地区同类政策的发展趋势(赵筱媛等,2014)。

6.5.1 选取目标政策

本书选取各个利益相关者中具有代表性的政策主体发布的开放科学数据

政策中与个人数据保护相关的政策文件进行两类政策群之间的政策协同评估（表 6-5）。

表 6-5　各个利益相关者发布的与个人数据保护相关的开放科学数据目标政策

利益相关者	发布主体	政策文件
资助机构	澳大利亚研究理事会	《关于人类研究伦理行为的国家声明》（ARC and NHMRC, 2018）
	英国经济与社会研究理事会	《研究伦理指南》（ESRC, 2015）
	英国惠康基金会	《涉及人类参与者的研究政策》（Wellcome Trust, 2018）
	美国国立卫生研究院	《校内研究计划：人类数据共享政策》（NIH, 2015）
科研机构	爱丁堡大学	《数据保护政策》（University of Edinburgh, 2019）
	诺丁汉大学	《数据保护政策》（University of Nottingham, 2018）
	伦敦玛丽女王大学	《数据保护政策》（Queen Mary University of London, 2018）
	犹他州立大学	《大学政策 584：保护研究涉及的人类参与者》（Utah State University, 2019）
	麦吉尔大学	《涉及人类参与者的研究伦理行为政策》（McGill University, 2022）
	门诺莱特大学	《涉及人类参与者的研究伦理审查政策》（Canadian Mennonite University, 2013）
数据中心	英国国家数据档案馆	《伦理问题》①
	英国数字保存中心	《科学数据管理法律问题检查表》②
	澳大利亚国家数据服务	《处理敏感数据》③
学术期刊	*Science*	《编辑政策》④
	Proceedings of the National Academy of Sciences	《编辑与期刊政策》⑤

---

① UKDA. Ethical Issues [EB/OL]. https://ukdataservice.ac.uk/learning-hub/research-data-management/[2022-12-31].

② DCC. Five Things You Need to Know about Research Data Management and the Law: DCC Checklist on Legal Legal Aspects of RDM [EB/OL]. https://www.dcc.ac.uk/guidance/how-guides/rdm-law [2023-01-01].

③ ANDS. Working with Sensitive Data [EB/OL]. https://ardc.edu.au/resource-hub/working-with-sensitive-data/ [2023-07-07].

④ Science Journals. Editorial Policies [EB/OL]. https://www.science.org/content/page/science-journals-editorial-policies [2022-12-18].

⑤ PNAS. Editorial and Journal Policies [EB/OL]. https://www.pnas.org/author-center/editorial-and-journal-policies https://www.pnas.org/author-center/editorial-and-journal-policies [2022-12-18].

续表

利益相关者	发布主体	政策文件
学术期刊	*PLOS ONE*	《编辑与出版政策》[①]
	BioMed Central	《编辑政策》[②]
数据期刊	*Scientific Data*	《数据政策》[③]
	Open Health Data	《编辑政策》[④]
	Journal of Open Psychology Data	《编辑政策》[⑤]

注：包括上文中提及的各个利益相关者发布的与个人数据保护相关的开放科学数据标杆政策

6.5.2 政策协同评估

针对各个利益相关者中的代表性主体发布的与个人数据保护相关的开放科学数据目标政策，依据表 6-4 所示的两类政策群之间政策协同观测的政策文本内容分析单元编码，分别针对数据生产者（资助机构、科研机构）和数据提供者（数据中心、学术期刊、数据期刊）两种不同类型的利益相关者进行两类政策群之间的政策协同评估。由于作为数据生产者的资助机构和科研机构也可以同时作为数据提供者，也涉及数据访问、数据重用和数据归档三个数据生命周期阶段，可以参照数据提供者的与之对应的内容分析单元编码进行政策协同评估。对上述代表性政策主体发布的与个人数据保护相关的政策文件进行人工判断得出具体评估结果（表 6-6、表 6-7 和表 6-8）。由表 6-6、表 6-7 和表 6-8 可以判断所选取的目标政策与标杆政策的政策单元之间存在的差异性与空白点，标识为符号○的单元格体现了政策单元之间存在的差异性，表明目标政策中与之对应的政策内容需进行调整与完善；未作标识的空白的单元格则体现了政策单元之间存在的空白点，表明目标政策中需增加或补充与之对应的政策内容。

① PLOS ONE. Editorial and Publishing Policies [EB/OL]. https://journals.plos.org/plosone/s/editorial-and-publishing-policies [2023-01-01].

② BioMed Central. Editorial Policies [EB/OL]. https://www.biomedcentral.com/getpublished/editorial-policies [2022-12-18].

③ Scientific Data. Data Policies [EB/OL]. https://www.nature.com/sdata/policies/data-policies [2022-12-15].

④ Open Health Data. Editorial Policies [EB/OL]. https://openhealthdata.metajnl.com/about/editorialpolicies [2023-07-02].

⑤ Journal of Open Psychology Data. Editorial Policies [EB/OL]. https://openpsychologydata.metajnl.com/about/editorialpolicies/ [2022-12-22].

表 6-6　针对数据生产者进行的两类政策群之间的政策协同评估结果（之一）

政策主体		E1 数据创建						E2 数据存储						E3 数据发布			
		E11 创建规范	E12 伦理批准	E13 知情同意	E14 创建目的	E15 创建方式	E16 数据产权	E21 知情同意	E22 存储标准	E23 保密限制	E24 存储期限	E25 存储位置	E26 数据安全	E31 伦理批准	E32 知情同意	E33 数据加密	E34 去识别化
资助机构	澳大利亚研究理事会	●	●	●	●	●	●	●	●	●	●		○	●	●		●
	英国经济与社会研究理事会		●	○	●		●	●		○			●	●	●		●
	英国惠康基金会	●	●	●	●	●	●	●		○			○	●	●		○
	美国国立卫生研究院	●	●	●	●		○	●		○		●		●	●	●	
科研机构	爱丁堡大学		●	●	●	●	●		○		●	●	●	●		○	○
	诺丁汉大学		●	●	●		●		○		●	●	●	●		○	●
	伦敦玛丽女王大学		●	●	●		●		○		●	●	●	●		○	●
	犹他州立大学	●	●	●		○				●		●	●	●			●
	麦吉尔大学		●			●				●		●	●	●			○
	门诺莱特大学		●	●		●				●		●	●	●			

注：符号●表示对应的政策单元在政策文件中已做出明确规定；符号○表示在政策文件中虽有所提及，但未做出明确、具体的规定。表 6-7 和表 6-8 同

表 6-7　针对数据生产者进行的两类政策群之间的政策协同评估结果（之二）

政策主体		B2 数据访问						B3 数据重用								B4 数据归档				
		B21 合理请求	B22 开放获取	B23 知情同意	B24 访问权限	B25 访问条款	B26 访问地点	B31 豁免条件	B32 知情同意	B33 使用条件	B34 使用期限	B35 处理目的	B36 处理方式	B37 风险评估	B38 去识别化	B41 知情同意	B42 数据权利	B43 数据安全	B44 数据评估	B45 数据销毁
资助机构	澳大利亚研究理事会	○	●	●	●	○		●	○		○		●	●		●		●	●	○
	英国经济与社会研究理事会		○	●	○			●	○		○	●	●	○	●		○			
	英国惠康基金会	○	●	○				●	○				○	●	●	○			
	美国国立卫生研究院	○	●	●								●	●		●		●	●	○	○

续表

政策主体		B2 数据访问						B3 数据重用								B4 数据归档				
		B21 合理请求	B22 开放获取	B23 知情同意	B24 访问权限	B25 访问条款	B26 访问地点	B31 豁免条件	B32 知情同意	B33 使用条件	B34 使用期限	B35 处理目的	B36 处理方式	B37 风险评估	B38 去识别化	B41 知情同意	B42 数据权利	B43 数据安全	B44 数据评估	B45 数据销毁
科研机构	爱丁堡大学	○	○	●	●	●	●	●	●	●	●	●	●	●	●	●	●	●	●	●
	诺丁汉大学	○	●	●	●	●	●	○	●	●	●	●	●	●	●	●	●	●	●	●
	伦敦玛丽女王大学	●	○	●	●	●	●	●	●	●	●	●	●	●	●	●	●	●	●	●
	犹他州立大学									●							○			
	麦吉尔大学				●						●							●	●	
	门诺莱特大学		○	○	○							●	●		○	●		●	●	

表 6-8 针对数据提供者进行的两类政策群之间的政策协同评估结果

政策主体		B1 数据发布				B2 数据访问						B3 数据重用								B4 数据归档				
		B11 伦理批准	B12 知情同意	B13 去识别化	B14 风险评估	B21 合理请求	B22 开放获取	B23 知情同意	B24 访问权限	B25 访问条款	B26 访问地点	B31 豁免条件	B32 知情同意	B33 使用条件	B34 使用期限	B35 处理目的	B36 处理方式	B37 风险评估	B38 去识别化	B41 知情同意	B42 数据权利	B43 数据安全	B44 数据评估	B45 数据销毁
数据中心	英国国家数据档案馆	●	●	●	○	●	●	●	●	●	●	●	●	●	●	●	●	●	●	●				●
	英国数字保存中心	○	●	●	○	●	○	●	●	●	●	●	●	●	●	●	●	●	●	●	●	●	●	
	澳大利亚国家数据服务	●	●	●	●	●	●	●	●	●	●	●	●	●	●	●	●	●	●	●	○	●	●	
学术期刊	Science	●	○			●	●	○	○	○	○	○	○	○							●			
	PANS	●				●	●	●	○	○		○	●	●				○			●		○	
	PLOS ONE	●	●			●	●	●	●			○	●	○					●		●		●	
	BioMed Central	●	●	●		●	●	●	●	●	●	●	●	●				●			●			

续表

政策主体		B1 数据发布				B2 数据访问						B3 数据重用								B4 数据归档				
		B11 伦理批准	B12 知情同意	B13 去识别化	B14 风险评估	B21 合理请求	B22 开放获取	B23 知情同意	B24 访问权限	B25 访问条款	B26 访问地点	B31 豁免条件	B32 知情同意	B33 使用条件	B34 使用期限	B35 处理目的	B36 处理方式	B37 风险评估	B38 去识别化	B41 知情同意	B42 数据权利	B43 数据安全	B44 数据评估	B45 数据销毁
数据期刊	*Scientific Data*	●	●			●	○	○	●				○	●						●				
	Open Health Data	●	●	●		●			●	○				●										
	Journal of Open Psychology Data	●	●	●		●			●	○														

6.6 两类政策群之间政策协同的政策建议

6.6.1 国内两类政策群之间政策协同现状

本书调研了我国目前出台的两类政策群之间的政策协同情况，首先调研了国家层面的政策法规《科学数据管理办法》，发现提及个人数据保护的条款仅有第五章第二十五条"涉及国家秘密、国家安全、社会公共利益、商业秘密和个人隐私的科学数据，不得对外开放共享；确需对外开放的，要对利用目的、用户资质、保密条件等进行审查，并严格控制知悉范围"，对于《中华人民共和国个人信息保护法》提及的知情同意、目的明确、限制利用和完整正确等原则以及信息决定、信息保密、信息访问、信息更正、信息可携、信息封锁、信息删除和被遗忘等个人信息权均未做出明确、具体的规定。然后调研了地方层面的政策法规《安徽省科学数据管理实施办法》《陕西省科学数据管理实施细则》《甘肃省科学数据管理实施细则》《云南省科学数据管理实施细则》等，发现其政策内容与《科学数据管理办法》基本相同，并未对个人数据保护作出更具体、细化的规定。最后调研了行业层面的政策法规《农业科学数据共享管理办法》《地震科学数据共享管理办法》《交通运输科学数据共享管理办法》等，发现对于涉及国家秘密、国家安全的涉密数据（包括绝密数据、机密数据和秘密数据）均明确要求遵守《中华人民共和国保守国家秘密法》等法律法规，但对于个人数据保护均未做出明确规定。可见，我国现行开放科学数据政策对于个人数据保护问题尚未给予充分的重视，建议借鉴国外主要利益相关者制定的开放科学数据政策中个人数据保护相关政策内容，对我国现行开放科学数据政策依据新出台的个人数据保护法做出相应的调整与完善。

6.6.2 完善开放科学数据政策的政策建议

科学研究中的推论可以分为描述性推论和因果推论两种。描述性推论是指利用观察值来推导难以直接观察到的结论；因果推论是指通过观察数据来研究其因果效应（加里·金等，2014）。本书通过描述性推论针对两类政策群之间的政策协同评估结果，对现行开放科学数据政策的制定与完善提出如下三个方面的政策建议。

（1）到目前为止，各个利益相关者中的绝大部分政策主体尚未发布独立的个人数据保护相关政策文件，与个人数据保护相关的政策内容分散于多个不同的类型多样的政策文件中，不利于科研人员在项目生命周期内充分了解并严格遵守个人数据保护相关法律法规。建议各个利益相关者中的主要政策主体依据新出台的个人数据保护法，如欧盟《通用数据保护条例》《中华人民共和国个人信息保护法》《中华人民共和国网络安全法》等，尽快结合自身特点制定与发布独立的个人数据保护相关政策文件，如爱丁堡大学的《数据保护政策》、诺丁汉大学的《数据保护政策》、伦敦玛丽女王大学的《数据保护政策》等。建议借鉴国外主要利益相关者制定的开放科学数据政策中个人数据保护相关政策内容，对我国现行开放科学数据政策依据新出台的个人数据保护法做出相应的调整与完善。

（2）本书所调研的各个利益相关者中的代表性政策主体发布的个人数据保护相关政策文件，均未能针对其所涉及的全部的数据生命周期阶段制定全面、具体的个人数据保护相关政策内容，如澳大利亚研究理事会发布的《关于人类研究伦理行为的国家声明》是关于涉及人类参与者的研究项目的独立政策文件，针对数据创建阶段的有关道德批准、知情同意、创建目的、创建方式等相关政策内容制定得极为详尽，但并未全面涵盖针对数据存储、数据访问、数据重用等其他数据生命周期阶段的相关政策内容。建议各个利益相关者中的主要政策主体针对其所涉及的全部的数据生命周期阶段制定更为完整、细化的个人数据保护相关政策内容。

（3）从表 6-6、表 6-7 和表 6-8 体现的两类政策群之间的政策协同评估结果来看，以各个利益相关者中的代表性政策主体发布的个人数据保护相关政策文件进行推断，建议各个利益相关者中的主要政策主体尽快制定与发布独立的个人数据保护相关政策文件，依据所涉及的全部的数据生命周期阶段制定更为完整、具体和细化的个人数据保护相关政策内容，并依据新出台的个人数据保护法针对数据权利、创建目的、创建方式、处理目的、处理方式等相关政策内容进行补充、调整与完善：①明确指出研究参与者作为数据主体对其个人数据所拥有的数据权利，如知情权、访问权、修正权、删除权、限制处理权等；②针对个人数据的创建目的、创建方式、处理目的和处理方式等做出明确规定，如要求数据生产者对个人数据的创建方式不能引起研究参与者的心理压力、焦虑、屈辱或痛苦；③建议要求针对个人数据的数据发布和数据重用进行事先风险评估，如要求数据提供者针对数据使用者对个人数据的处理方式进行"数据保护影响评估"。

第 7 章

利益相关者两类政策群之间的政策协同研究

　　资助机构和科研机构是参与开放科学数据的两类利益相关者，并且两者也同时是重要的数据生产者和数据提供者。伴随近年来欧盟《通用数据保护条例》、英国《2018 年数据保护法》（Data Protection Act 2018，DPA2018）、俄罗斯《个人数据保护法》、中国《中华人民共和国个人信息保护法》等多个国家和组织个人数据保护法的相继出台，势必要求资助机构和科研机构发布的开放科学数据政策依据新出台的个人数据保护法做出相应的调整与完善。

　　本书将质性文本分析法引入开放科学数据政策和个人数据保护政策之间的政策协同研究，并将质性文本分析法对于两类政策群之间的政策协同研究的适用性概括为：质性文本分析法能够针对研究问题在理解与诠释政策文本的基础上，有效地构建两类政策群之间政策协同观测的政策文本分析类目体系，为从质性文本分析的研究视角进行两类政策群之间的政策协同评估提供了实证分析框架。

7.1　资助机构两类政策群之间的政策协同研究

　　本书针对资助机构展开两类政策群之间的政策协同研究，利用 NVivo 12 质性分析软件，将质性文本分析的研究思路和一般过程应用于政策协同研究，构建资助机构两类政策群之间政策协同观测的政策文本分析类目体系，针对选取的代表性资助机构进行两类政策群之间的政策协同评估，为在政策反馈阶段针对政策评估结果对现行开放科学数据政策进行政策调整提供决策依据。

7.1.1　国外资助机构的相关政策规定

国外资助机构通常以开放获取政策、科学数据政策、数据共享政策、数据存档政策等政策文件形式发布本机构的开放科学数据政策，如欧洲研究理事会的《ERC 资助研究成果开放获取指南》（ERC，2021）、澳大利亚研究理事会的《开放获取政策》（ARC，2019）、挪威研究理事会的《RCN 科学数据开放获取政策》（Research Council of Norway，2017）、英国经济与社会研究理事会的《ESRC 科学数据政策》（ESRC，2014）、英国医学研究理事会的《数据共享政策》（MRC，2016）、加拿大社会科学与人文研究理事会的《科学数据存档政策》（SSHRC，2016）、美国国家科学基金会的《研究成果的传播与共享》[①]、英国惠康基金会的《开放获取政策》（Wellcome Trust，2021）、英国癌症研究中心的《CRUK 数据共享与保存政策》（CRUK，2020）、美国国立卫生研究院的《数据共享政策与实施指南》（NIH，2003）等。

国外资助机构发布的与个人数据保护相关的独立政策文本可大致分成三种类型：数据保护政策、研究伦理规范和人类研究政策（分类依据参见下文的文本聚类分析）。针对国外资助机构发布的相关政策进行调研时发现：①目前大部分资助机构尚未发布独立的个人数据保护相关政策，如英国研究理事会下属的七大研究理事会艺术与人文研究理事会、生物技术与生物科学研究理事会、工程与自然科学研究理事会、经济与社会研究理事会、医学研究理事会、自然环境研究理事会和科学与技术设施理事会，仅有经济与社会研究理事会和医学研究理事会发布了独立的个人数据保护相关政策；②少数资助机构已发布的个人数据保护相关政策以人类研究政策和研究伦理规范两种政策类型为主，仅有英国研究理事会依据新出台的个人数据保护法（欧盟《通用数据保护条例》和英国《2018 年数据保护法》）发布了数据保护政策。

7.1.2　资助机构的政策协同评估体系

本章首先从多个国家和组织发布的个人数据保护相关政策法规中选取个人数据保护目标政策，再从国外资助机构发布的有关研究参与者的个人数据保护的相关政策中选取开放科学数据目标政策；其次，通过质性文本分析法针对目标政策

---

① NSF. Dissemination and Sharing of Research Results [EB/OL]. https://www.uah.edu/images/research/osp/documents/nsfsharingofresearchresults.pdf [2023-07-02].

构建两类政策群之间政策协同观测的政策文本分析类目体系；再次，针对国外资助机构发布的开放科学数据目标政策进行两类政策群之间的政策协同评估；最后，依据政策协同评估结果针对国内资助机构制定与完善开放科学数据政策提出政策建议。本章的研究思路如图 7-1 所示。

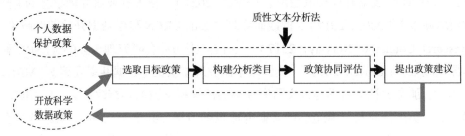

图 7-1　第 7 章研究思路图

7.1.2.1　选取目标政策

本书选取欧盟《通用数据保护条例》作为个人数据保护政策的目标政策。从美国、英国、爱尔兰、加拿大、澳大利亚等研究理事会和研究基金会发布的与个人数据保护相关的政策文本中，选取具有代表性、规范性和指导性的独立政策文本作为本节的开放科学数据目标政策（表 7-1）。

表 7-1　国外资助机构发布的与个人数据保护相关的开放科学数据目标政策

编号	发布主体	目标政策	政策类型	发布时间
1	国际医学科学组织理事会（Council for International Organizations of Medical Sciences，CIOMS）世界卫生组织	《涉及人类健康相关研究的国际伦理指南》（CIOMS and WHO，2016）	研究伦理规范	2016 年
2	国际医学科学组织理事会世界卫生组织	《涉及人类主体的国际生物医学研究伦理指南》（CIOMS and WHO，2002）	研究伦理规范	2002 年
3	英国研究理事会	《数据保护政策》（UKRI，2021）	数据保护政策	2021 年
4	英国经济与社会研究理事会	《研究伦理指南》（ESRC，2015）	研究伦理规范	2015 年
5	英国医学研究理事会	《MRC 人口与患者研究数据共享政策与指南》（MRC，2017）	人类研究政策	2017 年
6	英国惠康基金会	《涉及人类参与者的研究政策》（Wellcome Trust，2018）	人类研究政策	2018 年

续表

编号	发布主体	目标政策	政策类型	发布时间
7	英国医学研究理事会 英国癌症研究中心 英国惠康基金会	《公共资助的临床试验中个人参与者数据共享的良好实践指南》（MRC et al., 2015）	人类研究政策	2015 年
8	美国国立卫生研究院	《校内研究计划：人类数据共享政策》（NIH, 2015）	人类研究政策	2015 年
9	美国卫生与公共服务部（U. S. Department of Health and Human Services, HHS）	《保护人类主体的研究伦理原则与指南》（HHS, 1979）	人类研究政策	1979 年
10	加拿大卫生研究院 加拿大自然科学与工程研究理事会 加拿大社会科学与人文研究理事会	《人类研究伦理行为的三理事会政策声明》（CIHR et al., 2018）	研究伦理规范	2014 年
11	澳大利亚研究理事会 澳大利亚国家健康与医学研究理事会	《关于人类研究伦理行为的国家声明》（ARC and NHMRC, 2018）	研究伦理规范	2018 年
12	爱尔兰科学基金会（Science Foundation Ireland, SFI）	《申请人伦理与科学问题指南》（Science Foundation Ireland, 2019）	人类研究政策	2019 年

注：本表中相关政策的发布时间为最后的修订时间

将表 7-1 中 12 个国外资助机构发布的个人数据保护相关政策文本导入 NVivo 12 软件生成高频词云图（图 7-2）。在图 7-2 所示的词云图中，依据高频词在政策文本中出现的词频高低排列，词频较高的高频词包括 researchers'、participants、ethics、data'、informing、review、consent、humans、using、studying、involving、risks、requirements、individuals'、community、including 等。

利用 NVivo 12 软件针对 12 个国外资助机构发布的个人数据保护相关政策文本进行文本聚类分析，"聚类依据"选择"编码相似性"（编码过程参见下文的分析类目构建），"使用相似性度量"选择皮尔逊相关系数（Pearson correlation coefficient），将在多个相同类目编码的政策文本聚类在一起，利用 NVivo 12 软件生成文本聚类分析树状图，如图 7-3 所示。由图 7-3 可见，12 个国外资助机构发布的个人数据保护相关政策文本依据编码相似性可划分为三种类型：①数据保护政策；②研究伦理规范；③人类研究政策。上述 12 个个人数据保护相关政策文件以人类研究政策和研究伦理规范两种政策类型为主，仅有英国研究理事会发布了《数据保护政策》（Data Protection Policy）。

图 7-2   12 个国外资助机构发布的个人数据保护相关政策文本高频词云图

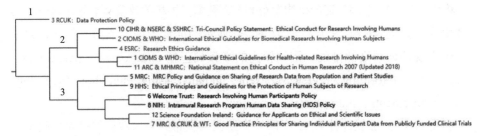

图 7-3   12 个国外资助机构发布的个人数据保护相关政策文本聚类分析树状图

7.1.2.2   构建分析类目

本书采用归纳式类目构建方法，针对目标政策直接构建分析类目。首先针对选取的资助机构发布的开放科学数据目标政策，构建资助机构两类政策群之间政策协同观测的政策文本分析类目，然后再根据个人数据保护目标政策对分析类目进行补充与完善，最终构建两类政策群之间政策协同观测的政策文本分析类目体系（表 7-2）。具体分析过程如下：首先，依据资助机构涉及的全部数据生命周期阶段构建 6 个一级类目；其次，依据资助机构在各个数据生命周期阶段的政策协同观测要点构建 43 个二级类目。利用 NVivo 12 软件构建资助机构两类政策群之间政策协同观测的政策文本分析类目体系，如表 7-2 所示。

表 7-2　资助机构两类政策群之间政策协同观测的政策文本分析类目体系

一级类目	二级类目	类目描述	编码参考点/个
C 数据创建	C1 创建规范	是否要求依据《赫尔辛基宣言》《纽伦堡法典》《世界人权宣言》等进行涉及人类主体、人类材料和人类数据的研究？	2
	C2 伦理批准	是否要求涉及人类参与者的研究在项目启动前应获得研究伦理委员会或机构审查委员会的批准声明？	9
	C3 豁免标准	是否要求为免于审查与批准的涉及人类参与者的研究确定豁免标准（如利用不可识别数据、完全依赖于公开数据、涉及风险可忽略不计）？	4
	C4 知情同意	是否要求涉及人类参与者的研究应获得研究参与者的（书面）知情同意？	11
	C5 损害赔偿	是否要求为研究参与者因参与研究而造成的伤害或损害制定赔偿安排（如提供免费治疗、赔偿损失工资）？	7
	C6 创建目的	是否要求收集与处理个人数据应用于特定的、明确的、合法的目的？	4
	C7 创建方式	是否要求对个人数据的收集方法不应引起研究参与者的心理压力、焦虑、屈辱或痛苦？	3
	C8 隐私声明	是否要求在收集研究参与者的个人数据时提供"隐私声明"？	1
	C9 数据产权	是否要求与研究参与者签署有关其个人数据的版权声明？	2
	C10 风险评估	是否要求对研究参与者因参与研究而涉及的风险合理与否进行评估（如是否超过最低风险、是否与潜在利益相称）？	7
	C11 数据安全	是否要求提供适当的技术和组织措施以防止未经授权或非法处理个人数据？	7
S 数据存储	S1 知情同意	是否要求对个人数据的长期保存应获得研究参与者的知情同意？	4
	S2 保密限制	是否要求科研人员不得披露研究参与者的可识别个人的敏感数据或生物材料？	7
	S3 存储位置	是否要求将研究参与者的研究数据和与其关联的可识别个人的标识符分开存储？	5
	S4 存储地点	是否要求将研究参与者的研究数据存储在可公开访问的研究存储库中以供未来共享与重用？	4
	S5 存储期限	是否要求对个人数据的处理时间不应超过实现其处理目的所必需的时间？	3
	S6 分类存储	是否要求对研究参与者的研究数据进行分类存储并实施访问控制？	1
	S7 数据安全	是否要求确保采取适当的保障措施以保持研究参与者的个人数据的机密性和隐私性？	10

续表

一级类目	二级类目	类目描述	编码参考点/个
P 数据发布	P1 知情同意	是否要求发布或传播涉及人类参与者的研究数据之前获得研究参与者的知情同意？	6
	P2 去识别化	是否要求发布涉及人类参与者的研究数据之前进行充分地去识别化处理（如匿名化或假名化）？	8
	P3 风险评估	是否要求传输或发布涉及人类参与者的研究数据之前进行隐私风险（privacy risk）评估？	6
	P4 数据标准	是否要求发布涉及人类参与者的研究数据之前确保制定和采用适当的元数据标准？	1
	P5 数据加密	是否要求传输或发布涉及人类参与者的研究数据之前进行数据加密？	4
	P6 发布期限	是否规定在研究资助结束后多长时间内向其他科研人员提供研究参与者的研究数据？	2
A 数据访问	A1 知情同意	是否要求对个人数据的访问与获取应获得研究参与者的知情同意？	6
	A2 认证机制	是否要求科研人员对个人数据的访问有明确的认证和问责机制？	3
	A3 开放获取	是否要求其他科研人员可以访问与获取研究出版物所依据的包括个人数据在内的所有数据集？	3
	A4 合理请求	是否规定其他科研人员可以依据合理请求访问与获取个人数据？	2
	A5 访问权限	是否要求为其他科研人员对个人数据的访问请求设置访问权限（如依据数据类别实施受控访问）？	7
	A6 访问控制	是否要求（如通过独立审查程序）审查其他科研人员对个人数据的访问请求？	5
R 数据重用	R1 知情同意	是否要求对个人数据的共享与重用获得研究参与者的知情同意？	10
	R2 使用协议	是否要求其他科研人员对个人数据的传输与重用签订"数据共享协议"（至少应禁止尝试重新识别或联系研究参与者）？	4
	R3 使用条件	是否规定其他科研人员对个人数据的使用条件（如禁止商业使用、保证数据机密性）？	7
	R4 使用期限	是否限定其他科研人员对研究参与者的研究数据的使用时间（如在项目结束时应销毁数据）？	2
	R5 处理目的	是否要求其他科研人员对个人数据的处理目的应大致与收集数据的初始目的一致？	4
	R6 处理方式	是否要求其他科研人员对个人数据的处理方式不应对研究参与者造成实质损害或困扰？	2
	R7 风险评估	是否要求其他科研人员对个人数据的处理机制进行"数据保护影响评估"？	3
	R8 去识别化	是否要求其他科研人员对个人数据的研究结果或统计数据进行有效地去识别化处理？	1
	R9 数据安全	是否要求其他科研人员确保对其获取的研究参与者的研究数据（及其派生数据）实施安全和保密措施？	4

续表

一级类目	二级类目	类目描述	编码参考点/个
D 数据归档	D1 知情同意	是否要求对个人数据进行归档（如纳入医疗记录）获得研究参与者的明确的知情同意？	1
	D2 数据权利	是否要求安全地处置研究参与者行使其反对处理个人数据的权利（如拒绝存储或要求撤回生物材料或敏感数据）？	2
	D3 数据安全	是否要求以安全、完整、保密的方式保留、转移或销毁个人数据？	5
	D4 数据销毁	是否要求确保对不再需要用于特定目的的个人数据进行安全删除或匿名？	4

　　表 7-3 展示了 12 个国外资助机构发布的个人数据保护相关政策依据表 7-2 所示的政策文本分析类目体系进行编码的部分文本编码片段。由表 7-3 可见，在上述 12 个国外资助机构发布的个人数据保护相关政策文本中，相同的二级类目的文本编码片段的文字表述可能呈现出较大差异，因此利用 NVivo 12 plus 软件的基于机器学习算法的自动编码功能无法取得良好效果，需要针对研究问题在理解与诠释政策文本的基础上进行人工类目构建与编码分析。

表 7-3　12 个国外资助机构发布的个人数据保护相关政策的文本编码片段示例

一级类目	二级类目	编码片段
C 数据创建	C2 伦理批准	"涉及人类参与者的健康的相关研究，应确保其得到主管和独立的研究伦理委员会的伦理和科学审查"（文本 1） "所有涉及人类受试者的研究提议都必须提交至一个或多个科学审查或伦理审查委员会（Ethics Review Committee），以审查其科学价值和伦理可接受性"（文本 2） "要求研究人员在相关研究开始之前，具备相关的监管和伦理批准，以及适当的治理机制"（文本 6） "在招募人类参与者以及正式收集数据之前，或者访问人类数据以及收集人类材料之前，研究伦理委员会需要审查和批准研究的伦理可接受性"（文本 10） "对于涉及人类参与者或人类材料的研究，必须在项目开始前获得相关国家或地方伦理委员会的伦理批准"（文本 12）
S 数据存储	S7 数据安全	"科研人员必须建立对受试者研究数据保密的安全保障措施"（文本 2） "在项目结束期间及之后采取了哪些措施来确保机密性、隐私和数据保护"（文本 4） "确保采用适当和相称的程序，同时考虑潜在风险和识别的可能性"（文本 6） "无论研究的性质如何，研究应包括对参与者隐私的保护措施，以及对所收集数据的机密性的保护措施"（文本 10） "申请人应提供适当的保障措施，并举例说明其收集、存储、保护、保留、转移、销毁或重用数据的程序详情"（文本 12）
R 数据重用	R1 知情同意	"在研究项目期间应给予知情同意的机会，继续存储和使用他们的材料和相关数据，他们还应该能够撤回对未来研究的同意"（文本 1） "提供适当的信息，以获得自由给予的参与知情同意，以及关于数据存储和数据重用的信息（如果有可能存储）"（文本 4）

一级类目	二级类目	编码片段
R 数据重用	R1 知情同意	"还必须向参与者提供有关研究后访问的任何拟议安排的信息，包括组织样本和数据的二次使用的选择"（文本 6） "数据将被共享用于二次研究，例如，通过一个中央研究库或单个存储库，收集协议和同意程序/表格应描述这些计划"（文本 8） "在二次使用可识别信息的情况下，科研人员必须获得同意"（文本 10）

7.1.2.3 政策协同评估

针对上述 12 个国外资助机构发布的个人数据保护相关政策进行两类政策群之间的政策协同评估，将表 7-2 所示的资助机构两类政策群之间政策协同观测的政策文本分析类目转换为评估类目，即对评估类目进行分级时仅划分"1"（有编码参考点）和"0"（无编码参考点）两个级别，利用 NVivo 12 软件对 12 个国外资助机构发布的个人数据保护相关政策文本进行矩阵编码查询，则有上述 12 个相关政策文本的矩阵编码查询结果可作为两类政策群之间的政策协同评估结果（表 7-4）。

表 7-4 12 个国外资助机构发布的个人数据保护相关政策协同评估结果

评估类目

政策文本	C	C1	C2	C3	C4	C5	C6	C7	C8	C9	C10	C11	S	S1	S2	S3	S4	S5	S6	S7	D	D1	D2	D3	D4
	数据创建	创建规范	伦理批准	豁免标准	知情同意	损害赔偿	创建目的	创建方式	隐私声明	数据产权	风险评估	数据安全	数据存储	知情同意	存储限制	存储位置	存储期限	分类存储	数据安全	数据归档	数据销毁	知情同意	数据权利	数据安全	数据销毁
文本 1	7	0	1	1	1	1	1	0	0	0	1	1	3	1	0	1	0	0	0	1	1	0	0	0	1
文本 2	5	0	1	0	1	1	0	1	0	0	1	0	3	1	1	0	0	0	1	1	1	0	1	0	0
文本 3	4	0	0	0	0	0	1	1	1	0	0	1	1	0	0	0	0	0	1	0	0	1	0	0	1
文本 4	7	1	1	0	1	1	1	0	0	0	1	1	3	1	0	1	0	0	0	1	1	0	0	1	0
文本 5	4	0	1	0	0	1	1	0	1	0	0	1	4	0	1	0	1	0	1	2	0	0	1	0	1
文本 6	4	1	0	1	0	0	1	1	0	0	0	0	1	0	0	0	0	0	1	0	0	0	0	0	0
文本 7	2	0	0	0	0	0	0	0	0	0	0	0	2	0	0	0	0	0	0	1	1	0	1	0	0
文本 8	3	0	1	1	1	0	0	0	0	0	0	0	4	1	0	0	0	0	1	1	0	0	0	0	0
文本 9	2	0	0	0	0	0	0	0	0	0	0	0	1	0	0	0	0	0	0	0	1	0	0	0	0
文本 10	7	0	1	1	1	1	1	1	0	0	1	1	5	0	1	1	1	1	1	1	3	0	1	1	1
文本 11	8	0	1	1	1	1	1	1	0	0	1	1	6	1	1	1	1	1	1	1	0	0	0	0	0
文本 12	3	0	1	0	1	0	0	0	0	0	0	1	1	0	0	0	0	0	0	1	1	0	0	1	0

续表

政策文本	P 数据发布	P1 知情同意	P2 去识别化	P3 风险评估	P4 数据标准	P5 数据加密	P6 发布期限	A 数据访问	A1 知情同意	A2 认证	A3 开放机制	A4 合理获取	A5 访问请求	A6 访问权限控制	R 数据重用	R1 知情同意	R2 使用协议	R3 使用条件	R4 使用期限	R5 处理目的	R6 处理方式	R7 风险评估	R8 去识别化	R9 数据安全
文本 1	3	1	1	1	0	0	0	4	1	0	1	0	1	1	4	1	0	1	1	0	0	1	0	0
文本 2	3	0	1	1	0	1	0	0	0	0	0	0	0	0	3	1	0	1	0	1	0	0	0	0
文本 3	0	0	0	0	0	0	0	0	0	0	0	0	0	0	0	0	0	0	0	0	0	0	0	0
文本 4	2	1	0	1	0	0	0	3	1	0	0	1	0	0	3	1	0	1	0	0	0	0	0	1
文本 5	6	1	1	1	1	1	1	2	0	0	0	1	1	0	6	1	1	1	0	0	0	1	1	1
文本 6	2	1	1	0	0	0	0	3	1	1	0	1	0	0	1	0	0	0	0	0	0	0	0	0
文本 7	2	0	1	0	0	1	0	5	1	1	0	1	1	1	7	1	1	1	1	1	1	0	0	1
文本 8	2	1	1	0	0	0	0	3	1	1	0	1	0	0	2	1	0	1	0	0	0	0	0	0
文本 9	0	0	0	0	0	0	0	0	0	0	0	0	0	0	0	0	0	0	0	0	0	0	0	0
文本 10	5	1	1	1	0	1	1	2	0	0	0	1	1	0	6	1	1	1	0	0	0	1	0	1
文本 11	2	0	1	0	0	0	0	3	1	0	1	0	1	0	4	1	0	1	0	1	0	0	0	0
文本 12	0	0	0	0	0	0	0	0	0	0	0	0	0	0	0	0	0	0	0	0	0	0	0	0

7.1.2.4　归纳政策要素

依据上述针对国外资助机构发布的个人数据保护相关政策进行的两类政策群之间的政策协同评估结果，本书将相关政策中值得国内资助机构参考与借鉴的与个人数据保护相关的政策要素概括为以下四个方面。

（1）研究伦理审查。国外资助机构通常要求科研机构设立研究伦理委员会或机构审查委员会以规范科研人员进行涉及人类参与者的研究项目。要求科研人员在开展涉及人类参与者的研究项目之前，必须获得机构审查委员会或研究伦理委员会的事先批准，通常要求在研究伦理审查表（ethical review form）中拟定数据共享计划；对于在涉及人类参与者的研究中获得的研究数据，研究伦理委员会可为科研人员提供指导及建议，说明如何共享其研究数据并使其可供重用，同时坚持研究伦理准则和遵守相关法律法规。研究伦理审查表和审查程序应尽量简短，并且可以根据特定学科的要求加以调整。

（2）获得知情同意。研究参与者在参与研究之前通常应以书面形式签署"知情同意书"，并且在"知情同意书"中应允许研究参与者对如下要点做出明确回应：①研究参与者已阅读并了解有关项目的信息；②研究参与者有机会提问；③研究参与者自愿同意参与项目；④研究参与者已知悉，可以在任何时候退出，而无须说明理由，也不受任何处罚；⑤如何保护数据机密性，如是否将使用真实姓名或假名、数据将如何匿名化处理等；⑥如何在出版物中使用个人数据；⑦研究参与者是否同意个人数据的归档与重用；⑧研究参与者和科研人员的签名和签名日期[①]。对研究参与者在研究之前或期间提出问题和接受回答的机会的任何限制都会削弱知情同意的有效性。

（3）隐私风险评估。通常要求科研人员传输或发布个人数据之前应进行隐私风险评估，尤其是已与研究参与者商定进行对其身份保密的研究，在收集个人数据之前、期间和之后都需要考虑隐私风险。隐私风险是指为研究目的而收集、利用和披露个人数据可能对研究参与者或其所属群体造成的潜在伤害。评估隐私风险主要是对数据文件中的关键变量或特征进行评估，这些变量或特征能够引起特定项目中对于研究参与者的最大识别风险，既可以是直接标识符（如个人的姓名、家庭住址、邮政编码或图片），也可以是间接标识符（如工作场所、职业、工资或年龄）。不能将隐私风险简单地理解为数据文件中存在或不存在特定变量、属性或特征的简单函数。许多潜在的隐私风险来自可以从整体数据或者数据与其他可用信息的关联中推断出的个人信息。

（4）去识别化处理。通常要求科研人员传输或发布个人数据之前应进行匿名化处理，即以某种方式改变标识符的处理过程，包括删除、替换、扭曲、泛化或聚合。对定量数据匿名化可能涉及删除或聚合变量，或涉及降低变量的精度或详细的文本含义，如从数据集中删除直接标识符、聚合或降低变量（如年龄或居住地）的精度、泛化详细的文本变量的含义；对定性数据匿名化（如转录访谈、文本或视听数据）应使用假名（pseudonym）或通用标识符编辑识别信息。进行匿名化处理可以消除个人数据保护法的法律约束。由于不同来源的数据（如医疗记录、就业记录等）可能相互关联，因此即使使用匿名或编码数据仍然有可能重新识别个人。

7.1.3　国内资助机构政策协同的政策建议

7.1.3.1　国外资助机构的相关研究结论

本书针对国外资助机构发布的个人数据保护相关政策展开研究得出如下三个

---

① UKDA. Ethical Issues [EB/OL]. https://ukdataservice.ac.uk/learning-hub/research-data-management/[2022-12-31].

方面的研究结论。

（1）本书调研了国外资助机构发布的个人数据保护相关政策，发现目前大部分资助机构尚未发布独立的个人数据保护相关政策，少数资助机构已发布的独立的个人数据保护相关政策依据编码相似性可分成三种类型：数据保护政策、研究伦理规范和人类研究政策。而且已发布的相关政策以人类研究政策和研究伦理规范两种政策类型为主，这两种类型的政策文件主要针对涉及人类参与者的研究项目的研究伦理规范，鼓励科研人员在整个项目生命周期内进行自我批判式的伦理反思，按照公认的最佳实践和伦理标准进行研究设计与开展研究，并确保至少研究受到适当的审查与监督以及遵守相关法律要求，而针对研究参与者的个人数据保护的相关政策内容比较有限，并且其发布时间通常早于现行个人数据保护法的生效时间，仅有英国研究理事会依据新出台的个人数据保护法发布了《数据保护政策》，但这一政策文件的主要政策内容并非针对"研究参与者"的个人数据保护，可见上述三种类型的相关政策中与研究参与者的个人数据保护相关的政策内容均比较有限，并且涉及不同数据生命周期阶段的研究参与者个人数据保护相关政策内容分散于多个文本片段中，不利于获得研究资助的科研人员在项目生命周期内充分了解并严格遵守个人数据保护相关法律法规。

（2）本书针对选取的 12 个国外资助机构发布的个人数据保护相关政策文本，归纳式地构建了资助机构两类政策群之间政策协同观测的政策文本分析类目体系，与笔者先前利用内容分析法针对多个利益相关者构建的政策文本内容分析单元编码相比较，本书利用质性文本分析法针对资助机构构建的政策文本分析类目体系更为完整、具体和细化，从研究方法论层面论证了质性文本分析法对于两类政策群之间政策协同研究的适用性，本书将质性文本分析法应用于政策协同研究在研究方法论层面所具备的优势概括为如下三个方面：①质性文本分析是循环进行的非线性分析过程，其各个阶段彼此之间没有严格的界限，而是结合先验知识针对研究问题不断重复和反馈，这一开放性的研究过程更易于得出解释性结论（图 1-1）；②质性文本分析采用较为多样的类目类型，包括主题类目、评估类目和分析类目等，灵活使用不同的类目类型可以简化研究设计，如本书对评估类目进行分级时作了简化处理，从而将分析类目直接转换为评估类目，因此能够有效地简化研究设计（参见 7.1.2.3 小节）；③质性文本分析与传统内容分析的截然不同之处在于编码在传统内容分析中属于更高层次的分析阶段，研究人员在编码结束之后不再需要阅读原始文本，类目在整个质性文本分析过程中一直与文本相关联，研究人员再回顾原始文本通常是非常必要的，如本书在参考与借鉴个人数据保护相关政策内容时，回顾与反思原始文本的编码片段显然是必要的。

（3）本书将国外资助机构发布的个人数据保护相关政策概括为如下两个方面的政策特点：①从本书调研的 12 个国外资助机构已发布的独立的个人数据保护相关政策来看（表 7-4），未能针对其所涉及的全部的数据生命周期阶段制定全面、具体的个人数据保护相关政策内容，如人类研究政策和研究伦理规范两种政策类型针对数据创建阶段的伦理批准（C2）和知情同意（C4）、数据存储阶段的保密限制（S2）和数据安全（S7）、数据发布阶段的知情同意（P1）和去识别化（P2）、数据访问阶段的访问权限（A5）和访问控制（A6）、数据重用阶段的知情同意（R1）和使用条件（R3）等相关政策内容较为详尽，但并未全面涵盖针对数据创建阶段的创建目的（C6）和创建方式（C7）、数据存储阶段的存储期限（S5）、数据重用阶段的处理目的（R5）和处理方式（R6）、数据归档阶段的数据权利（D2）等相关政策内容；②部分国外资助机构发布的开放科学数据政策中涵盖了个人数据保护相关政策内容，但与已发布的独立的个人数据保护相关政策相比其政策内容更加不够全面、具体和细化，如英国癌症研究中心发布的《数据共享指南》中单独规定了"涉及人类参与者的研究"部分，但仅提及了针对数据创建阶段的知情同意（C4）、数据发布阶段的去识别化（P2）、数据重用阶段的使用协议（R2）等相关政策内容（CRUK，2019）。

7.1.3.2 针对国内资助机构的政策建议

本书针对我国资助机构制定与完善开放科学数据政策提出如下三个方面的政策建议。

（1）目前，欧盟、英国、加拿大、爱尔兰、德国、丹麦、俄罗斯、日本、韩国、印度和新加坡等多个国家和地区均已发布个人数据保护相关政策法规，我国也已于 2021 年正式发布个人数据保护相关法律法规——《中华人民共和国个人信息保护法》和《中华人民共和国数据安全法》。因此，国内资助机构势必应对开放科学数据政策中的个人数据保护相关政策内容作出相应的调整与完善。鉴于欧盟《通用数据保护条例》界定的"个人数据"包括"基因数据"（genomic data）、"体征数据"（biometric data）和"健康相关数据"（data concerning health），此三类数据涵盖了与人类主体的身体、生理、遗传、心理、行为、健康等特征相关的个人数据（Council of the European Union，2016），因此本书调研的 12 个国外资助机构发布的个人数据保护相关政策中所涉及的"人类材料"和"人类数据"均已纳入现行个人数据保护法界定的"个人数据"的范畴，国内资助机构可以参考与借鉴其极为详尽的个人数据保护相关政策内容,并可参照依据上述 12 个个人数据保护相关政策构建的政策文本分析类目体系(表 7-2),针对本机构的开放科学数据政策中的个人数据保护相关政策内容进行调整与完善。

(2)本书将国外资助机构对于共享研究参与者的研究数据存在的期望与顾虑概括如下。首先,研究参与者的研究数据可用于解决许多超出研究项目本身的、关乎人类福祉的重要的研究问题,因此国外资助机构普遍期望能够共享与重用研究参与者的研究数据(尤其是临床医学领域)。其次,国外资助机构对于研究参与者的研究数据的共享与重用存在的顾虑可概括为四个方面:①研究参与者的研究数据的不当重用;②准备和共享数据所需的额外资源;③可能丧失发表进一步研究的能力;④泄露研究参与者隐私的潜在风险(MRC et al., 2015)。2019 年 2 月,施普林格·自然出版集团与中国科学院文献情报中心共同发布的《数据分享在中国的挑战和机会》(白皮书)指出,"很多受访者表示不会以公开的方式共享涉及未发表结果的数据(75%)以及涉及国家安全(70%)的数据和个人数据(70%)""缺乏期刊要求,对数据滥用的担忧以及缺乏版权和许可方面的相关知识是研究人员在共享数据方面所面临的主要问题"(Springer Nature 和中国科学院文献情报中心,2019)。因此,我国资助机构也应积极鼓励共享与重用研究参与者的研究数据,在调整与完善开放科学数据政策中的个人数据保护相关政策内容时,注重从政策制定的微观层面探索促进共享研究参与者的研究数据的激励机制。

(3)国内资助机构发布的开放科学数据政策中的个人数据保护相关政策内容可从如下五个方面进行补充、调整与完善:①借鉴英国研究理事会发布的《数据保护政策》中为遵守个人数据保护法作出的相关政策规定,如针对欧盟《通用数据保护条例》的六项"数据保护原则"制定的相关政策内容,针对个人数据的创建目的、创建方式、存储期限、处理目的、处理方式等做出明确规定,如要求科研人员对个人数据的存储时间不应超过实现其处理目的所必需的时间;②参照欧盟《通用数据保护条例》规定的八项"数据主体权利",明确指出研究参与者作为数据主体对其个人数据所拥有的数据权利,如知情权、访问权、纠正权、反对权、擦除权和限制处理权等;③要求科研人员在研究项目所涉及的数据生命周期的各个阶段(如数据创建、数据存储、数据发布、数据访问、数据重用、数据归档)都应获得研究参与者明确的知情同意;④要求科研人员传输或发布研究参与者的个人数据之前应进行充分地去识别化处理(如匿名化或假名化);⑤要求科研人员针对个人数据的数据创建、数据发布和数据重用进行事先风险评估,如要求科研人员传输或发布研究参与者的个人数据之前应进行隐私风险评估。

7.2 科研机构两类政策群之间的政策协同研究

本书选取爱丁堡大学发布的《数据保护政策》进行典型案例分析,探讨国外科研机构开放科学数据与个人数据保护的政策协同实践,归纳其为遵守现行个人数据保护法而采取的政策调整及措施,为我国科研机构依据新出台的个人数据保护相关法律法规,针对本机构的开放科学数据政策进行调整与完善提出政策建议。

7.2.1 国外科研机构的相关政策规定

国外科研机构通常以数据管理政策、开放获取政策、数据管理指南等政策文件形式发布本机构的开放科学数据政策,如剑桥大学的《科学数据管理政策框架》(University of Cambridge,2021)、牛津大学的《支持研究成果的数据管理政策》(University of Oxford,2018)、伯明翰大学的《科学数据管理政策》(University of Birmingham,2018)、斯坦福大学的《科学数据保存与访问》(Stanford University,1997)、哈佛大学的《科学记录与数据保存与维护指南》(Harvard University,2017)、纽约大学的《科学数据保存与访问政策》(New York University,2010)、西北大学的《科学数据:所有权、保存与访问》(Northwestern University,2018)、悉尼大学的《科学数据管理政策》(University of Sydney,2021)、墨尔本大学的《科学数据管理政策》(University of Melbourne,2022)、纽卡斯尔大学的《科学数据与资料管理指南》(University of Newcastle,2020)等。国外科研机构制定的开放科学数据政策通常涉及数据创建、数据组织、数据存储、数据访问、数据共享、数据重用、数据归档、数据安全以及数据产权等几个方面的政策内容,其主要特点是政策目标比较一致、政策形式较为规范、各个环节权责明确以及与相关政策协调一致。

伴随近年来欧盟《通用数据保护条例》、英国《2018年数据保护法》和中国《中华人民共和国个人信息保护法》等多个国家和组织个人数据保护法的相继出台,势必要求对现行开放科学数据政策中的个人数据保护相关政策内容作出相应的调整与完善。例如,英国数字保存中心在《科学数据管理法律问题检查表》中指出,科研教育机构发布的现行开放科学数据政策应依据欧盟《通用数据保护条例》做出如下六个方面的政策调整:①作为数据控制者需要获得明确同意才能处理个人敏感数据;②员工人数超过250人时强制性要求设置"数据保护官"职位;

③数据主体拥有新增的擦除权（被遗忘权）和可携带权；④引入"默认隐私原则"和"设计隐私原则"；⑤在可行的或无不当延误的情况下，有义务在 24 小时内通知个人数据泄露；⑥在进行某些处理之前，有义务进行隐私影响评估①。

为了遵守欧盟《通用数据保护条例》和英国《2018 年数据保护法》，爱丁堡大学（University of Edinburgh，2019）、诺丁汉大学（University of Nottingham，2018）、伦敦大学学院（University College London，2019）、曼彻斯特大学（University of Manchester，2021a）、伦敦大学国王学院（King's College London，2022）、伦敦玛丽女王大学（Queen Mary University of London，2018）、利物浦大学（University of Liverpool，2022）、英国纽卡斯尔大学（Newcastle Universty，2019）、卡迪夫大学（Cardiff University，2018）、拉夫堡大学（Loughborough University，2019）、朴次茅斯大学（University of Portsmouth，2021）、桑德兰大学（University of Sunderland，2018）、乌普萨拉大学（Uppsala University，2022）等国外科研机构均已发布独立的个人数据保护政策文件——"数据保护政策"，本书选取爱丁堡大学目前仍在持续发布与更新的"数据保护政策"系列政策文件作为主要研究对象，同时参照伯明翰大学、诺丁汉大学、伦敦玛丽女王大学等发布的"数据保护政策"政策文件，从开放科学数据政策与个人数据保护政策之间的政策协同实践的研究视角进行典型案例分析，以期为国内科研机构依据新出台的个人数据保护法对现行开放科学数据政策进行调整与完善提供参考借鉴。

7.2.2 国外科研机构的政策协同实践：爱丁堡大学的案例分析

爱丁堡大学于 2018 年 5 月 14 日发布的《数据保护政策》旨在"为所有与其合作的人（包括但不限于员工、学生、访客、校友和研究参与者）的数据保护权利提供支持"，该政策规定了大学、其教职员工和学生在充分遵守欧盟《通用数据保护条例》和英国《2018 年数据保护法》的规定方面的责任和义务（University of Edinburgh，2019）。该政策包括《数据保护手册》②、《数据保护影响评估指南》③、

---

① DCC. Five Things You Need to Know about Research Data Management and the Law: DCC Checklist on Legal Aspects of RDM [EB/OL]. https://www.dcc.ac.uk/guidance/how-guides/rdm-law [2023-01-01].

② University of Edinburgh. Data Protection Handbook v10 [EB/OL]. https://www.ed.ac.uk/sites/default/files/atoms/files/dataprotectionhandbookv10.pdf[2023-01-03].

③ University of Edinburgh. Data Protection Impact Assessment Guidance[EB/OL]. https://www.ed.ac.uk/sites/default/files/atoms/files/researchdpiaguidancev5.pdf[2023-01-03].

《存储期限表创建指南》①、《信息安全政策》（University of Edinburgh，2020）等一系列政策文件，本书将其中与研究参与者的个人数据保护相关并值得参考借鉴的政策内容概括为如下两个方面。

7.2.2.1　以参与者信息表获得研究参与者的明确同意

爱丁堡大学已依据《通用数据保护条例》第 7 条第 1-4 款 "同意的条件" 获得研究参与者对于处理其个人数据的明确的知情同意，如规定研究人员从研究参与者处收集个人数据时必须向其提供 "参与者同意表"（participant consent sheet）、"参与者信息表"（participant information sheet，PIS）和 "研究参与者的隐私声明"，使其知悉将如何处理其个人数据以及出于何种目的处理个人数据。爱丁堡大学制定的 "参与者同意表" 要求研究参与者确认如下要点：①确认已阅读并理解此项研究的 "参与者信息表"；②有机会考虑所提供的资料并提问，所提出的问题均已得到令人满意的解答；③已知悉参与研究是自愿的，可以在任何时间要求退出，而无须给出任何理由，其医疗或法律权利不受影响；④已知悉其匿名数据将至少存储 5 年，并可能用于未来合乎伦理的研究中；⑤同意参与此项研究。表 7-5 是爱丁堡大学针对非医学研究制定的 "参与者信息表" 模板，该表针对数据生命周期各阶段（数据创建、数据存储、数据发布、数据访问、数据重用、数据归档）征得研究参与者的明确的知情同意，并针对研究参与者的个人数据的创建目的、创建方式、处理目的和处理方式等相关内容做出了较为详尽的说明②。爱丁堡大学在 "研究参与者的隐私声明" 中向研究参与者补充解释了将如何利用其个人数据：①谁将处理其个人数据？②处理的目的和法律依据？③如何访问其个人数据？④其个人数据将保存多长时间？⑤可以联系谁以及如何投诉？爱丁堡大学在此声明中指出了依据《通用数据保护条例》第三章研究参与者对其个人数据所拥有的数据主体权利，如知情权、访问权、纠正权、擦除权、反对权和限制处理权③。

---

① University of Edinburgh. Creating and Reviewing Retention Schedules [EB/OL]. https://www.ed.ac.uk/sites/default/files/atoms/files/creatingandreviewingretentionschedulesv9.pdf[2023-01-03].

② University of Edinburgh.Guidance on Research and Data Protection Legislation [EB/OL]. https://www.ed.ac.uk/data-protection/data-protection-guidance/specialised-guidance/research-data-protection[2022-10-21].

③ University of Edinburgh. Privacy Notice for Research Participants [EB/OL]. https://www.ed.ac.uk/data-protection/privacy-notice-research[2023-01-03].

表 7-5 "参与者信息表"模板

问题	要点
研究的目的是什么?	研究的目的是[总结研究重点和目标]
为什么邀请我参与?	邀请您参与本研究,因为您[给出联系个人的理由]
我必须参与吗?	不,这完全取决于您。如果您决定参与,请保留本信息表并填写"知情同意书",以表明您了解与研究相关的权利,并且您乐于参与。如果您决定参与,您仍然可以在任何时间自由退出,而无须说明理由。决定不参与或退出研究不会影响您的[如医疗、就业等]
如果我决定参与,我将如何参与?	将向您询问有关[简要描述所需数据类型]的若干问题。将在您方便的时间在安全的环境中进行[问卷调查/访谈/焦点小组访谈],应大约需要[指定可能的时间]才能完成。在理想的情况下,将对您的回答进行录音(需要获得您的同意)
参与有什么好处?	通过分享您的经历,您将帮助大学更好地了解[关键研究重点]
参与是否有风险?	参与没有重大风险[如果存在任何重大风险,则必须予以说明]
如果我想退出研究怎么办?	同意参与本项目并不要求您始终参与研究,也没有进一步的义务。如果在任何阶段,您不再想参与研究,请通知项目管理员[姓名、联系方式]。您应该注意,您的数据可能在您退出之前已用于创作正式研究成果(如期刊论文、会议论文、学位论文和研究报告等),因此如果您想退出研究,建议您尽早与研究团队联系。将根据具体要求销毁您的所有可识别回答,但需要利用您退出之前收集的数据,并维护您同意参与的相关记录
数据保护和机密性	您的数据将根据数据保护法进行处理。已收集的有关您的所有信息都将严格保密。除非您的数据已经匿名化,否则将通过唯一的参与者代码引用,而不是通过[姓名]引用。如果您已同意录音,所有录音都将在转录后销毁。您的数据仅由研究人员/研究团队查看。[如果将与第三方共享数据,务必在此处声明并列出相关方。]所有电子数据将存储在受密码保护的计算机文件中,所有纸质记录将存储在上锁的文件柜中。为了将风险降至最低,您的同意信息将与您的回答分开存储
[国际数据传输]	您的数据将在[存储位置]中进行存储和处理。请注意,欧洲经济区以外的国家/地区可能无法提供与英国相同的数据隐私保护级别[注意:在欧洲经济区以外共享任何个人数据之前,请联系数据保护官]
这项研究的结果将会怎样?	这项研究的结果可能汇总在发表的论文、报告和演示文稿中。在任何正式成果中的引用或关键发现将始终是匿名的,除非已事先获得您的有关不匿名化数据的明确的书面同意[您的数据也可能存档以供未来研究利用]

7.2.2.2 在研究项目启动时进行"数据保护影响评估"

爱丁堡大学已依据《通用数据保护条例》第 35 条实施"数据保护影响评估"并采取数据保护措施,如规定在考虑启动涉及研究参与者的个人数据的新项目时,或将已收集的个人数据用于与收集目的不相容的新目的时,必须始终在项目初始阶段进行"数据保护影响评估"。数据保护影响评估有助于识别项目在侵犯研究参与者隐私方面可能存在的任何潜在风险,并为尽量缓解与管理这些风险协助实施适度的控制措施。爱丁堡大学在《研究人员数据保护影响评估指南》①中将适用于研究项目的"数据保护影响评估"划分为六个阶段，涵盖了《通用数据保护条例》第 35 条第 7 款 a-d 项所涉及的全部评估内容。

（1）项目大纲：大致确定项目的目标及其涉及的处理类型。

（2）描述数据流：描述个人数据的收集、利用和删除。可参照流程图（flow diagram）来解释数据流：从何处获取数据、何处存储数据以及数据传输至何处。还应说明可能受到项目影响的人数。例如：将通过在线表格从研究参与者处收集数据；数据将加密存储在部门驱动器上；将附随研究报告提交假名化的数据集。

（3）隐私法合规性：数据保护法适用于任何数据保护影响评估，应始终执行数据保护合规性审查。数据保护官将提供与其他隐私法相关的建议。爱丁堡大学需要遵守的相关法律法规包括：①欧盟《通用数据保护条例》和英国《2018 年数据保护法》；②英国《人权法》（Human Rights Act，HRA）和英国《平等法》（Equality Act）；③英国《隐私和电子通信条例》（Privacy and Electronic Communications Regulations，PECRs）；④普通法保密义务（仅适用于医疗数据）；⑤英国《人体组织法》（Human Tissue Act）和英国《人体使用药物（临床试验）条例》[Medicines for Human Use（Clinical Trials）Regulations 2004]（仅适用于医学研究）。表 7-6 是爱丁堡大学针对欧盟《通用数据保护条例》制定的"数据保护合规性检查模板"，针对《通用数据保护条例》第 5 条第 1 款 a-f 项所涉及的全部"个人数据处理原则"均已设计出明确、具体的合规性检查问题。

表 7-6　数据保护合规性检查模板

数据保护原则	主要检查问题
—	（1）将处理哪些个人数据？
原则 1：合法性、公平性、透明性	（2）是否正在依据《通用数据保护条例》第 6 条第 1 款 e 项"处理个人数据是为了执行符合公共利益的任务所必要的"？如果否，请说明所依赖的其他法律依据。
	（3）如果将处理特殊类别的个人数据（除《通用数据保护条例》第 6 条第 1 款的法律依据以外），是否依赖于《通用数据保护条例》第 9 条第 2 款 j 项中"为了公共利益、科学或历史研究目的或统计目的"的法律依据？
	（4）如何使个人知悉其个人数据将被如何利用？如果向研究参与者提供"参与者信息表"，请附上该表。
原则 2：目的限制	（5）项目是否涉及将现有个人数据用于新的目的？

① University of Edinburgh.How to Conduct a Data Protection Impact Assessment (DPIA) [EB/OL]. https://www.ed.ac.uk/files/atoms/files/dpiaguidancev8.pdf[2022-10-21].

续表

数据保护原则	主要检查问题
原则 3：充分性、相关性、数据最小化	（6）将制定哪些规程来检验与数据处理目的相关的数据收集程序是充分的、相关的、不过度的？
原则 4：准确性	（7）如何检查个人数据的准确性？
原则 5：存储限制	（8）是否设定了与存储个人数据相关的存储期限，或者是否应用了数据可供未来重用的研究豁免？如果是，这是否包含在"参与者信息表"中？
原则 6：完整性、机密性	（9）有何技术和组织安全措施可防止未经授权或非法处理个人数据？
	（10）是否已对个人数据进行评估以确定其处理是否会对数据主体造成损害或困扰？
	（11）是否将个人数据传输至欧洲经济区以外的国家/地区？如果是，将做出哪些安排以确保对数据有适度的保障措施？
	（12）如果数据是匿名的，或者是由照片组成的，那么"有动机的入侵者"是否有兴趣通过将数据与其可获取的其他信息结合起来以分别重新识别身份？

（4）筛查问题：与研究项目相关的常见筛查问题如下，①项目是否涉及收集有关个人的新的可识别或潜在可识别信息？②项目是否会迫使个人提供相关个人信息（如个人几乎没有意识或选择）？③有关个人的可识别信息是否会与先前未例行访问过信息的其他组织或人员共享？④在利用相关个人信息时是否会引起隐私顾虑或期望（如是否包括健康记录、犯罪记录或其他被认为是敏感和私密并可能引起顾虑或困扰的信息）？⑤项目是否要求以可能具有侵入性的方式联系个人（如未经个人事先同意就打电话或发电子邮件）？⑥项目是否会引起以可能对个人产生重大影响的方式做出决策（如是否会影响个人所接受的护理）？

（5）风险识别与分析：确定数据主体的任何潜在隐私风险及其风险等级，列出可以采取的规避或缓解隐私风险的所有措施，如尽量减少个人数据收集、实行个人数据销毁期限表（destruction schedules）、限制将个人数据用于特定目的等。

（6）批准与回顾：考虑如何进行审核、由谁进行审核以及何时进行审核。

此外，爱丁堡大学已依据《通用数据保护条例》第 13 条第 2 款 a 项、第 23 条第 2 款 f 项和第 30 条第 1 款 f 项规定了研究参与者的个人数据的存储期限，如研究参与者的个人数据的存储时间不得超过其最初收集目的所必需的时间，"必需"的时间可能因所处理的数据类型、处理目的或其他因素而异，而且必须遵守大学的存储期限表（retentionschedules）中规定的存储时间，个人数据必须在存储时间结束时安全地删除、销毁或完全匿名化。

7.2.3 国内科研机构政策协同的政策建议

本书针对国外科研机构开放科学数据与个人数据保护的政策协同实践，为我国科研机构发布的开放科学数据政策进行调整与完善提出政策建议。

7.2.3.1 国外科研机构的相关政策借鉴

本书将国外科研机构在制定开放科学数据政策时，为遵守现行个人数据保护法而作出的政策规定概括为以下四个方面。

（1）涉及人类参与者的研究应获得研究伦理委员会或机构审查委员会的事先批准。例如，门诺莱特大学在《涉及人类参与者的研究伦理审查政策》中规定如下三类研究需要在研究开始之前由常设伦理审查委员会进行审查和批准：①涉及活着的人类参与者的研究；②使用有关活着的个人的可识别信息进行研究，即单独使用或与其他信息结合使用时可能识别个人身份；③研究数据来自人类生物材料（器官、组织、体液、遗体、尸体）以及人类胚胎、胎儿、胎儿组织、生殖材料和干细胞（Canadian Mennonite University，2013）。研究伦理委员会或机构审查委员会通过考虑在整个项目生命周期内（持续伦理审查）可预见的风险水平、潜在利益和伦理影响来评估研究的伦理可接受性。

（2）应依据《赫尔辛基宣言》进行涉及人类主体、人类材料和人类数据的研究。世界卫生组织将涉及"人类主体"的研究定义为"任何旨在产生新知识的需要系统收集或分析数据的社会科学、生物医学、行为科学或流行病学活动，在这一研究活动中研究参与者通过如下两种方式而成为'可识别的个人'：①直接或通过改变环境而受到操纵、干预、观察或与研究人员的其他互动；②通过研究人员的收集、准备、使用生物材料、医疗或其他记录"（Wellcome Trust，2018）。国际医学科学组织理事会将"人类材料"定义为"主要来自经过诊断或治疗程序的病人、尸检样本、活人或死者捐献的器官或组织、身体废物或废弃组织，包括组织、器官、血液、血浆、血清、DNA、RNA、蛋白质、细胞、皮肤、头发、指甲、尿液、唾液或其他体液，也包括胚胎、胎儿、胎儿组织和人类生殖材料"（CIOMS and WHO，2016）。美国国立卫生研究院将"人类数据"定义为"直接从人类获得的数据以及此类数据的派生数据"（NIH，2015）。

（3）涉及人类参与者的研究在所涉及的数据生命周期的各个阶段（如数据创建、数据存储、数据发布、数据访问、数据重用、数据归档）都应获得研究参与者明确的知情同意。研究参与者在参与研究之前通常以书面形式签署"知情同意书"，并且在"知情同意书"中应允许研究参与者对如下要点做出明确回应：①研究参与者已阅读并了解有关项目的信息；②研究参与者有机会提问；③研究参与者自愿同意参与项目；④研究参与者已知悉，可以在任何时间退出，而无须说明理由，也不受任何处罚；⑤如何保护数据机密性，如是否将使用真实姓名或假名、数据将如何匿名化处理等；⑥如何在出版物中使用个人数据；⑦研究参与者是否同意个人数据的归档与重用①。

（4）对研究参与者的个人数据进行分级管理并实施访问控制，通过控制或限制数据访问与重用以保护个人敏感和机密数据，如 UK Data Service 将研究参与者的个人数据划分为三个级别并实施相应的访问控制：①开放数据，即不包含个人或可识别信息的数据，用户无须注册即可访问数据；②保护数据（safeguarded data），即不包含个人信息但数据所有者认为与其他数据结合存在泄露风险的数据，用户需要注册并同意某些条件才可以访问（如不传播任何有关个人、家庭或组织的身份或机密信息，并且不利用这些数据试图获取与特定的可识别个人有关的信息）；③受控数据（controlled data），即可能识别个人的数据，只有经过培训和认证的用户才可以访问②。美国国立卫生研究院将"受限数据"（restricted data）定义为"由于参与者保密问题、第三方许可或使用协议、国家安全考虑等原因而不能向公众发布的数据集"（NIH，2003）。

7.2.3.2 针对国内科研机构的政策建议

本书借鉴国外科研机构两类政策之间政策协同的典型案例与政策实践，对国内科研机构制定与完善开放科学数据政策提出以下四个方面的政策建议。

（1）依据新出台的个人数据保护法针对本机构的开放科学数据政策做出政策调整，如欧盟《通用数据保护条例》、中国《中华人民共和国个人信息保护法》、中国《中华人民共和国网络安全法》等，借鉴爱丁堡大学、伯明翰大学、诺丁汉大学、英国切斯特大学、阿伯丁大学、斯旺西大学、伦敦玛丽女王大学等国外科研机构发布"数据保护政策"系列政策文件，尽快制定与发布适合于本机构的独立的个人数据保护相关政策文件，以期本机构的科研人员在进行涉及人类参与者的研究项目时，能够在项目生命周期内严格遵守个人数据保护相关法律法规。

（2）尽快设立本机构的研究伦理委员会或机构审查委员会，以规范本机构的

---

① UKDA. Ethical Issues [EB/OL]. https://ukdataservice.ac.uk/learning-hub/research-data-management/[2022-12-31].

② UKDA. Ethical Issues [EB/OL]. https://ukdataservice.ac.uk/learning-hub/research-data-management/[2022-12-31].

科研人员进行涉及人类参与者的研究项目。要求科研人员在进行涉及人类参与者的研究项目之前，需要获得本机构的研究伦理委员会或机构审查委员会的事先批准。可参照麦吉尔大学的《涉及人类参与者的研究伦理行为政策》（McGill University，2022）、门诺莱特大学的《涉及人类参与者的研究伦理审查政策》（Canadian Mennonite University，2013）、加拿大社会科学与人文研究理事会的《人类研究伦理行为的三理事会政策声明》（CIHR et al.，2018）和澳大利亚研究理事会的《关于人类研究伦理行为的国家声明》（ARC and NHMRC，2018）等制定本机构的涉及人类参与者的研究伦理审查政策。

（3）借鉴国外科研机构的政策实践调整与完善本机构的开放科学数据政策，针对所涉及的全部数据生命周期阶段补充与细化个人数据保护相关政策内容，如在数据创建阶段可参照爱丁堡大学的"参与者同意表""参与者信息表""研究参与者的隐私声明"；在数据处理阶段可参照爱丁堡大学的《研究人员数据保护影响评估指南》；在数据存储阶段可参照爱丁堡大学的《存储期限表创建指南》；在数据发布阶段可参照澳大利亚国家数据服务的《处理敏感数据》[①]和美国国立卫生研究院的《校内研究计划：人类数据共享政策》（NIH，2015）；在数据归档阶段可参照英国国家档案馆（National Achives）的《个人数据存档指南》（National Archives，2018）。

（4）针对本机构的开放科学数据政策中的个人数据保护相关政策内容从如下三个方面进行补充、调整与完善：①明确指出研究参与者作为数据主体对其个人数据所拥有的数据权利，如知情权、访问权、纠正权、反对权、擦除权、可携带权、限制处理权和自动处理与分析的决定权等；②针对个人数据的创建目的、创建方式、处理目的和处理方式等做出明确规定，如要求科研人员对个人数据的创建方式不能引起研究参与者的心理压力、焦虑、屈辱或痛苦；③要求针对个人数据的数据发布和数据重用进行事先风险评估，如要求科研人员和第三方用户对个人数据的处理机制进行"数据保护影响评估"。

---

① ANDS. Working with Sensitive Data[EB/OL]. https://ardc.edu.au/resource-hub/working-with-sensitive-data/ [2023-07-07].

参 考 文 献

爱德华·弗里曼, 杰弗里·哈里森, 安德鲁·威克斯, 等. 2013. 利益相关者理论: 现状与展望 [M]. 盛亚, 李靖华, 等译. 北京: 知识产权出版社.

保罗·萨巴蒂尔. 2004. 政策过程理论[M]. 彭宗超, 钟开斌, 等译. 北京: 生活·读书·新知三联书店.

毕达天, 曹冉, 杜小民. 2020. 人文社科科学数据共享意愿影响因素研究——基于同辈压力视角[J]. 情报资料工作, 41(4): 67-76.

陈大庆. 2013. 英国科研资助机构的数据管理与共享政策调查及启示[J]. 图书情报工作, 57(8): 5-11.

陈秀娟, 吴鸣. 2015. 学科领域期刊科研数据发表政策剖析——以美国化学学会期刊为例[J]. 中国科技期刊研究, 26(8): 800-807.

陈振明. 2003. 政策科学——公共政策分析导论[M]. 2 版. 北京: 中国人民大学出版社.

崔海媛, 聂华, 吴越, 等. 2017. 公共资助机构开放获取政策研究与实施——以国家自然科学基金委员会基础研究知识库开放获取政策为例[J]. 大学图书馆学报, (3): 79-86.

崔雁. 2016. 科学数据开放中数据中心政策分析与建议[J]. 图书情报工作, 2016, 60(8): 73-78.

崔雁. 2017. 科学数据开放中科研资助机构研究[J]. 图书馆杂志, (7): 25-36.

《地理学报》(中、英文版)编辑部, 《全球变化科学研究数据出版系统》编辑部. 2015. 关于"论文关联原创数据"出版(试行)的通知[EB/OL]. http://www.gsc.org.cn/content.aspx?id=261 [2022-12-26].

丁枝秀, 张静蓓. 2014. SSCI图书馆学情报学期刊补充材料存缴政策调查与分析[J]. 图书情报工作, 58(14): 85-89.

傅天珍, 陈妙贞. 2014. 我国学术期刊数据出版政策分析及建议[J]. 中国出版, (23): 31-34.

耿云. 2013. 国外公共政策过程理论: 反思与发展——读保罗·A. 萨巴蒂尔《政策过程理论》[J]. 社会科学管理与评论, (4): 105-110, 112.

关琳琳, 金鑫, 马瀚青, 等. 2021. 国际数据期刊出版质量控制机制研究[J]. 中国科技期刊研究, 32(10): 1269-1277.

国家自然科学基金委员会. 2014. 国家自然科学基金委员会关于受资助项目科研论文实行开放获取的政策声明[EB/OL]. https://www.nsfc.gov.cn/publish/portal0/tab442/info61625.htm [2022-12-07].

国务院办公厅. 2018. 国务院办公厅关于印发科学数据管理办法的通知[EB/OL]. https://most.gov.cn/xxgk/xinxifenlei/fdzdgknr/fgzc/gfxwj/gfxwj2018/201804/t20180404_139023.html [2022-12-07].

韩铭扬, 姜鑫. 2017. 国际开放存取期刊数据政策调查分析——以 *BioMed Central* 期刊为例[J]. 情报杂志, 36(8): 161-165.

何华兵, 万玲. 2006. 发展中的政策过程理论——我国政策过程理论发展回顾与展望[J]. 云南行政学院学报, (6): 71-73.

洪伟达, 马海群. 2020. 我国开放政府数据政策协同机理研究[J]. 情报科学, (5): 126-131.

洪伟达, 马海群. 2021. 我国开放政府数据政策的演变和协同研究——基于 2012—2020 年政策文本的分析[J]. 情报杂志, 40(10): 139-147, 138.

黄萃, 任弢, 张剑. 2015. 政策文献量化研究: 公共政策研究的新方向[J]. 公共管理学报, 12(2): 129-137, 158-159.

黄道丽, 原浩. 2015. 开放数据与网络安全立法和政策的冲突与暗合——以美国政府行政令为视角[J]. 信息安全与通信保密, (6): 78-81.

黄国彬, 屈亚杰. 2017. 英国科研资助机构的科学数据共享政策调研[J]. 图书馆论坛, (5): 124-132.

黄国彬, 郑霞, 付映宏. 2020. 数据导引——Data Paper 的概念辨析与译名修正[J]. 现代情报, 40(1): 24-34.

黄如花, 赖彤. 2016. 利益相关者视角下图书馆参与科学数据管理的分析[J]. 图书情报工作, 60(3): 21-25, 89.

黄如花, 李楠. 2017. 基于数据生命周期模型的国外数据期刊政策研究[J]. 图书与情报, (3): 36-42, 108.

黄永文, 张建勇, 黄金霞, 等. 2013. 国外开放科学数据研究综述[J]. 现代图书情报技术, (5): 21-27.

加里·金, 罗伯特·基欧汉, 悉尼·维巴. 2014. 社会科学中的研究设计[M]. 陈硕译. 上海: 格致出版社.

江洪, 刘敬仪. 2019. 国外期刊科学数据管理调查与分析[J]. 图书情报工作, 63(9): 127-134.

科技部, 财政部. 2019. 科技部财政部关于发布国家科技资源共享服务平台优化调整名单的通知[EB/OL]. http://www.gov.cn/xinwen/2019-06/11/content_5399105.htm [2022-12-26].

雷秋雨, 马建玲. 2016. 学术期刊数据出版政策研究综述——以 JCR 中进化生物学领域期刊为例[J]. 图书馆理论与实践, (1): 30-34.

李钢, 蓝石, 江雪梅, 等. 2007. 公共政策内容分析方法: 理论与应用[M]. 重庆: 重庆大学出版社.

李秋月, 何祎雯. 2018. 我国科学数据权益保护问题及对策——基于共享政策的文本分析[J]. 图书馆, (1): 74-80.

李思宇. 2020. 科学数据共享问题: 一个博弈论视角的讨论[J]. 自然辩证法通讯, 42(12): 76-79.

李向阳, 顾立平, 王彦兵. 2016. 国外科研资助机构数据管理计划政策的调研与分析[J]. 情报资料工作, (1): 62-67.

李旭光, 王丹, 肖斯佳, 等. 2022. 交叉学科科学数据管理政策内容分析及启示——以地理学为例[J]. 情报杂志, 41(1): 139-148.

李瑛, 康德颜, 齐二石. 2006. 政策评估的利益相关者模式及其应用研究[J]. 科研管理, 27(2): 51-56.

林聚任, 刘玉安. 2008. 社会科学研究方法[M]. 2 版. 济南: 山东人民出版社.

刘冰, 王晋明, 晁世育. 2021. 英、美、澳高校科研数据管理政策实证研究[J]. 情报理论与实践, 44(8): 59-67.

刘灿, 王玲, 任胜利. 2018. 数据期刊的发展现状及趋势分析[J]. 编辑学报, 30(4): 344-349.

刘传玺. 2016. 数据论文概念辨析及其同行评审研究[J]. 图书馆杂志, (9): 76-80, 93.

刘凤红, 崔金钟, 韩芳桥, 等. 2014. 数据论文: 大数据时代新兴学术论文出版类型探讨[J]. 中国科技期刊研究, 25(12): 1451-1456.

刘凤红, 彭琳. 2019. 国际数据期刊的发展现状调查与分析[J]. 中国科技期刊研究, 30(11): 1129-1134.

刘凤红, 彭琳. 2021. FAIR 原则背景下国际出版集团的数据政策和实践[J]. 中国科技期刊研究, 32(2): 173-179.

刘凤红, 张恬. 2017. 开放科学背景下新兴学术论文出版类型——研究要素出版[J]. 中国科技期刊研究, 28(2): 138-144.

刘晶晶, 顾立平. 2015. 数据期刊的政策调研与分析——以 *Scientific Data* 为例[J]. 中国科技期刊研究, 26(4): 331-339.

刘晶晶, 顾立平, 范少萍. 2015. 国外通用型数据知识库的政策调研与分析[J]. 现代图书情报技术, (11): 4-11.

刘静羽, 章岑, 孙雯熙, 等. 2020. 开放科学中的知识产权问题分析[J]. 农业图书情报学报, 32(12): 59-69.

刘莉, 刘伯实. 2019. 英国医学院校科研数据管理政策解析——以伦敦大学医学院为例[J]. 图书馆论坛, (7): 153-159.

刘莉, 刘文云, 刘建, 等. 2019. 英国科研数据管理与共享政策研究[J]. 情报资料工作, 40(5): 46-53.

刘莉, 刘文云, 马伍翠, 等. 2019. 英国高校机构知识库开放获取政策研究[J]. 情报理论与实践, 42(3): 171-176, 145.

刘世闵, 李志伟. 2017. 质化研究必备工具: NVivo 10 之图解与应用[M]. 北京: 经济日报出版社.

刘伟. 2014. 内容分析法在公共管理学研究中的应用[J]. 中国行政管理, (6): 93-98.

刘文云, 毕煜. 2017. 基于科研管理需求驱动的机构知识库管理政策——以山东理工大学 SDUT IR 为例[J]. 情报理论与实践, 40(1): 31-35, 40.

刘细文, 熊瑞. 2009. 国外科学数据开放获取政策特点分析[J]. 情报理论与实践, 32(9): 5-9, 18.

刘晓婷, 佟泽华, 师闻笛. 2019. 大数据时代科研人员数据共享演化博弈研究: 信任机制视角[J]. 情报理论与实践, 42(3): 92-100.

马海群, 洪伟达. 2018. 我国开放政府数据政策协同的先导性研究[J]. 图书馆建设, (4): 61-68.

毛子骏, 郑方, 黄膺旭. 2018. 政策协同视阈下的政府数据开放研究[J]. 电子政务, (9): 14-23.

孟祥保, 高凡. 2016. 利益相关者视角下科研数据战略规划研究[J]. 图书情报工作, 60(9): 38-44.

孟祥保, 钱鹏. 2017. 数据生命周期视角下人文社会科学数据特征研究[J]. 图书情报知识, (1): 76-88.

欧阳峥峥, 青秀玲, 顾立平, 等. 2015. 国际数据期刊出版的案例分析及其特征[J]. 中国科技期刊研究, 26(5): 437-444.

裴雷. 2013. 我国科学数据共享政策概念一致性与政策质量评估[J]. 情报理论与实践, 36(9): 28-31.

彭琳, 韩燕丽. 2019. 我国科技期刊数据政策分析及启示——以中国科学院主办英文期刊为例[J]. 中国科技期刊研究, 30(8): 870-877.

秦长江, 吴思洁, 王丹丹. 2022. 社科学术期刊科研数据政策研究——基于国外六个学科代表性期刊的分析[J]. 中国科技期刊研究, 33(3): 338-344.

尚新丽, 马云飞. 2015. 国内三大高校机构知识库开放存取政策调查研究[J]. 图书馆, (1):

41-44.

沈永辉. 2018. 质性研究方法在国外教育政策研究中的应用与价值[J]. 比较教育研究, (8): 54-60, 77.

司莉, 贾欢, 邢文明. 2015. 科学数据著作权保护问题与对策研究[J]. 图书与情报, (4): 118-122.

司莉, 辛娟娟. 2014. 英美高校科学数据管理与共享政策的调查分析[J]. 图书馆论坛, (9): 80-85, 65.

司莉, 邢文明. 2013. 国外科学数据管理与共享政策调查及对我国的启示[J]. 情报资料工作, (1): 61-66.

苏庆收, 刘文云, 马伍翠, 等. 2018. 机构知识库开放获取政策体系内容研究[J]. 情报理论与实践, 41(10): 34-39.

孙枢, 张先恩, 郭增艳, 等. 2002. 美国科学数据共享政策考察报告[J]. 中国基础科学, (5): 37-39.

孙轶楠, 顾立平, 宋秀芳, 等. 2015. 学科数据知识库的政策调研与分析——以生命科学领域为例[J]. 现代图书情报技术, (12): 13-20.

唐义, 张晓蒙, 郑燃. 2013. 国际科学数据共享政策法规体系: Linked Science 制度基础[J]. 图书情报知识, (3): 67-73.

唐源, 吴丹. 2015. 国外医学科学数据共享政策调查及对我国的启示[J]. 图书情报工作, 59(18): 6-13.

完颜邓邓. 2016. 澳大利亚高校科学数据管理与共享政策研究[J]. 信息资源管理学报, (1): 30-37.

王丹丹, 刘清华, 葛力云. 2020. Springer Nature 科研数据政策标准化工作实践及启示[J]. 图书情报工作, 64(18): 137-145.

王晴. 2014. 论科学数据开放共享的运行模式、保障机制及优化策略[J]. 国家图书馆学刊, (1): 3-9.

魏悦, 刘桂锋. 2016. 英国高校科研数据管理政策内容调查及启示[J]. 图书情报研究, (4): 35-44.

文静, 何琳, 韩正彪. 2019. 科研人员科学数据重用意愿的影响因素研究[J]. 图书情报知识, (1): 11-20.

吴蓉, 顾立平, 刘晶晶. 2015. 国外学术期刊数据政策的调研与分析[J]. 图书情报工作, 59(7): 99-105.

吴越, 聂华, 崔海媛. 2014. 机构知识库相关政策研究——基于北京大学机构知识库的思考与探索[J]. 大学图书馆学报, (2): 24-27.

伍多·库卡茨. 2017. 质性文本分析: 方法、实践与软件使用指南[M]. 朱志勇, 范晓慧, 译. 重庆: 重庆大学出版社.

小约瑟夫·斯图尔特, 戴维·赫奇, 詹姆斯·莱斯特. 2011. 公共政策导论[M]. 3 版. 韩红译. 北京: 中国人民大学出版社.

谢永志. 2013. 个人数据保护法立法研究[M]. 北京: 人民法院出版社.

邢文明, 洪程. 2018. 美国高校科研数据政策内容分析[J]. 数字图书馆论坛, (10): 32-40.

徐速, 张新鹤. 2017. 我国机构知识库开放获取政策体系与内容研究[J]. 图书情报知识, (6): 42-49, 97.

许燕, 麻思蓓, 郑彦宁, 等. 2020. 科学数据的法律属性与知识产权管理[J]. 科技管理研究, (22):
　　177-182.

薛秋红, 徐慧芳. 2021. 西方国家科研机构科学数据管理政策要素研究[J]. 情报理论与实践,
　　44(7): 191-196, 124.

闫鹏. 2019. 利益相关者视角下档案部门参与科学数据管理的分析[J]. 档案天地, (3): 47-49.

杨茗溪. 2018. 美国高校机构知识库开放获取政策调查[J]. 图书馆建设, (8): 33-39.

杨云秀, 顾立平, 张瑶, 等. 2015. 国外科研教育机构数据政策的调研与分析——以英国10所高
　　校为例[J]. 图书情报工作, 59(5): 53-59

曾荣光. 2011. 理解教育政策的意义——质性取向在政策研究中的定位[J]. 北京大学教育评论,
　　9(1): 152-180, 192.

张晋朝. 2013. 我国高校科研人员科学数据共享意愿研究[J]. 情报理论与实践, 36(10): 25-30.

张闪闪, 刘晶晶, 顾立平, 等. 2018. 科研数据内容重用中的权益问题研究[J]. 图书情报知识,
　　(1): 105-113, 94.

张旺, 程慧平. 2020. 科学数据开放共享策略机制及优化路径研究[J]. 情报杂志, 39(5):
　　154-161.

张伟, 张庆, 高波. 2017. 德国高校开放获取知识库政策研究[J]. 大学图书馆学报, (2): 75-80,
　　19.

张晓林. 2019. 实施公共资助科研项目研究数据开放共享的政策建议[J]. 中国科学基金, (1):
　　79-87.

张雪蕾, 魏青山. 2016. 高校机构知识库政策框架研究——基于西安交通大学机构知识库的实
　　践[J]. 图书馆理论与实践, (4): 76-79, 112.

张瑶, 顾立平, 杨云秀, 等. 2015. 国外科研资助机构数据政策的调研与分析——以英美研究理
　　事会为例[J]. 图书情报工作, 59(6): 53-60.

张玉娥, 王永珍. 2017. 欧盟科研数据管理与开放获取政策及其启示——以"欧盟地平线2020"
　　计划为例[J]. 图书情报工作, 61(13): 70-76.

赵筱媛, 浦墨, 王娟娟, 等. 2014. 基于政策文本内容分析的政策发展趋势预测研究[J]. 情报学
　　报, 33(9): 916-925.

赵星, 李书宁, 田晓迪. 2018. 澳大利亚大学开放获取政策调研与分析[J]. 图书情报工作,
　　62(14): 133-140.

赵延东, 黄磊, 梅亮. 2020. 科学资助组织推动开放科学发展政策的比较研究——以开放获取为
　　例[J]. 中国软科学, (3): 57-65.

中国科学院. 2019. 中国科学院科学数据管理与开放共享办法(试行)[EB/OL]. https://www.
　　cas.cn/tz/201902/P020190220358041915907.pdf [2022-12-07].

周翔. 2014. 传播学内容分析研究与应用[M]. 重庆: 重庆大学出版社.

周晓燕, 宰冰欣. 2017. 澳大利亚高校科研数据管理政策制定研究[J]. 图书馆建设, (2): 63-70.

周英男, 柳晓露, 宫宁. 2017. 政策协同内涵、决策演进机理及应用现状分析[J]. 管理现代化,
　　(6): 122-125.

周玉琴, 邢文明. 2018. 我国科研数据管理与共享政策体系研究[J]. 中华医学图书情报杂志,
　　27(8): 1-7.

庄倩, 何琳. 2015. 科学数据共享中科研人员共享行为的演化博弈分析[J]. 情报杂志, 34(8):

152-157, 168.

Alliance for Permanent Access. 2011. Report on Integration of Data and Publications [EB/OL]. https://epic.awi.de/id/eprint/31397/1/ODE-ReportOnIntegrationOfDataAndPublications-1_1.pdf [2022-12-15].

ARC. 2019. Open Access Policy [EB/OL]. https://www.arc.gov.au/sites/default/files/2022-06/Open%20Access%20Policy%20Version%202017.1.pdf [2022-09-04].

ARC, NHMRC. 2007. Australian Code for the Responsible Conduct of Research 2007 [EB/OL]. https://www.nhmrc.gov.au/about-us/publications/australian-code-responsible-conduct-research-2007 [2022-12-11].

ARC, NHMRC. 2018. National Statement on Ethical Conduct in Human Research 2007 (updated 2018) [EB/OL]. https://www.nhmrc.gov.au/about-us/publications/national-statement-ethical-conduct-human-research-2007-updated-2018 [2022-10-23].

ARDC. 2020. FAIR Data Guidelines for Project Outputs [EB/OL]. https://ardc.edu.au/resource/fair-data-guidelines-for-project-data-outputs/ [2022-12-30].

BBSRC. 2017. BBSRC Data Sharing Policy [EB/OL]. https://www.ukri.org/wp-content/uploads/2021/07/data-sharing-policy-v1.22.pdf[2022-09-04].

Boston University. 2018. Scientific Research Data Policy [EB/OL]. https://www.bu.edu/policies/scientific-research-data-policy/ [2022-09-26].

Brown University. 2020. Research Data and Research Materials Management, Sharing, and Retention Policy [EB/OL]. https://policy.brown.edu/policy/rdm-management-share-retention-policy[2022-09-25].

Burgelman J C, Pascu C, Szkuta K, et al. 2019. Open science, open data, and open scholarship: European policies to make science fit for the twenty-first century [J]. Frontiers in Big Data, 2: 1-6.

Burton P R, Banner N, Elliot M J, et al. 2017. Policies and strategies to facilitate secondary use of research data in the health sciences [J]. International Journal of Epidemiology, 46(6): 1729-1733.

Canadian Mennonite University. 2013. Policy on Ethical Review of Research with Human Participants [EB/OL]. http://www.cmu.ca/docs/academic/CMU_Policy_on_Ethical_Review_of_Research_with_Human_Participants. pdf [2023-01-01].

Candela L, Castelli D, Manghi P, et al. 2015. Data journals: A survey [J]. Journal of the Association for Information Science and Technology, 66(9): 1747-1762.

Cardiff University. 2018. Data Protection Policy [EB/OL]. https://www.cardiff.=ac.uk/_data/assets/pdf_file/0004/153823/DataProtectionPolicyGDPRV3. 0-Published. pdf [2022-10-08].

Childs S, McLeod J, Lomas E, et al. 2014. Opening research data: Issues and opportunities [J]. Records Management Journal, 24(2): 142-162.

Christian T, Gooch A, Vision T, et al. 2020. Journal data policies: Exploring how the understanding of editors and authors corresponds to the policies themselves [J]. PLOS ONE, 15(3): e0230281.

CIHR, NSERC, SSHRC. 2016. Tri-Agency Statement of Principles on Digital Data Management [EB/OL]. https://www.science.gc.ca/eic/site/063.nsf/eng/h_83F7624E.html [2022-09-04].

CIHR, NSERC, SSHRC. 2018. Tri-Council Policy Statement: Ethical Conduct for Research Involving Humans-TCPS 2 (2018) [EB/OL]. https://ethics.gc.ca/eng/documents/tcps2-2018-eninteractive-final. pdf [2022-09-06].

CIHR, NSERC, SSHRC. 2021. Tri-Agency Research Data Management Policy [EB/OL]. https://wwwscience.gc.ca/eic/site/063.nsf/eng/h_97610.html [2022-09-03].

CIOMS, WHO. 2002. International Ethical Guidelines for Biomedical Research Involving Human Subjects [EB/OL]. https://cioms.ch/publications/product/international-ethical-guidelines-for-biomedical-research-involving-human-subjects-2/ [2023-01-02].

CIOMS, WHO. 2016. International Ethical Guidelines for Health-related Research Involving Humans [EB/OL]. https://cioms.ch/wp-content/uploads/2017/01/WEB-CIOMS-EthicalGuidelines. pdf [2023-01-02].

Cornell University. 2020. University Policy 4.20: Research Data Retention [EB/OL]. https://policy. cornell.edu/sites/default/files/policy/vo4_20.pdf [2022-09-08].

Council of the European Union. 2016. General Data Protection Regulation [EB/OL]. https://eur-lex. europa.eu/legal-content/EN/TXT/PDF/?uri=CELEX: 32016R0679&from=EN [2022-12-31].

CRUK. 2019. Data Sharing Guidelines [EB/OL]. https://www.cancerresearchuk.org/funding-for-researchers/applying-for-funding/policies-that-affect-your-grant/submission-of-a-data-sharing-and-preservation-strategy/data-sharing-guidelines [2022-09-05].

CRUK. 2020. Cancer Research UK Policy on Data Sharing and Preservation [EB/OL]. https://www. cancerresearchuk.org/sites/default/files/cruk_data_sharing_policy_2020_final.pdf [2022-09-05].

Curtin University. 2021. Research Data and Primary Materials Policy [EB/OL]. https://policies.curtin. edu.au/local/docs/policy/Research_Data_and_Primary_Materials_Policy.pdf [2022-10-27].

Dalhousie University. 2021. Institutional Research Data Management Strategy [EB/OL]. https:// cdn.dal.ca/content/dam/dalhousie/pdf/library/ResearchDataManagement/Dalhousie%20Instituti onal%20RDM%20Strategy%20V7.pdf [2022-11-04].

Dartmouth College. 2019. Data Retention Policy for Research [EB/OL]. https://policies.dartmouth.edu/ policy/data-retention-policy-research [2022-10-02].

DCC. 2013. Checklist for a Data Management Plan v.4.0 [EB/OL]. https://www.dcc.ac.uk/sites/ default/files/documents/resource/DMP/DMP_Checklist_2013.pdf [2022-12-30].

DCC. 2014. Five Steps to Developing a Research Data Policy [EB/OL]. https://www.dcc.ac.uk/sites/ default/files/documents/publications/DCC-FiveStepsToDevelopingAnRDMpolicy. pdf [2022-12-11].

De Montfort University. 2016. Good Practice in Research Data Management [EB/OL]. https:// www.dmu.ac.uk/documents/research-documents/research-support/dmu-guidelines-on-rdm-march-2016.pdf [2022-12-17].

Deakin University. 2016. Schedule A: Retention Periods for Research Data [EB/OL]. https://policy. deakin.edu.au/ download.php?id=539&version=2&associated [2022-10-27].Dryad. 2019. Terms of Service [EB/OL]. https://datadryad. org/stash/terms [2022-12-22].

EPSRC. 2022. Policy Framework on Research Data [EB/OL]. https://www.ukri.org/about-us/epsrc/ our-policies-and-standards/policy-framework-on-research-data/ [2022-09-05].

ERC. 2017. Guidelines on Implementation of Open Access to Scientific Publications and Research Data[EB/OL]. https://ec.europa.eu/research/participants/data/ref/h2020/other/hi/oa-pilot/h2020-hi-erc-oa-guide_en.pdf[2022-12-05].

ERC. 2021. Open Access Guidelines for Research Results Funded by the ERC[EB/OL]. https://erc.
europa.eu/sites/default/files/document/file/ERC_Open_Access_Guidelines-revised_Dec_2021. pdf
[2022-12-05].

ESRC. 2014. ESRC Research Data Policy [EB/OL]. https://www.ukri.org/wp-content/uploads/2021/
07/ESRC-200721-ResearchDataPolicy. pdf[2022-09-04].

ESRC. 2015. Research Ethics Guidance [EB/OL]. https://www.ukri.org/councils/esrc/guidance-for-
applicants/ research-ethics-guidance/ [2022-12-23].

European Commission. 2014. Open Access to Publications and Data in Horizon 2020: Frequently
Asked Questions（FAQ）[EB/OL]. [2022-12-17]. https://www.epa.ie/publications/research/previous-
call-documents/Open-Access-to-Publications-and-Data-in-Horizon-2020-Frequently-Asked-Ques
tions-（FAQ）.pdf.

European Commission. 2016. Guidelines on FAIR Data Management in Horizon [EB/OL].
https://ec.europa.eu/research/participants/data/ref/h2020/grants_manual/hi/oa_pilot/h2020-hi-oa-
data-mgt_en. pdf [2022-10-06].

European Commission. 2017. Guidelines to the Rules on Open Access to Scientific Publications and
Research Data in Horizon 2020 [EB/OL]. https://ec.europa.eu/research/participants/data/ref/
h2020/grants_manual/hi/oa_pilot/h2020-hi-oa-pilot-guide_en.pdf[2022-10-06].

GibneyE. 2018. What to expect in 2019: science in the new year [EB/OL]. https://www.nature.com/
articles/d41586-018-07847-3[2022-12-10].

Griffith University. 2018. The Responsible Management of Research Data and Materials [EB/OL].
https://www.griffith.edu.au/_data/assets/pdf_file/0027/179046/integrity04-Data.pdf [2022-10-28].

Harris R, Baumann I. 2015. Open data policies and satellite Earth observation [J]. Space Policy, 32:
44-53.

Harvard University. 2017. Research Records and Data Retention and Maintenance Guidance [EB/OL].
https://cpb-us-e1.wpmucdn.com/websites.harvard.edu/dist/6/18/files/2020/07/research_records_
and_data_retention_and_maintenance_guidance_rev_2017.pdf [2022-09-07].

HEFCE, JISC, RCUK,et al. 2016. Concordat on Open Research Data [EB/OL]. https://www.ukri.org/
wp-content/uploads/2020/10/UKRI-020920-ConcordatonOpenResearchData. pdf[2022-10-06].

Heriot-Watt University. 2015. Research Data Management Policy [EB/OL]. https://www.hw.ac.
uk/documents/research-data-management-policy.pdf [2022-10-09].

HHS. 1979. Ethical Principles and Guidelines for the Protection of Human Subjects of Research
[EB/OL]. https://www.hhs.gov/ohrp/regulations-and-policy/belmont-report/read-the-belmont-report/
index.html [2023-01-02].

Higman R, Pinfield S. 2015. Research data management and openness: The role of data sharing in
developing institutional policies and practices [J]. Program: Electronic Library and Information
Systems, 49（4）: 364-381.

Hrynaszkiewicz I, Simons N, Hussain A, et al. 2020. Developing a research data policy framework
for all journals and publishers [J]. Data Science Journal, 19（5）: 1-15.

Huang Y, Cox A M, Sbaffi L. 2021. Research data management policy and practice in Chinese
university libraries [J]. Journal of the Association for Information Science and Technology, 72（4）:

493-506.

ICPSR. 2018. ICPSR Digital Preservation Policy Framework [EB/OL]. https://www.icpsr.umich. edu/web/pages/datamanagement/preservation/policies/dpp-framework.html [2022-12-30].

Imperial College London. 2022. Research Data Management Policy [EB/OL]. https://www.imperial. ac.uk/media/imperial-college/research-and-innovation/research-office/public/Imperial-College-RDM-Policy. pdf [2022-09-09].

International Economic Review. 2022. Data Availability Policy [EB/OL]. https://economics.sas.upenn. edu/ier/submissions/data-availability-policy [2022-12-18].

Jackson B. 2021. Open data policies among library and information science journals [J]. Publications, 9 (2): 25.

Johns Hopkins University. 2008. Policy on Access and Retention of Research Data and Materials [EB/OL]. https://web.jhu.edu/administration/provost/programs_services/research/Data_Management_ Policy. pdf [2022-09-08].

Jones L, Grant R, Hrynaszkiewicz I. 2019. Implementing publisher policies that inform, support and encourage authors to share data: Two case studies [J]. Insights, 32: 11.

Jones S. 2012. Developments in research funder data policy [J]. International Journal of Digital Curation, 7 (1): 114-125.

Joo S, Peters C. 2020. User needs assessment for research data services in a research university [J]. Journal of Librarianship and Information Science, (3): 633-646.

Jung K, Park H W. 2015. A semantic (TRIZ) network analysis of South Korea[1]'s "Open Public Data" policy [J]. Government Information Quarterly, 32 (3): 353-358.

Kim J. 2021. Determining research data services maturity: The role of library leadership and stakeholder involvement [J]. Library and Information Science Research, 43: 1-8.

King's College London. 2019. Research Data Management Policy [EB/OL]. https://www.kcl.ac. uk/governancezone/assets/research/research-data-management-policy.pdf [2022-09-09].

King's College London. 2022. Data Protection Policy [EB/OL]. https://www.kcl.ac.uk/governancezone/ assets/governancelegal/data-protection-policy.pdf [2022-10-20].

Lancaster University. 2015. Research Data Management Policy [EB/OL]. https://portal.lancaster.ac. uk/library/ask/study/library/open-research-/research-data-management/research-data-management-policy/ [2022-10-08].

Li C, Zhou Y, Zheng X, et al. 2022. Tracing the footsteps of open research data in China [J]. Learned Publishing, 35 (1): 46-55.

London School of Economics and Political Science. 2015. Research Data Management Policy [EB/OL]. https://info.lse.ac.uk/staff/services/Policies-and-procedures/Assets/Documents/resDatManPol.pdf [2022-09-09].

Loughborough University. 2016. Research Data Management Policy [EB/OL]. https://www.lboro.ac. uk/media/wwwlboroacuk/content/library/downloads/researchsupport/2016_09_21_ResearchData ManagementPolicy.pdf [2022-10-09].

---

① South Korea 一般称 the republic of Korea。——编者注

Loughborough University. 2019. Data Protection Policy [EB/OL]. https://www.lboro.ac.uk/media/ wwwlboroacuk/external/content/services/academicregistry/dataprotection/LU-data-protection-pol icy-v1-1.pdf [2022-10-09].

Mason C M, Box P J, Burns S M. 2020. Research data sharing in the Australian national science agency: Understanding the relative importance of organisational, disciplinary and domain-specific influences [J]. PLOS ONE, 15(8): e0238071.

Massey University. 2015. Data Management Policy [EB/OL]. https://www.massey.ac.nz/massey/ fms/PolicyGuide/Documents/ITS/Data%20Management%20Policy.pdf?403D1D0BFF1107EDED F5C487687BB868 [2022-12-15].

McGill University. 2022. Policy on the Ethicial Conduct of Research Involving Human Participants [EB/OL]. https://www.mcgill.ca/research/files/researchpolicy_on_research_involving_human_ participants. pdf [2023-01-01].

McMaster University. 2022. Research Data Management (RDM) Institutional Strategy 2023-2025 [EB/OL]. https://rdm.mcmaster.ca/sites/default/files/McMaster-Institutional-RDM-Strategy-Draft3- 2022-10-21. pdf[2022-11-03].

MIT. 2019. MIT Research Data Principles [EB/OL]. https://libraries.mit.edu/data-management/ mit-research-data-principles/ [2022-09-06].

Monash University. 2020. Research Data Management Policy [EB/OL]. https://publicpolicydms. monash.edu/Monash/documents/1935815 [2022-10-23].

MRC. 2016. Data Sharing Policy [EB/OL]. https://www.ukri.org/wp-content/uploads/2021/08/ MRC-0208212-MRC-Data-Sharing-Policy-v2-2. pdf[2022-09-05].

MRC. 2017. MRC Policy and Guidance on Sharing of Research Data from Population and Patient Studies [EB/OL]. https://epi-meta.mrc-epid.cam.ac.uk/downloads/MRCpolicyguidanceDataSharing PopPatientStudies_01-00. pdf[2023-01-02].

MRC, CRUK, WT. 2015. Good Practice Principles for Sharing Individual Participant Data from Publicly Funded Clinical Trials [EB/OL]. https://www.methodologyhubs.mrc.ac.uk/files/7114/3682/ 3831/Datasharingguidance2015. pdf [2023-01-02].

NASA. 2014. NASA Plan for Increasing Access to the Results of Scientific Research [EB/OL]. https:// www.nasa.gov/sites/default/files/atoms/files/206985_2015_nasa_plan-for-web.pdf [2022-09-04].

National Archives. 2018. Guide to Archiving Personal Data [EB/OL]. https://cdn. nationalarchives. gov. uk/documents/information-management/guide-to-archiving-personal-data. pdf [2023-01-03].

NERC. 2019. NERC Data Policy [EB/OL]. https://www.ukri.org/wp-content/uploads/2022/03/NERC- 080322-policy-data-021219. pdf[2022-09-04].

New York University. 2010. Policy on Retention of and Access to Research Data [EB/OL]. https://www.nyu.edu/content/dam/nyu/research/documents/OSP/PolicyonResearchData030110.pdf [2022-09-08].

Newcastle Universty. 2019. Policy on Data Protection [EB/OL]. https://www.ncl.ac.uk/data. protection/dataprotectionpolicy/ [2022-10-08].

NHMRC. 2022. Open Access Policy [EB/OL]. https://www.nhmrc.gov.au/about-us/resources/open- access-policy#block-views-block-file-attachments-content-block-1[2022-09-22].

Nielsen H J, Hjørland B. 2014. Curating research data: The potential roles of libraries and information professionals [J]. Journal of Documentation, 70 (2) : 221-240.

NIH. 2003. Data Sharing Policy and Implementation Guidance [EB/OL]. https://grants.nih.gov/grants/policy/data_sharing/data_sharing_guidance.htm [2021-12-04].

NIH. 2015. Intramural Research Program Human Data Sharing (HDS) Policy[EB/OL]. https://policymanual.nih.gov/3016[2022-09-28].

NIH. 2020. Final NIH Policy for Data Management and Sharing [EB/OL]. https://grants.nih.gov/grants/guide/ notice-files/NOT-OD-21-013.html [2022-09-03].

NIHR. 2021. NIHR Position on the Sharing of Research Data [EB/OL]. https://www.nihr.ac.uk/documents/nihr-position-on-the-sharing-of-research-data/12253 [2022-10-06].

Northwestern University. 2018. Research Data: Ownership, Retention and Access [EB/OL]. https://research.northwestern.edu/policies-and-guidance/research_data_policy.pdf [2022-09-08].

NSF. 2015. NSF's Public Access Plan: Today's Data, Tomorrow's Discoveries-Increasing Access to the Results of Research Funded by the National Science Foundation [EB/OL]. https://www.nsf.gov/pubs/2015/nsf15052/nsf15052. pdf [2022-09-04].

NSTC. 2012. Interagency Public Access Coordination: A Report to Congress on the Coordination of Policies Related to the Dissemination and Long-term Stewardship of the Results of Federally Funded Scientific Research [EB/OL]. https://obamawhitehouse.archives.gov/sites/default/files/microsites/ostp/public_access-final.pdf[2022-12-17].

OECD. 2007. OECD Principles and Guidelines for Access to Research Data from Public Funding[EB/OL]. https://www.oecd-ilibrary.org/science-and-technology/oecd-principles-and-guidelines-for-access-to-research-data-from-public-funding_9789264034020-en-fr[2022-06-07].

OECD. 2020. Why Open Science is Critical to Combatting COVID-19? [EB/OL]. https://oecd.org/coronavirus/policy-responses/why-open-science-is-critical-to-combatting-covid-19-cd6ab2f9/ [2023-01-05].

Ohio State University. 2022. Research Data Policy [EB/OL]. https://research.osu.edu/sites/default/files/2022-02/Policy-FINAL-Research-Data-20220204. pdf [2022-09-29].

OSTP. 2013. Increasing Access to the Results of Federally Funded Scientific Research [EB/OL]. https://obamawhitehouse.archives.gov/sites/default/files/microsites/ostp/ostp_publicaccess_memo_2013.pdf [2022-09-28].

Pennsylvania State University. 2022. Research Data Management Policy [EB/OL]. https://www.research.psu.edu/research-data-management-policy [2022-09-26].

Queen Mary University of London. 2018. Data Protection Policy v3. 0 [EB/OL]. https://arcs.qmul.ac.uk/media/arcs/policyzone/Data-Protection-Policy-v03.0.pdf [2023-01-01].

Queen's University Belfast. 2022. Research Data Management Policy [EB/OL]. https://libguides.qub.ac.uk/ld.php?content_id=32427633 [2022-10-09].

Queensland University of Technology. 2021. Research Data Management Policy [EB/OL]. https://ppl.app.uq.edu.au/content/4.20.06-research-data-management[2022-10-27].

RCUK. 2013. RCUK Policy on Open Access and Supporting Guidance [EB/OL]. https://www.ukri.org/wp-content/uploads/2020/10/UKRI-020920-OpenAccessPolicy.pdf[2022-09-04].

RCUK. 2018. Guidance on Best Practice in the Management of Research Data [EB/OL]. https://www.ukri.org/wp-content/uploads/2020/10/UKRI-020920-GuidanceBestPracticeManagem entResearchData. pdf[2022-09-04].

Red Hat. 2019. What is Open Source? [EB/OL]. https://www.redhat.com/en/topics/open-source/ what-is-open-source[2023-01-05].

Research Council of Norway. 2017. The Research Council of Norway's Policy for Open Access to Research Data [EB/OL]. https://www.forskningsradet.no/contentassets/e4cd6d2c23cf49d4989bb10c5 eea087a/the-research-council-of-norways-policy-for-open-access-to-research-data.pdf [2022-12-07].

Rice University. 2018. Research Data Management [EB/OL]. https://policy.rice.edu/308 [2022-09-26].

Rousi A M, Laakso M. 2020. Journal research data sharing policies: A study of highly-cited journals in neuroscience, physics, and operation [J]. Scientometrics, 124(1): 131-152.

Savage G T, Nix T W, Whitehead C J, et al. 1991. Strategies for assessing and managing organizational stakeholders [J]. Academy of Management Perspectives, 5(2): 61-75.

Sayogo D S, Pardo T A. 2013. Exploring the determinants of scientific data sharing: Understanding the motivation to publish research data [J]. Government Information Quarterly, 30(S1): S19-S31.

Science Foundation Ireland. 2019. Guidance for Applicants on Ethical and Scientific Issues [EB/OL]. https://www.sfi.ie/funding/sfi-policies-and-guidance/ethical-and-scientific-issues/1-Guidance_for_ Applicants_on_Ethical_and_Scientific_Issues.pdf [2023-01-02].

Springer Nature, 中国科学院文献情报中心. 2019. 数据分享在中国的挑战和机会(白皮书)[EB/OL]. http://www.naturechina.com/public/upload/pdf/2019/02/13/5c63ea529f634.pdf [2023-01-03].

SSHRC. 2016. Research Data Archiving Policy [EB/OL]. https://www.sshrc-crsh.gc.ca/about-au_sujet/ policies-politiques/statements-enonces/edata-donnees_electroniques-eng.aspx [2022-09-06].

Stanford University. 1997. Retention of and Access to Research Data [EB/OL]. https://doresearch. stanford.edu/policies/research-policy-handbook/conduct-research/retention-and-access-research- data [2022-09-07].

STFC. 2016. STFC Scientific Data Policy [EB/OL]. https://www.ukri.org/wp-content/uploads/ 2022/06/STFC-230622-STFCScientificDataPolicy2016.pdf [2022-09-05].

Swedish Research Council. 2015. Proposal for National Guidelines for Open Access to Scientific Information [EB/OL]. https://www.vr.se/download/18.2412c5311624176023d25590/1555426972107/ Proposal-nat-guidelines-open-access_VR_2015. pdf[2022-12-07].

Tenopir C, Sandusky R J, Allard S, et al. 2014. Research data management services in academic research libraries and perceptions of librarians [J]. Library and Information Science Research, 36: 84-90.

The Royal Society. 2012. Science as an Open Enterprise[EB/OL]. https://royalsociety.org/-/media/ policy/projects/sape/2012-06-20-saoe.pdf[2022-12-04].

U. S. Department of Energy. 2014. DOE Policy for Digital Research Data Management [EB/OL]. https:// www.energy.gov/datamanagement/doe-policy-digital-research-data-management [2022-09-28].

UC San Diego. 2022. Guidelines on Access and Management of Research Data [EB/OL]. https:// blink.ucsd.edu/research/policies-compliance-ethics/compliance/guidelines.html [2022-09-08].

UKRI. 2021. Data Protection Policy [EB/OL]. https://www.ukri.org/wp-content/uploads/2021/10/

UKRI-011021-DataProtectionPolicyV2. 2. pdf [2023-01-02].

UKRIO. 2009. Code of Practice for Research: Promoting Good Practice and Preventing Misconduct [EB/OL]. https://ukrio.org/wp-content/uploads/UKRIO-Code-of-Practice-for-Research.pdf [2022-12-10].

University College London. 2019. UCL Data Protection Policy [EB/OL]. https://www.ucl.ac.uk/library/sites/library/files/data-protection-policy.pdf [2022-09-06].

University College London. 2020. UCL Research Data Policy [EB/OL]. https://www.ucl.ac.uk/isd/sites/isd/files/ucl_research_data_policy_v6.pdf [2022-09-09].

University of Aberdeen. 2020. Research Data Management Policy [EB/OL]. https://www.abdn.ac.uk/library/documents/Research_Data_Management_Policy.pdf [2022-10-09].

University of Adelaide. 2021. Research Data and Primary Materials Policy[EB/OL]. https://www.adelaide.edu.au/policies/4043/all/?dsn=policy.version;field=data;id=23725;m=view[2022-10-23].

University of Bath. 2019. Research Data Policy [EB/OL]. https://www.bath.ac.uk/corporate-information/research-data-policy/ [2022-10-08].

University of Birmingham. 2018. Research Data Management Policy [EB/OL]. https://intranet.birmingham.ac.uk/as/libraryservices/library/research/rdm/Policies/Research-Data-Management-Policy.aspx [2022-10-06].

University of Bristol. 2015. Research Data Management and Open Data Policy [EB/OL]. https://www.bristol.ac.uk/research/environment/governance/research-data-policy/ [2022-09-09].

University of Cambridge. 2021. Research Data Management Policy Framework [EB/OL]. https://www.data.cam.ac.uk/university-policy [2022-09-09].

University of Canterbury. 2021. Data Management Policy [EB/OL]. https://www.canterbury.ac.nz/about/governance/ucpolicy/general/data-management-policy/Data-Management-Policy.pdf [2022-12-15].

University of Chicago. 2021. Research Data Protection Policy [EB/OL]. https://srds.uchicago.edu/research-data-protection-policy/ [2022-09-22].

University of Edinburgh. 2019. Data Protection Policy [EB/OL]. https://www.ed.ac.uk/data-protection/data-protection-policy [2023-01-01].

University of Edinburgh. 2020. Information Security Policy[EB/OL]. https://www.ed.ac.uk/sites/default/files/atoms/files/uoe_informationsecuritypolicy_v2.0_approved.pdf [2023-01-03].

University of Edinburgh. 2021. Research Data Management Policy [EB/OL]. https://www.ed.ac.uk/information-services/about/policies-and-regulations/research-data-policy [2022-09-09].

University of Exeter. 2022. Open Access Research and Research Data Management Policy [EB/OL]. https://www.exeter.ac.uk/media/universityofexeter/research/openaccess/OA_RDM_Policy_Final.pdf [2022-10-08].

University of Illinois Urbana-Champaign. 2021. Illinois Data Bank Policy Framework and Definition [EB/OL]. https://databank.illinois.edu/policies [2022- 09-26].

University of Leeds. 2017. Research Data Management Policy [EB/OL]. https://library.leeds.ac.uk/info/14062/research_data_management/68/research_data_management_policy [2022-10-06].

University of Leicester. 2014. Research Data Management Principles [EB/OL]. https://leicester. figshare.

com/articles/journal_contribution/University_of_Leicester_Research_Data_Management_Principl es/7073135 [2022-10-09].

University of Liverpool. 2022. Data Protection Policy [EB/OL]. https://www.liverpool.ac.uk/legal/ data_protection/policy/[2023-01-03].

University of Manchester. 2021a. Data Protection Policy [EB/OL]. https://documents.manchester.ac. uk/display.aspx?DocID=14914 [2022-10-13].

University of Manchester. 2021b. Research Data Management Policy [EB/OL]. https://documents. manchester.ac.uk/display. aspx?DocID=33802 [2022-09-09].

University of Manchester. 2021c. Research Data Management Standard Operating Procedure [EB/OL]. https://documents.manchester.ac.uk/display.aspx?DocID=42605 [2022-09-09].

University of Massachusetts Amherst. 2006. Data Ownership, Retention, and Access at the University of MassachusettsAmherst [EB/OL]. https://www.umass.=edu/research/sites/default/files/policy_ on_data_ownership_retention_and_access_0.pdf [2022-10-02].

University of Melbourne. 2022. Research Data Management Policy（MPF1242）[EB/OL]. https:// policy.unimelb.edu.au/MPF1106 [2022-09-09].

University of Minnesota-Twin Cities. 2018. Research Data Management: Archiving, Ownership, Retention, Security, Storage, and Transfer [EB/OL]. https://policy.umn.edu/research/researchdata [2022-09-29].

University of New South Wales. 2019. Research Data Governance & Materials Handling Policy [EB/OL]. https://www.unsw.edu.au/content/dam/pdfs/governance/policy/2022-01-policies/ researchdatagovernancepolicy. pdf [2022-09-10].

University of Newcastle. 2020. Research Data and Materials Management Guideline [EB/OL]. https://policies.newcastle.edu.au/download.php?id=72&version=1[2022-10-27].

University of Nottingham. 2018. Data Protection Policy [EB/OL]. https://www.nottingham.ac.uk/ governance/documents/data-protection-policy-approved.pdf [2022-10-08].

University of Ottawa. 2022. Research Data Management Strategy [EB/OL]. https://www2.uottawa. ca/research-innovation/research-data-management-strategy [2022-11-03].

University of Oxford. 2018. Policy on the Management of Data Supporting Research Outputs [EB/OL]. https://researchdata.ox.ac.uk/university-of-oxford-policy-on-the-management-of-data-supporting-research-outputs/[2022-09-09].

University of Pittsburgh. 2009. Guidelines on Research Data Management [EB/OL]. https://www. library.pitt.edu/sites/default/files/pdf/asc/RDM_Guidelines_Provost.pdf [2022-09-29].

University of Portsmouth. 2021. Data Protection Policy [EB/OL]. https://policies.docstore.port.ac. uk/policy-022.pdf [2023-01-03].

University of Pretoria. 2017. Research Data Management Policy [EB/OL]. https://www.up.ac.za/media/ shared/12/ZP_Files/research-data-management-policy_august-2018.zp161094.pdf [2022-12-15].

University of Queensland. 2021. Research Data Management Policy [EB/OL]. https://ppl.app.uq.edu. au/content/4.20.06-research-data-management [2022-09-10].

University of Reading. 2017. Research Data Management Policy [EB/OL]. https://www.reading.ac. uk/research-services/-/media/project/functions/research-and-enterprise-services/documents/rdm-policy-1-1.pdf [2022-10-09].

University of Saskatchewan. 2017. Data Management Policy [EB/OL]. https://policies.usask.ca/policies/operations-and-general-administration/data-management.php [2022-10-28].

University of Southampton. 2019. Research Data Management Policy [EB/OL]. https://www.southampton.ac.uk/～assets/doc/calendar/Research%20Data%20Management%20Policy.pdf [2022-10-05].

University of St Andrews. 2018. Research Data Management Policy [EB/OL]. https://www.st-andrews.ac.uk/policy/research-open-research/research-data-management-policy.pdf [2022-10-06].

University of Sunderland. 2018. Data Protection Policy [EB/OL]. https://ts.sunderland.ac.uk/csig/information-governance/information-governance-policies/data-protection-policy/[2023-01-03].

University of Sydney. 2020. Research Data Management Procedures 2015 [EB/OL]. https://www.sydney.edu.au/policies/showdoc.aspx?recnum=PDOC2014/366&RendNum=0 [2022-09-10].

University of Sydney. 2021. Research Data Management Policy 2014 [EB/OL]. https://www.sydney.edu. au/policies/showdoc. aspx?recnum=PDOC2013/337&RendNum=0 [2022-09-10].

University of Tasmania. 2021. Management of Research Data Procedure [EB/OL]. https://www.utas.edu.au/_data/assets/pdf_file/0007/1551769/Research-Data-Management-Procedure.pdf [2022-10-28].

University of Victoria. 2022. UVic Research Data Management Strategy DRAFT [EB/OL]. https://www.uvic.ca/research-services/assets/docs/federal_funds/data-management/UVicRDMStrategy_v12_March_24_22acc. pdf [2022-11-04].

University of Warwick. 2011. Research Data Management Policy [EB/OL]. https://warwick.ac.uk/services/ris/research_integrity/code_of_practice_and_policies/research_code_of_practice/data collection_retention/research_data_mgt_policy/[2022-10-05].

University of Washington. 2008. Policies, Procedures and Guidance: Research Data [EB/OL]. https://www.washington.edu/research/policies/gim-37-research-data/ [2022-09-25].

University of Wisconsin-Madison. 2013. Policy on Data Stewardship, Access and Retention [EB/OL]. https://it.wisc.edu/wp-content/uploads/Policy-on-Data-Stewardship-Access-and-Retention.pdf [2022-09-26].

University of Wulungong. 2017. Research Data Management Guidelines [EB/OL]. https://documents.uow.edu.au/content/groups/public/@web/@gov/documents/doc/uow228264.pdf [2022-10-27].

University of Wulungong. 2019. Research Data Management Policy[EB/OL]. https://documents.uow.edu.au/content/groups/public/@web/@gov/documents/doc/uow116802.pdf[2022-10-27].

University of York. 2017. Research Data Management Policy [EB/OL]. https://www.york.ac.uk/about/departments/support-and-admin/information-services/information-policy/index/research-data-management-policy/ [2022-10-08].

Uppsala University. 2022. Data Protection Policy [EB/OL]. https://www.uu.se/en/about-uu/data-protection-policy/[2023-01-03].

USGS. 2016. Public Access to Results of Federally Funded Research at the U. S. Geological Survey: Scholarly Publications and Digital Data [EB/OL]. https://d9-wret.s3.us-west-2.amazonaws.com/assets/palladium/production/s3fs-public/atoms/files/USGS-PublicAccessPlan-APPROVED-v1-03.pdf [2022-11-09].

Utah State University. 2019. University Policy 584: Protection of Human Participants in Research [EB/OL]. https://www.usu. edu/policies/584/ [2023-01-01].

Vanderbilt University. 2021. Research Data Governance Framework [EB/OL]. https://www.vanderbilt. edu/datagovernance/wp-content/uploads/sites/352/2021/07/Research-Data-Governance-Framework-Final-June-13-2021. pdf [2022-10-09].

Walterscheid E C. 1989. Access to federally funded research data under the Freedom of Information Act [J]. Rutgers Computer & Technology Law Journal, 15(1):1-61.

Wang Y, Chen B, Zhao L, et al. 2022. Research data policies of journals in the Chinese Science Citation Database based on the language, publisher, discipline, access model and metrics [J]. Learned Publishing, 35(1): 30-45.

Wellcome Trust. 2017. Data, software and materials management and sharing policy [EB/OL]. https://wellcome.org/grant-funding/guidance/data-software-materials-management-and-sharing-policy [2022-09-05].

Wellcome Trust. 2018. Research Involving Human Participants Policy [EB/OL]. https://wellcome. org/grant-funding/guidance/research-involving-human-participants-policy [2023-01-01].

Wellcome Trust. 2021. Open Access Policy [EB/OL]. https://wellcome.org/grant-funding/guidance/open-access-guidance/open-access-policy [2022-09-05].

Wicherts J M, Bakker M, Molenaar D. 2011. Willingness to share research data is related to the strength of the evidence and the quality of reporting of statistical results [J]. PLOS ONE, 6(11): e26828.

Yale University. 2018a. 6001 Research Data & Materials Policy [EB/OL]. https://your.yale.edu/policies-procedures/policies/6001-research-data-materials-policy [2022-09-08].

Yale University. 2018b. Research Data Management Principles and Guidelines [EB/OL]. https://research.yale.edu/sites/default/files/files/PrinciplesAndGuidelines_10-05-2018.pdf [2022-09-08].

Zuiderwijk A, Shinde R, Jeng W, et al. 2020. What drives and inhibits researchers to share and use open research data? A systematic literature review to analyze factors influencing open research data adoption [J]. PLOS ONE, 15(9): e0239283.

附 录

国外资助机构开放科学数据政策
总体情况统计表

编号	资助机构	国家	政策要求	数据范围	存储时间	存储地点	特殊条件
1	芬兰科学院（Academy of Finland）	芬兰	要求	科学数据	—	适当的学科知识库 适当的数据存储库	项目申报书必须包括数据管理计划
2	法国国家科研署（Agence Nationale de la Recherche, ANR）	法国	鼓励	科学数据	—	—	2019 年起的资助项目需要数据管理计划
3	卫生保健研究与质量局（Agency for Healthcare Research and Quality, AHRQ）	美国	要求	科学数据 相关元数据 支持文档 程序代码	—	适当的数据存储库	①适用于 2015 年 10 月 1 日起的所有新项目；②数据必须来自非机密研究；③需要数据管理计划；④将与商业存储库合作存储数据
4	阿尔茨海默病协会（Alzheimer's Society）	英国	鼓励	科学数据	—	适当的机构知识库 适当的学科知识库	—
5	艺术与人文研究理事会	英国	要求	科学数据	尽早	适当的数据存储库 考古数据服务（Archaeology Data Service, ADS）	资助结束后必须保存至少 3 年
6	澳大利亚研究理事会	澳大利亚	鼓励	科学数据	—	适当的学科知识库 适当的机构知识库	—

续表

编号	资助机构	国家	政策要求	数据范围	存储时间	存储地点	特殊条件
7	奥地利科学基金会（Austrian Science Fund，FWF）	奥地利	要求	科学数据	成果发布后即时存储	适当的机构知识库 适当的数据存储库	①必须免费提供访问权限；②在法律允许的情况下，如果用于出版物，则在使用后立即公开，如果不用于出版物，则在项目完成后2年内公开；③应以可无限制地引用和重用的方式存储
8	比尔及梅琳达·盖茨基金会（Bill & Melinda Gates Foundation）	美国	要求	科学数据	成果发布后即时存储	适当的学科知识库 适当的机构知识库 适当的数据存储库	①适用于2015年1月1日起的所有新项目；②2017年1月之前，出版商可申请为期12个月的支持数据的禁锢期
9	生物技术与生物科学研究理事会	英国	要求	科学数据 相关元数据 支持文档	数据完成后3年内	适当的数据存储库	①适用于2007年4月25日起的所有新项目；②有些项目可能要求保存数据；③研究项目完成后原始数据必须保存10年；④最好在发布主要发现时存储
10	联邦教育与研究部（Federal Ministry of Education and Research，BMBF）	德国	要求	科学数据	成果发布后即时存储	适当的数据存储库	—
11	欧洲核子研究中心	瑞士	要求	科学数据 支持文档	尽早	适当的数据存储库 HEPData INSPIRE	①不同的欧洲核子研究中心项目对公开访问数据有不同的要求。②欧洲核子研究中心1级数据，与研究出版物相关，必须通过适当的存储库公开；欧洲核子研究中心2级数据，可根据项目发布政策公开；欧洲核子研究中心3级数据，可在合理的禁锢期后公开（最长10年）；欧洲核子研究中心4级数据，不能公开访问。③鼓励使用知识共享许可证和数字对象标识符
12	加拿大卫生研究院	加拿大	要求	科学数据	成果发布后即时存储	适当的数据存储库	①适用于2013年1月1日起的所有新项目；②需要保存的数据包括生物信息学、原子和分子坐标、基因序列；③原始数据集必须保存至少5年

编号	资助机构	国家	政策要求	数据范围	存储时间	存储地点	特殊条件
13	癌症研究院	英国	要求	科学数据相关元数据	成果发布后即时存储	适当的机构知识库适当的数据存储库	①数据可以安全地发送给请求者，而无须保存至存储库中；②适当的存储库可以包括机构网站、数据存档设施或数据飞地；③将在最终数据集支持的主要发现发布之前公开数据；④研究资助结束后，数据必须共享至少 5 年
14	苏格兰首席科学家办公室（Chief Scientist Office, Scottish Executive, CSO）	英国	鼓励	科学数据支持文档	—	适当的数据存储库英国国家数据档案馆	①原始研究人员有权在有限期限内排他性使用数据；②以鼓励其他分析人员使用数据的方式存储；③至少保存 5 年，也可约定更长的期限
15	国际发展部（Department for International Development, DFID）	英国	要求	未发表数据科学数据	数据完成后12 个月内	适当的机构知识库适当的学科知识库R4D 研究平台（Research for Development, R4D）	①适用于 2012 年 11 月 1 日起的所有新项目；②项目完成后至少 5 年内，按要求保留并免费提供原始数据集；③软件必须使用免费或开源软件许可证，并存储至适当的开放软件存储库中；④视频、音频和图像必须以数字形式在公共领域提供；⑤所有成果的元数据必须存储至 R4D 中，并包括指向原文的链接
16	农业、食品和海洋部（Department of Agriculture, Food and the Marine, DAFM）	爱尔兰	鼓励	科学数据相关元数据支持文档	—	适当的数据存储库	①适用于 2013 年 10 月 1 日起的所有新项目；②必须提供相关出版物的链接
17	德国科学基金会（German Research Foundation, DFG）	德国	鼓励	科学数据	数据完成后12 个月内	适当的机构知识库适当的学科知识库适当的数据存储库	作为出版物基础的原始数据应在其来源机构以持久的格式安全地保存 10 年
18	经济与社会研究理事会	英国	要求	科学数据相关元数据支持文档	数据完成后3 个月内	适当的机构知识库适当的数据存储库英国国家数据档案馆经济与社会数据服务（Economic and Social Data Service）	①包括机读数据和非机读数据；②收集主要数据产生的数据集以及派生数据集；③如访谈转录、日记、现场笔记、观察记录

续表

编号	资助机构	国家	政策要求	数据范围	存储时间	存储地点	特殊条件
19	工程与自然科学研究理事会	英国	要求	科学数据相关元数据	尽早	—	①适用于2011年5月1日起的所有新项目；②元数据必须在生成数据后的12个月内在互联网上自由访问；③如果限制数据访问，元数据必须包括限制原因；④已发表的研究论文应包括一份声明，说明如何以及以何种条件访问所依据的研究数据；⑤研究数据保护期限结束后，或第三方最后一次访问后，研究数据必须至少保存10年；⑥非数字数据必须以可共享的方式存储（如数字化）
20	环境保护局（Environmental Protection Agency，EPA）	爱尔兰	要求	科学数据相关元数据支持文档	成果发布后即时存储	适当的数据存储库	—
21	癫痫研究院（Epilepsy Research UK）	英国	鼓励	科学数据	尽早	ARMC开放研究平台（AMRC Open Researh Platform）	
22	欧盟委员会（FP7）	比利时	鼓励	科学数据	—	—	
23	欧盟委员会（Horizon 2020）	比利时	鼓励	科学数据程序代码	尽早	适当的数据存储库	—
24	欧洲研究理事会	比利时	鼓励	未发表数据科学数据程序代码	数据完成后6个月内	适当的数据存储库 GenBank、蛋白质结构数据库（Protein Data Bank，PDB）	①数据示例包括核苷酸/蛋白质序列、大分子原子坐标、匿名流行病学数据；②最好在结果公布后立即存储
25	嘉利堡基金会（Fondazione Cariplo）	意大利	要求	科学数据相关元数据	—	适当的数据存储库	①适用于2012年9月1日起的所有新项目；②资助研究产生的原始数据、科学数据、元数据和数字图形应以开放获取的方式提交
26	卢森堡国家研究基金会（Luxembourg National Research Fund，FNR）	卢森堡	鼓励	科学数据	尽早	—	—

续表

编号	资助机构	国家	政策要求	数据范围	存储时间	存储地点	特殊条件
27	瑞典环境、农业科学与空间计划研究理事会（Swedish Research Council for Environment, Agricultural Sciences and Spatial Planing）	瑞典	要求	相关元数据	—	—	—
28	葡萄牙科学技术基金会（Portuguese Science and Technology Foundation, FCT）	葡萄牙	鼓励	科学数据 标本和样本 相关元数据	尽早	适当的数据存储库	①适用于 2014 年 5 月 5 日起的所有新项目；②资助项目必须提交数据管理计划；③提供数据访问支出可在非营利基础上回收
29	弗兰德研究基金会（Research Foundation Flanders, FWO）	比利时	鼓励	科学数据	数据完成后12个月内	适当的数据存储库	—
30	戈登和贝蒂·摩尔基金会（Gordon and Betty Moore Foundation, GBMF）	美国	要求	科学数据 相关元数据	尽早	适当的数据存储库	数据应在 6 个月内存档，或数据收集或 DNA 序列测定
31	英国健康数据研究联盟（Health Data Research UK, HDRUK）	英国	要求	科学数据 程序代码	—	英国健康数据研究联盟 Github 网站	—
32	健康研究理事会（Health Research Board, HRB）	爱尔兰	要求	科学数据 支持文档 程序代码	成果发布后即时存储	适当的数据存储库	—
33	加拿大心脏与卒中基金会（Heart and Stroke Foundation of Canada, HSF）	加拿大	要求	科学数据	成果发布后即时存储	适当的数据存储库	①适用于 2010 年 6 月 1 日起的所有新项目；②大多数期刊已经要求在研究成果发表后立即将科学数据（如生物信息学、原子和分子坐标数据）存储至适当的公共存储库

续表

编号	资助机构	国家	政策要求	数据范围	存储时间	存储地点	特殊条件
34	高等教育管理局（Higher Education Authority，HEA）	爱尔兰	要求	科学数据	成果发布后合理时间内	适当的数据存储库	①适用于 2008 年 6 月 30 日起的所有新项目；②数据必须链接到相关出版物；③必须遵守欧洲和国家数据保护规则
35	亥姆霍兹联合会创新与网络基金会（Helmholtz Association-Initiative and Networking Fund）	德国	鼓励	科学数据	—	—	—
36	霍华德·休斯医学院（Howard Hughes Medical Institute，HHMI）	美国	要求	科学数据标本和样本程序代码	成果发布后即时存储	适当的数据存储库	提供数据访问支出可在非营利基础上回收
37	加拿大基因组学研究中心（Genome Canada）	加拿大	要求	科学数据标本和样本发明专利	成果发布后即时存储	适当的数据存储库	①适用于 2017 年 1 月 1 日起的所有新项目；②鼓励通过预印本快速发布数据，并且在出版物中引用数据时要求数据可用性；③认可出版物作为数据发布的载体，并且期望数据发布与共享不迟于任何数据集的主要发现的原始发布日期
38	印度生物技术部印度联盟（India Alliance）	印度	鼓励	科学数据	尽早	—	提供数据访问支出可在非营利基础上回收
39	丹麦创新基金会（Innovation Fund Denmark）	丹麦	鼓励	科学数据	尽早	适当的机构知识库适当的学科知识库	适用于 2012 年 6 月起的所有新项目
40	美国教育科学研究院	美国	要求	科学数据	成果发布后即时存储	适当的机构知识库适当的数据存储库	①最终研究数据并不意味着汇总统计或表格，而是汇总数据所依据的事实信息；②最终研究数据不包括实验室笔记、初步分析、科学论文草稿、未来研究计划、同行评议报告或与同事的沟通；③现有方法包括：科研人员和机构负责数据共享；使用数据存档或数据飞地；使用这些方法的某些组合

续表

编号	资助机构	国家	政策要求	数据范围	存储时间	存储地点	特殊条件
50	国家眼科研究中心（National Eye Researh Centre）	英国	鼓励	科学数据	—	AMRC 开放研究平台（AMRC Open Research Platform）	—
51	国立卫生研究院	美国	要求	科学数据支持文档	成果发布后即时存储	适当的数据存储库	①适用于 2003 年 10 月 1 日起的所有新项目；②适用于在项目期间的任何一年内直接经费超过 50 万美元的申报书；③在申报书中包括数据共享计划；④在不迟于最终结果发布之前共享数据
52	南非国家研究基金会（National Research Foundation of South Africa，NRF）	南非	要求	科学数据	成果发布后即时存储	适当的数据存储库	①适用于 2015 年 3 月 1 日起的所有新项目；②出版物的支撑数据应保存至经认可的开放获取知识库中；③应包括数字对象标识符以供未来引用和参考
53	国家科学基金会	美国	要求	科学数据　标本和样本　相关元数据　程序代码	成果完成后合理时间内	—	①适用于 2011 年 1 月 18 日起的所有新项目；②提供数据访问支出可在非营利基础上回收；③适用于研究过程中创建或收集的原始数据、样本、实物对象和支持材料；④鼓励共享软件和发明；⑤数据管理计划必须详细说明要共享的数据类型、数据和元数据的格式和内容标准、数据访问和共享政策、数据重用和传播规定以及存档计划；⑥数据应确认国家科学基金会的资助和项目编号；⑦适用于所有批准的国家科学基金会员工和《政府间人员交流法》（Intergovernmental Personnel Act，IPA）受托人的国家科学基金会个人研发计划

续表

编号	资助机构	国家	政策要求	数据范围	存储时间	存储地点	特殊条件
54	自然环境研究理事会	英国	要求	科学数据相关元数据	成果完成后合理时间内	自然环境研究理事会	①适用于2011年1月1日起的所有新项目；②提供数据访问支出可在非营利基础上回收；③所有自然环境研究理事会数据中心都提倡开放获取；④自2012年6月起，所有申报书都必须有数据管理计划概要，并在资助开始时同意与自然环境研究理事会数据中心进行全面数据管理；⑤从数据收集结束后的2年内，可禁止访问保存至自然环境研究理事会数据中心的数据，以供原始研究人员排他性利用；⑥在任何出版物或衍生作品中重用数据必须确认数据来源；⑦在数据完成或资助结束时必须进行数据存档
55	荷兰科学研究组织（Netherlands Organisation for Scientific Research，NWO）	荷兰	鼓励	科学数据	—	适当的国家知识库适当的机构知识库	尽可能开放，必要时关闭
56	"la Caixa"银行基金会	西班牙	要求	科学数据程序代码	成果发布后即时存储	适当的数据存储库	①"la Caixa"银行基金会的受资助者必须为预算为10万欧元或以上的所有研究项目制订数据管理计划；②其他项目不受此要求的约束，但作为良好实践建议制订数据管理计划；③受资助者至少应公开提供已发布结果的支撑数据以及任何必要的材料（软件、程序等）以便于理解与分析；④可在任何可靠的存储库或档案馆中发布数据；⑤如果有其他项目成果可以发布（软件、程序等），受资助者必须在项目结束后6个月内在适当的存储库中发布

续表

编号	资助机构	国家	政策要求	数据范围	存储时间	存储地点	特殊条件
57	安大略省癌症研究院（Ontario Institute for Cancer Research，OICR）	加拿大	要求	未发表数据 科学数据 程序代码	尽早	适当的数据存储库	①适用于 2008 年 7 月 1 日起的所有新项目；②数据包括生物信息学与原子和分子坐标数据以及软件源代码；③原始数据集必须在研究资助结束后保存至少 5 年
58	英国药学研究院（Pharmacy Research UK，PRUK）	英国	鼓励	科学数据	—	AMRC 开放研究平台	—
59	挪威研究理事会	挪威	鼓励	科学数据 相关元数据	尽早	适当的数据存储库 挪威科学数据中心（Norwegian Centre for Research Data，NSD）	①适用于 2017 年起的所有新项目；②科学数据应以安全可靠的方式存储；③科学数据应在平等的基础上可重用；④科学数据应以尽可能低的成本可访问；⑤科学数据应具有访问、重用和传播的许可协议；⑥科学论文中使用的数据应尽快提供并且不得迟于发表之前；⑦作为一般规则，研发机构自身负责确定采用何种归档解决方案；⑧在某些情况下，研究理事会有权规定在特定的国家或国际档案馆中存储数据和/或元数据；⑨关于社会科学、人文科学、医学与健康以及环境与发展研究领域的某些相关研究项目要求将数据存档至挪威科学数据中心
60	纳菲尔德基金会（Nuffield Foundation）	英国	要求	科学数据	数据完成后 1 年内	适当的数据存储库	除非另有约定，基金会要求在资助结束后 1 年内将项目过程中收集的所有原始定量数据保存至适当的档案馆
61	英国皇家学会（Royal Society）	英国	要求	科学数据 支持文档	—	适当的数据存储库	①科研机构和受资助者应采用最佳实践共享数据；②共享数据应可访问、可评估、可使用和可追溯

续表

编号	资助机构	国家	政策要求	数据范围	存储时间	存储地点	特殊条件
62	瑞士国家科学基金会（Swiss National Science Foundation, SNSF）	瑞士	要求	科学数据 相关元数据	—	适当的数据存储库	—
63	爱尔兰科学基金会	爱尔兰	鼓励	科学数据 相关元数据 支持文档 程序代码	成果发布后即时存储	适当的数据存储库	①适用于2009年2月1日起的所有新项目；②软件及其方法和算法等关键科学结果应公开提供以遵循科学可重复性的最佳实践；③数字对象标识符必须包括在元数据中
64	科学与技术设施理事会	英国	鼓励	未发表数据 科学数据 相关元数据 未指定数据	成果完成后合理时间内	适当的数据存储库	①数据管理计划应适用于政策范围内的所有数据；②访问数据可能需要注册才能跟踪数据使用情况；③已发布数据通常应在发布后6个月内公开提供
65	西蒙斯基金会（Simons Foundation）	美国	要求	科学数据 标本和样本	成果发布后即时存储	适当的数据存储库	①必须免费提供访问权限；②项目负责人必须在资助结束前和/或首次发表后1个月内将可再生试剂保存至存储库中（以先到者为准）；③在与项目负责人进行逐案协商后确定的访问模型生物体或细胞系的禁锢期将持续到项目负责人发布初始结果时届时期满
66	社会科学与人文研究理事会	加拿大	要求	未发表数据 科学数据	成果发布后即时存储	适当的数据存储库 GenBank、Dryad、dbSNP、PRIDE、IMEx、RCSB、GPM、GEO、Peptide Atlas	①数据政策仅适用于加拿大卫生研究院；②加拿大卫生研究院受资助者需要将生物信息学及原子和分子坐标数据保存至适当的公共数据库
67	美国能源部	美国	要求	科学数据 相关元数据	成果发布后即时存储	适当的数据存储库	①适用于2014年10月1日起的所有新项目；②所有项目都必须有数据管理计划；③鼓励研究人员使用数字对象标识符引用出版物中的数据集；④适用于未分类或不受限制的数字科学数据

续表

编号	资助机构	国家	政策要求	数据范围	存储时间	存储地点	特殊条件
68	帕金森病治疗基金会（The Cure Parkinson's Trust，CPT）	英国	鼓励	科学数据	—	AMRC 开放研究平台	—
69	瑞典研究理事会	瑞典	要求	科学数据	成果完成后合理时间内	适当的数据存储库瑞典国家数据服务	适用于将数据收集作为项目主要组成部分的项目
70	世界卫生组织	瑞士	鼓励	科学数据	—	—	世界卫生组织鼓励尽可能将任何与其资助的研究有关的科学数据发表在同行评议期刊上以便于公开查阅
71	惠康基金会	英国	要求	科学数据	成果发布后即时存储	—	①适用于可以共享数据集以增加收益的研究；②数据用户应确认数据来源并遵守访问原始数据的条款和条件
72	维基百科基金会	美国	要求	未发表数据科学数据支持文档程序代码	成果发布后即时存储	适当的数据存储库Datahub、figshare、Zenodo、Github、Bitbucket	①适用于 2015 年 3 月 18 日起的所有新项目；②本政策不适用于敏感数据；③数据必须在发表时或项目结束后 3 个月内存储（以先到者为准）
73	世界银行（World Bank）	美国	要求	科学数据	尽早	公开知识文库（Open Knowledge Repository，OKR）	①适用于 2012 年 7 月 1 日起的所有新项目；②仅适用于世界银行工作人员作为其公务的一部分，从研究、分析、经济和部门工作或发展实践中开展的工作

注：本表中资助机构及政策文件的检索时间为 2020 年 3 月